本书得到以下资助：

国家自然科学基金（70972136）

浙江省重点人文社科基地——浙江工商大学企业管理学

浙江工商大学重点学科和重点研究基地——技术经济及管理

Knowledge Transfer of New Service Development:
Front- and Back-office Perspective

创新创业管理丛书

新服务开发的知识转移：前后台视角

李靖华　等著

ZHEJIANG UNIVERSITY PRESS
浙江大学出版社

图书在版编目（CIP）数据

　　新服务开发的知识转移：前后台视角 / 李靖华等著.
—杭州：浙江大学出版社，2014.10
　　ISBN 978-7-308-13696-9

　　Ⅰ.①新… Ⅱ.①李… Ⅲ.①服务业－企业管理－研究 Ⅳ.①F719

　　中国版本图书馆 CIP 数据核字（2014）第 186785 号

新服务开发的知识转移：前后台视角

李靖华　等著

丛书策划	朱　玲	
责任编辑	朱　玲	
封面设计	十木米	
出版发行	浙江大学出版社	
	（杭州市天目山路 148 号　邮政编码 310007）	
	（网址：http://www.zjupress.com）	
排　　版	杭州中大图文设计有限公司	
印　　刷	杭州日报报业集团盛元印务有限公司	
开　　本	710mm×1000mm　1/16	
印　　张	15.75	
字　　数	290 千	
版 印 次	2014 年 10 月第 1 版　2014 年 10 月第 1 次印刷	
书　　号	ISBN 978-7-308-13696-9	
定　　价	48.00 元	

内容提要

　　新服务开发是企业服务创新的具体实现途径,是服务研发的第二个阶段。而前后台是服务运营管理的基本模式,前台主要承担客户接触活动,后台主要对非实时和非交易性业务进行标准化和专业化处理,从而实现服务业个性化和效率的折中。本书聚焦于服务企业开展新服务开发时前后台知识转移问题,在理论分析的基础上,通过五项多案例分析给出了基本的机制。本书的内容结构为:第1章绪论、第2章理论综述、第3章案例企业、第4章服务组织内前后台知识转移、第5章服务组织间前后台知识转移、第6章新服务开发的前后台管理、第7章新服务开发引入阶段前后台知识转移、第8章新服务开发全过程前后台知识转移。其中第2章包括了四项不同角度不同方法的深度研究综述,如对单一作者的追踪综述、基于大量实证研究结果的元分析综述等。第4章到第8章的跨案例研究,包括运用社会学和组织理论对服务企业前后台知识转移机制进行的分析,以及基于服务运营理论对新服务开发情境下后台知识转移机制的分析。案例研究涉及商业、银行业、通信和信息服务业等行业的15家中外企业。研究的结论是,前后台部门和人员间知识转移的意愿、能力和机会,受到前后台社会资本和社会交换的影响。前后台间的信息交流和知识转移,是克服服务业新服务开发成功率低的一个重要因素。本书刻画了我国服务企业相关的知识管理现状,并提炼出其内在管理机制,因此,可供相关学者、研究生、服务业从业者参考。

总　序

创新创业管理研究趋势

创新是人类经济社会发展的原动力,本质上是一种生产方式的改变。自熊彼特提出创新的理论以来,创新的实践和理论发生着不断的变化。一个基本的趋势就是,随着问题复杂性和环境动态性的提升,创新活动所涉及的资源日益广泛,从技术领域扩展到组织领域,从企业内部扩展到企业外部,从制造业扩展到服务业等。因此各类新兴研究主题不断涌现,如开放式创新、分布式创新、创新网络、组织创新、服务创新、全面创新管理、基于利益相关者的创新管理,等等。概言之,创新的涵盖范围已日益广泛。

与此同时,熊彼特创新活动的主体"创业者"[①],也逐渐成为人们关注的目标。创业活动因其机会导向、不拘泥于资源约束条件下的快速行动、富于创新并积极承担风险等本质特点而不同于常规的企业经营活动。学者们从早期关注创业者个性特征转变到关注和解剖创业活动过程,进而剖析创业活动的内在规律;从关注个体创业延伸到对公司创业、非营利组织乃至社会创业的研究工作上;从关注绩效到关注机会;从习惯与大企业的比较转变到创业活动及新创企业群体内部的比较研究[②]。概言之,创业的研究情境也日益丰富。

至于创新与创业的关系,一般认为,创新泛指"创新成果被商业化的价值实现过程",而创业则特指"创建企业的过程"。前者完全可以在已有的企业组织框架内实现,不一定涉及企业组织制度的建设;而后者则必然要涉及企业组织

[①] 　在英文中"企业家(精神)"、"创业者"与"创业(精神)"都是 entrepreneur (entrepreneurship)。

[②] 　张玉利等.创业管理.北京:清华大学出版社,2010.

制度的建设。从熊彼特"生产函数"的角度来分析，"创新"主要是通过改变函数的自变量来建立新的生产函数，而"创业"则必须通过改变函数式来建立新的生产函数①。近年来，涉及两者关系的研究日渐增多。

本丛书跨越这两个交叉的领域，结合创新创业中一些新的、具体的情境和问题展开。丛书由浙江工商大学相互交叉重叠的两个中心承担，其中技术与服务管理研究中心以创新研究为主、鲍莫尔创新研究中心以创业研究为主②。

浙江经济社会发展与"两创"战略

浙江工商大学地处浙江省省会杭州市。浙江省作为中国经济社会最发达的省份之一，依靠从计划经济向市场经济体制转轨过程中改革的先发优势及民间活跃的制度创新，形成了以乡镇企业、个体私营经济、专业市场和块状经济为特色的区域经济社会发展模式，全国闻名。但发展到今天，也存在很多挑战。如发展速度虽然很快，但资源要素和环境承载力的制约却不断加大；块状经济发达，但产业层次较低，高技术产业和服务业比重低；企业市场意识强、应变速度快，但技术创新和研发能力相对较弱，产品技术含量低，等等。浙江经济面临着如何继续保持全国领先的巨大挑战。

因此，2007年6月浙江省第十二次党代会作出"创业富民、创新强省"重大决策（以下简称"两创战略"）。同年11月，浙江省委十二届二次全体（扩大）会议作出决定，按照科学发展观的要求，扎实推进"两创"战略，加快建设惠及全省人民的小康社会。该战略强调全面推进个人、企业和其他各类组织创业与再创业，全面推进制度、科技等方面的创新，建设全民创业型社会和全面创新型省份，推进经济社会又好又快发展。

国家自然科学基金委管理学部倡导，管理学研究应"顶天立地"，即努力保持理论前沿性和实践结合性③。浙江发展的"两创"战略，恰好与浙江工商大学技术与服务管理研究中心和鲍莫尔创新研究中心的研究主题契合。我们长期

---

① 刘健钧.创新、创业与创业经济.中国创业投资与高科技,2003(6):35～37.

② 盛亚为技术与服务管理研究中心主任；李靖华为技术与服务管理研究中心副主任、鲍莫尔创新研究中心主任；黎常为鲍莫尔创新研究中心副主任兼秘书长；俞荣建为鲍莫尔创新研究中心副主任。

③ 该观点首先由美国亚利桑那大学徐淑英教授在国内倡导，后被国家自然科学基金委管理学部采纳。

以来始终密切关注企业创新实践,近年来又加入鲍莫尔全球创业研究网络,开始将"两创"加以结合。此外,伴随着与国外研究机构的交流和合作,中心研究也开始从纯微观的层面向中宏观政策层面扩展,从纯管理学向与经济学、社会学结合相扩展,以及从纯定量研究向定量与定性相结合扩展。这些对于理解处于转型发展背景下的浙江实践,展开有灵魂、可持续的研究,都具有深远的意义。

可以说,置身于浙江省这样一个经济社会发展的环境中,中心和团队成员都深感幸运。这里是中国发展的"实验室",有最新鲜的实践,每天都在发生着最生动的故事。这些都引发我们的思考,鼓励我们的探求。

浙江工商大学的创新创业研究

浙江工商大学的创新创业管理研究,主要传承浙江大学管理学院许庆瑞院士的创新管理研究学脉。其中创新管理研究又分为技术创新和服务创新,创业管理研究则主要沿着威廉·鲍莫尔的企业家理论展开[①]。我们的标志性研究是对企业技术创新利益相关者的长期研究。将技术创新管理从关注创新过程中的活动、关注创新过程中活动的主体,进一步推进到关注创新过程中活动主体的权利。此外,我们提出的基于大规模定制的服务创新理论,用以化解现代服务业生产率悖论、应对服务业与制造业的融合趋势,在服务创新研究领域颇具特色。

研究主要以校 A 级研究机构——技术与服务管理研究中心(以下简称中心)和全球鲍莫尔创新网络中国节点之一——鲍莫尔创新研究中心为依托展开。[②] 其中,涉及的主要学科有技术经济及管理博士学科[③]、技术经济及管理硕

[①] 前者与英国曼彻斯特大学 MIoIR(Manchester Institute of Innovation Research)和丹麦奥尔堡大学 DRUID(Danish Research Unit for Industry Dynamics)有学术联系,后者与美国纽约大学 Berkley Center for Entrepreneurial Studies 有学术联系。

[②] 浙江工商大学鲍莫尔创新研究中心的英文名称为 Baumol Center for Entrepreneurial Studies in ZJGSU。

[③] 浙江工商大学技术经济及管理博士学科,前身为企业管理博士学科"营销与创新管理"方向。根据国务院学位委员会《关于下达 2010 年审核增列的博士和硕士学位授权一级学科名单的通知》学位〔2011〕8 号),浙江工商大学已获准设立工商管理博士学位授权一级学科。工商管理一级学科下设企业管理、技术经济及管理、财务管理、旅游管理 4 个二级学科。

士学科,涉及的学院级机构有工商管理学院和现代商贸研究中心①,涉及的省级科研平台主要是浙江省重点文化创新团队——"生产性服务业与区域发展"②,涉及的校级研究平台还有校级重点研究基地——技术经济及管理。

2005 年以来,中心已主持承担国家自然科学基金项目 7 项③。中心的学科特色是:第一,鲜明的技术管理(创新管理)基础。目前全国技术经济及管理学科大致分布在两类学校:一是研究传统技术经济评价的学校;二是以现代技术管理为研究对象的学校。浙江工商大学属于后者,这与国际上的技术管理(创新管理)学科相对应。本学科在基于利益相关者的企业技术创新管理主题处于国际前列。

第二个特色是鲜明的服务业应用背景。依托浙江工商大学传统的商科背景,技术经济及管理学科在金融、零售等多服务领域对企业的创新活动展开研究。特别是面对近年来服务业与制造业不断融合的趋势,将技术创新理论运用于商业和服务业研究,基于大规模定制的服务创新研究主题处于全国前列。

中心的发展目标是,在 2011—2020 年,继续坚持"立足浙江、放眼全球"的学术视野,进行"(理论)顶天(情境)立地"的学术研究,持续奉献中文系列研究丛书和外文国际期刊论文精品,逐渐形成网络化的创新和创业研究的国际领先地位,成为国内特色鲜明的顶尖学术研究机构之一。

中心的网址是:http://gsgl. zjgsu. edu. cnjsfw。

丛书的规划

2004 年 12 月中心成立以来,在学术原创和知识传播两方面的学术影响力

---

① 浙江工商大学现代商贸研究中心为教育部省属高校人文社会科学重点研究基地。

② 主要涉及其子团队"服务创新与服务业转型升级"。

③ 7 项国家自然科学基金项目分别是"基于大规模定制的服务产品创新策略研究(70402016)"、"CoPS 创新的利益相关者管理模式研究(70772104)"、"新服务开发的前后台知识转移机制及其管理策略研究:知识密集型服务业案例(70972136)"、"基于本土高新技术企业海外嵌入的逆向知识溢出过程、模式和机制研究(71002091)"、"企业社会资本对产学研合作中知识转移的作用机制及结构优化:多层次研究(71102171)"、"CoPS 创新风险的生成机理及控制策略研究:利益相关者网络视角(71272142)"、"根植网络治理、升级能力建构与租金攫取绩效:本土代工企业根植升级机理研究(71273238)"。

日渐提升。中心和编委会成员陆续出版了 10 种与创新创业有关的著作译著①，其中纳入文库、丛书的 5 种②，译著 2 种③。2010 年 12 月，中心成为校重点研究基地。以此为契机，为在"十二五"期间集中呈现中心在创新创业方面的研究成果，现组织出版"创新创业管理丛书"。选题来源为国家级和省部级科研项目的研究成果以及国际学术经典，由浙江大学出版社承担出版任务，2011—2015 年计划每年出版 3～4 本。

丛书的选题包括：CoPS 创新的利益相关者管理、制度与企业家才能配置、医疗服务接触与创新、金融服务业的产品创新、全球价值链中的零售创新、从技术引进走向自主创新、新服务开发的前后台知识转移、国际新企业网络动态演化、城市创新能力、本土高新技术企业海外嵌入的逆向知识溢出、顾客参与的服务创新、企业社会资本对产学研合作中知识转移的作用、基于知识管理的企业技术创新能力提升、中国流通业商业模式等。相对来说，创新的选题多于创业的选题④。各项选题均有省部级以上课题研究的支撑，也是作者长期研究的领域。

丛书的出版所费资金较多，我们有幸得到浙江工商大学校级重点学科和校级重点研究基地——技术经济及管理的资助，也得到浙江省重点人文社科基地——浙江工商大学企业管理学和浙江省重点文化创新团队——"生产性服务

---

① 5 种未纳入文库、丛书的是：盛亚：《企业创新管理》，浙江大学出版社 2005 年版；缪仁炳：《创业导向的文化根植：基于温州与关中两地的实证分析》，上海三联书店 2006 年版；盛亚等：《零售创新：基于系统的思想与方法》，浙江大学出版社 2007 年版；项国鹏：《转型经济中的企业家制度战略能力和企业绩效：浙商实证》，浙江大学出版社 2009 年版；韦影：《企业社会资本与技术创新：基于吸收能力的理论和实证研究》，浙江大学出版社 2010 年版。

② 5 种纳入文库、丛书的是：陈学光：《企业网络能力——网络能力、创新网络及创新绩效关系研究》，经济管理出版社 2008 年版，"经济管理学术文库"；盛亚等：《企业技术创新管理：利益相关者方法》，光明日报出版社 2009 年版，"光明学术文库·当代浙江学术文丛"；李靖华等：《大规模定制化服务创新》，科学出版社 2009 年版，"服务创新系列丛书"；以及 2 种译著。

③ 2 种译著是：李靖华等：《服务创新：对技术机会和市场需求的组织响应》，知识产权出版社 2010 年版，"智慧树经管书系——汉译创新管理丛书"；盛亚、李靖华、胡永铨等：《日本零售业的创新和动态：从技术到业态，再到系统》，知识产权出版社 2010 年版，"智慧树经管书系——汉译创新管理丛书"。

④ 目前已经出版的 4 部是：《复杂产品系统创新的利益相关者管理》、《制度与企业家才能配置：中国经验》、《医疗服务接触与创新：浙江实证》、《金融新服务开发：荷兰银行和保险公司实证研究》。其内容提要见本书最后。

业与区域经济发展"的资助,以及其他一些出版基金的资助,在此一并表示感谢!

丛书的出版得到编委会成员的大力响应和积极支持,得到浙江大学出版社的大力支持,特别是朱玲编辑,她已经帮我们编辑出版了多本专著,在此深表感谢!

由于水平有限,错误疏漏在所难免,敬请读者不吝赐教。读者对本丛书的任何意见、疑问、建议、勘误,都请反馈:inno_entr@126.com。

李靖华

于浙江工商大学技术与服务管理研究中心

2013 年 9 月 1 日

目　录

图目录

表目录

1 绪 论

1.1 研究背景和主题

1.1.1 研究背景

服务业的发展水平已经成为世界上衡量现代社会经济发达程度的重要标志。中国服务业发展落后。世界主要发达国家服务业增加值占 GDP 的比重都在 70% 之上（2012 年美国的这一比例为 79.7%，法国为 79.8%，德国为 71.1%），而中国 2012 年这一比例只有 44.6%。改善服务业效率，提高服务业竞争力，促进服务业发展，关系到国民经济的持续、快速、健康发展和我国的现代化进程。服务业越来越凸显出其重要性，我国服务业也正处于快速发展的过程中。但由于服务业的特性，服务业的效率和成本与其他产业部门相比往往更难掌握。同时，由于需求多样化、竞争全球化等原因，服务业面临着越来越大的生存压力，急迫需要通过新服务开发来吸引顾客。

一方面，中国服务业的发展要依赖服务创新的大范围展开。而我们对这个部门的创新管理却知之甚少，使新服务的开发一直不能有效识别顾客需求、不能较好推介新服务、缺乏创新管理方法，进而新服务开发成功率低，严重制约了服务业发展。这很大程度上与服务企业的组织结构特点及其对新服务开发的影响有关。另一方面，由于服务业的特性，服务业以"成本病"凸显其效率难以提升的固有发展障碍。到了 20 世纪 90 年代，前后台分离和后台业务集中处理这一组织模式在国际上被广泛采用，尤其突出的是金融行业。在当时的背景下，前后台分离的提出一定程度上正好改善了组织的效率和成本问题。

实际上，前后台分离给人们带来的成本和效率上的优势是有限的，同时企业在理解顾客需求、提升服务质量等方面却趋向于非全面性。从新服务开发的角度来看，有效的新服务开发需要前后台良好的沟通，成功识别顾客需求，并顺利转移到后台开发人员。因此前后台分离就使得企业新服务开发更加复杂化，从而提出了新的挑战。能否正确处理好前后台运作对新服务开发过程的影响，直接关系到企业新服务开发的绩效乃至成败；能否做好前后台间的新服务开发知识转移工作，直接影响服务企业的整体绩效。

1.1.2　研究主题

本书的研究主题词有三个——新服务开发、知识转移和服务前后台。①新服务开发是：服务企业在整体战略和创新战略的指引或影响下，根据顾客和市场需求或在其他环境要素的推动下，通过可行的开发阶段向企业现有顾客或新顾客提供的，包含从风格变化到全新服务产品等各种新颖度服务的正式或非正式的服务开发活动，它形成了现有服务或新服务的价值增值（蔺雷，吴贵生，2005）。②知识转移是知识接受者获得与知识源相同认识的认知过程（Harem，et al.，1996；Argote，Ingram，2000）。向他人学习知识即进行知识转移时，必须有重建的行为，且要具备相应的能力才能进行转移（Hendriks，1999）。知识转移是知识创造价值的重要环节，知识创造过程的本质即知识转移。③前后台是服务运营管理中的术语，前台主要承担客户接触活动，而后台主要对非实时和非交易性业务进行标准化和专业化处理。前后台的分离是指尽可能地减少顾客在服务系统中的出现，前提是不限制顾客与服务组织之间进行信息交换。一般认为前台是在同一时间发生的顾客和服务提供商之间的直接接触，但不一定是在同一地点的活动；后台是那些与顾客没有接触的活动（Broekhuis，et al.，2009）。

本书研究的主题是"新服务开发的知识转移：前后台视角"，这意味着我们需要在新服务开发、知识转移、服务前后台三个主题词间进行组合。鉴于新服务开发的知识转移主题已较为普遍，本书重在突出副标题"前后台视角"。故拟依次对前后台视角下服务企业的知识转移、新服务开发的前后台管理，以及新服务开发的前后台知识转移展开研究。三个关键词组合出来的三个子主题如图1.1所示。

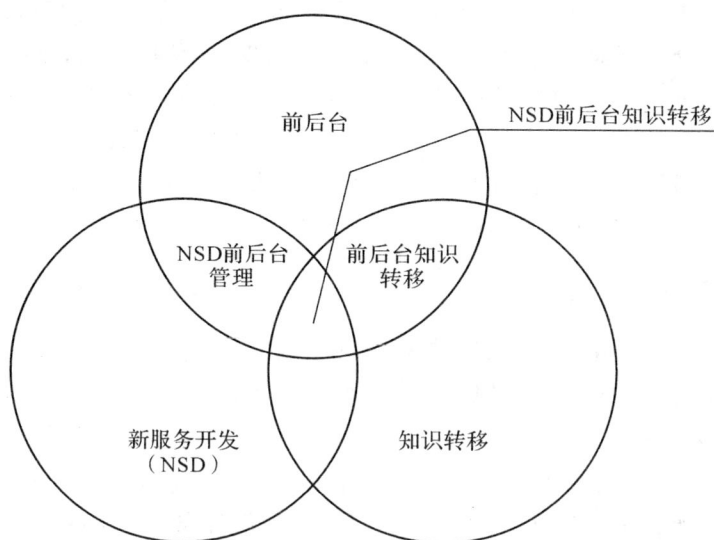

图 1.1　本书研究的主题词和子主题

1.2　研究方法和对象

1.2.1　研究方法

本书采用跨案例研究方法。决定研究策略选择是否得当的三个因素是:研究问题的形式、研究者对行为事件的可控制程度以及对当前和历史事件的控制程度。根据这些问题的不同解答,基本的研究策略选择有五种,即历史分析法、实验法、调查、文献资料分析、案例研究。但是,在这些研究方法中,案例研究法适合用于研究"怎么样"、"为什么"等类型问题,也适用于研究发生在当代但无法对相关因素进行控制的事情(Yin,1994)。

在案例数量的选择上,Eisenhardt(1989)极力推崇选取多个案例进行研究,她认为多案例研究能通过案例反复支持研究结论,从而提高研究的效度,另外她还认为多案例研究能够更全面地了解和反映案例的不同方面,从而形成更完整的理论。多案例研究法能使案例研究更全面、更有说服力,能提高案例研究的有效性。多案例的研究使案例研究成为一种更严格的、更科学的、更加具有理论验证能力的研究方法。

事实上,多案例研究所遵从的是复制法则,与多元实验的复制法则类似。

逐个案例分析的结果可能是产生相同的结果,即逐项复制,进行相似比较;也可能由于预知的原因而产生与前一研究不同的结果,即差别复制,进行差异化案例比较。不可否认,案例越多越具有说服力。具体到本书各主要章的跨案例研究,考虑研究的时间期限较短且受研究人员数量的限制,我们遵循上述学者的建议,一般选择四个符合研究目的且具有典型性的案例,按照复制法则进行研究,希望能找到各案例间的相同点和差异之处。

1.2.2　研究对象

鉴于前后台运作模式在服务业中的普遍性,本书主要根据方便性原则选取了浙江地区的若干服务企业展开案例研究。首先,重点选取了前后台运作模式突出的金融服务业,特别是商业银行业。鉴于区域性企业较全国性企业差异性更大的特点,主要选取了浙江的城市商业银行(C 银行、H 银行、J 银行、M 银行、T 银行)和农村商业银行(R 银行、U 银行、浙江省农村信用联社),以及 X 证券。其次,对于电信服务和服务外包行业,也选取了两家全国性电信运营商的浙江分公司(D 电信、Y 电信)和印度某公司的杭州服务外包公司(S 外包)作为研究对象。最后,其他具有较强前后台服务属性的企业,我们选取了某国际大型快递公司(Z 快递)、T 钢材贸易,以及 G 房产销售三家企业。全书共计研究了 15 家服务企业,其中大部分为知识密集型服务企业,有几家企业在不同的跨案例分析中出现了多次,如 T 银行和 U 银行。

对于企业内部具体的前后台情境,一般采用不特别针对某前台渠道或后台部门的研究策略。但在某些案例研究中则特别针对呼叫中心前台展开研究,如 J 银行、X 证券、D 电信、Y 电信、Z 快递。对于新服务开发知识转移的研究,为便于搜集资料,我们一般依托于某新服务开发情境展开,如创业通、丰收卡、技术贷款、易卡通、网银、支付宝、时贷卡、黄金代销、能源合同管理等;主要涉及商业银行业的贷款业务、银行卡业务、中间业务、网银业务,特别是前两类业务。

1.3　研究内容和观点

1.3.1　研究内容

本书的框架如图 1.2 所示,共分八章。包括第 1 章绪论、第 2 章理论综述、第 3 章案例企业、第 4 章服务组织内前后台知识转移、第 5 章服务组织间前后台知识转移、第 6 章新服务开发的前后台管理、第 7 章新服务开发引入阶段前后台知识转移、第 8 章新服务开发全过程前后台知识转移。第 4、5、6、7、8 章均为跨案例研究,其中第 6 章为探索式跨案例研究。

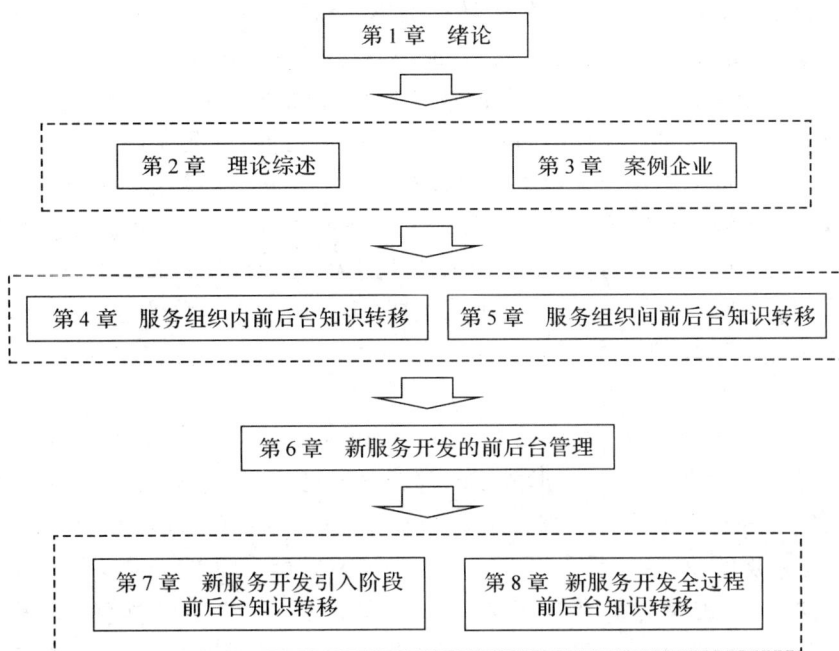

```
                    ┌─────────────────────┐
                    │   第1章  绪论         │
                    └─────────────────────┘
                              ⇓
┌ ─ ─ ─ ─ ─ ─ ─ ─ ─ ─ ─ ─ ─ ─ ─ ─ ─ ─ ─ ─ ─ ─ ─ ─ ┐
  ┌─────────────────┐         ┌─────────────────┐
│ │  第2章  理论综述  │         │  第3章  案例企业  │ │
  └─────────────────┘         └─────────────────┘
└ ─ ─ ─ ─ ─ ─ ─ ─ ─ ─ ─ ─ ─ ─ ─ ─ ─ ─ ─ ─ ─ ─ ─ ─ ┘
                              ⇓
┌ ─ ─ ─ ─ ─ ─ ─ ─ ─ ─ ─ ─ ─ ─ ─ ─ ─ ─ ─ ─ ─ ─ ─ ─ ┐
  ┌─────────────────────┐  ┌─────────────────────┐
│ │ 第4章 服务组织内前后台 │  │ 第5章  服务组织间前后台│ │
  │      知识转移         │  │      知识转移         │
  └─────────────────────┘  └─────────────────────┘
└ ─ ─ ─ ─ ─ ─ ─ ─ ─ ─ ─ ─ ─ ─ ─ ─ ─ ─ ─ ─ ─ ─ ─ ─ ┘
                              ⇓
              ┌─────────────────────────┐
              │ 第6章  新服务开发的前后台管理 │
              └─────────────────────────┘
                              ⇓
┌ ─ ─ ─ ─ ─ ─ ─ ─ ─ ─ ─ ─ ─ ─ ─ ─ ─ ─ ─ ─ ─ ─ ─ ─ ┐
  ┌─────────────────────┐  ┌─────────────────────┐
│ │ 第7章  新服务开发引入阶段│  │ 第8章  新服务开发全过程│ │
  │    前后台知识转移      │  │    前后台知识转移      │
  └─────────────────────┘  └─────────────────────┘
└ ─ ─ ─ ─ ─ ─ ─ ─ ─ ─ ─ ─ ─ ─ ─ ─ ─ ─ ─ ─ ─ ─ ─ ─ ┘
```

图 1.2 本书框架

1.3.2 主要观点

本书研究的基本观点是,前后台部门和人员间知识转移的意愿、能力和机会,受到前后台社会资本和社会交换的影响。前后台间的信息交流和知识转移,是克服服务业新服务开发成功率低的一个重要因素。具体的五项跨案例研究全部采用了"三段论"式的分析逻辑。如"社会资本(社会交换)—知识转移—转移绩效",或"开发活动—知识转移—开发绩效"。其中第五章研究的是跨组织的知识转移,第七章研究的是新服务开发引入阶段的知识转移,第六章则给出了一个基于新服务开发管理需要的服务业前后台模式的类型学划分。

第一,经过十多年的发展,呼叫中心已得到较充分的发展,但在其运作中仍存在不少矛盾和问题。第四章通过深入呼叫中心内部,了解部门间的工作衔接及业务流程,进而挖掘部门间知识转移机制。我们借助社会资本理论,对快递、通信、银行、证券行业的四家企业的跨案例研究,构建了呼叫中心与合作部门间知识转移综合模型。研究表明,作为高规范化服务运作的呼叫中心,在日常性服务业务信息传递的同时,负有重要的知识转移使命。为此需要在高规范化服务运作之外,运用社会资本手段有意识地构建部门间紧密的合作关系。此外,金融业较非金融业在呼叫中心知识转移的方式和频率上表现更好。

第二,伴随着服务业的逐渐成熟,前后台分离的情况日益复杂。一些企业或将前台顾客接触外包,或将后台的业务处理模块外包,或与企业合作共同促成服务的生产和销售。在前后台跨组织分离的情境下,需重视企业间知识交流和共享。第五章运用社会交换理论通过对四家前台企业的跨案例研究,对前后台组织间知识转移机制进行了探索性研究。研究结论是,企业间交换深度和范围的提高,可以提高前后台企业间知识转移能力;企业间交换范围扩大,可以促进前后台企业间知识转移意愿;公平感减弱,企业间知识转移的意愿也会降低;企业间支持越多,企业间知识转移意愿就越强;以及企业文化对前后台企业间知识转移起到了调节作用。

第三,传统服务运作视角下按与顾客接触程度从物理或地理上划分前后台,但在信息技术及顾客基础形式改变的背景下已不再适合。第六章从新服务开发视角对服务企业前后台进行了重新定义——面向需求的市场组(前台)和面向技术实现的技术组(后台)。进一步,基于前后台集中度和前后台关系特征两个维度,本章建立了新服务开发前后台模式的一个类型学划分,即高集中度—高关系的融合式、低集中度—低关系的并行式、高集中度—低关系的嵌入式,以及低集中度—高关系的螯合式。

其中螯合(chelate)是化学中的概念,这种反应将多齿配体和金属原子形成了一个整体——螯合物,但稳定性不高。NSD 中也有这种类似的现象,其特点是在外部看来,前台和后台合并成一个整体,但是内部仍然存在前台和后台分工。这时外部要求和内部能力之间往往会出现脱节甚至冲突,需要双方人员在交互活动中解决。如频繁的交互活动,进行复杂和多样化的知识转移。但这种形式下的新服务创新性往往较强。

第四,随着我国金融服务市场的发展和成熟,中小商业银行越来越扮演起为中小企业提供广泛金融服务的独特角色。为更好地开发新产品,其前后台间知识转移活动日趋活跃。第七章对两家中小银行的新服务开发引入阶段前后台知识转移机制进行了跨案例研究。研究结论是,在中小银行这样的知识密集型服务创新情境下,前后台的知识转移(吸收)意愿,是新服务开发知识转移成功的主导因素。而这在新服务开发的市场引入阶段得出的结论,表明新服务开发研究已经超越传统的服务营销范畴,值得重新审视。

第五,本书第八章通过区域性银行的多案例研究,解析了新服务开发全过程的前后台知识转移机制。从创新程度出发,识别了银行新服务开发的三种项目类型,揭示了不同项目在新服务开发四个阶段中的知识转移活动侧重点、前后台社会资本水平存在差异。其中,业务创新类项目的知识转移主要发生在概念产生和发展阶段,流程创新类项目的知识转移主要发生在开发阶段,这两类创新项目,对社会资本水平总体要求较高,而组合类项目各个阶段的影响都较平均,对社会资本水平要求较低。基于社会资本理论进行研究的主要结论是,本文认为结构性因素(连接强度)主要通过转移机会影响知识转移绩效,认知(共同认知)主要通过转移意愿和转移能力影响知识转移绩效,关系(关系信任)主要通过转移意愿影响知识转移绩效。

2　理论综述

2.1　服务研发[①]

　　近年来，随着服务需求的上升，服务业在经济发展中的作用越来越重要。特别是，服务业在创新过程和创新系统中发挥的重要作用业已得到共识，探讨服务创新的文献也不断涌现。但是，服务业作为研究与发展（research and development，R&D，研发）[②]的主体却一直备受争议。学术界普遍认为研发仅存在于制造业，服务业不存在研发，至多是对制造业研发的采用。Belleflamme 等（1986）对比利时服务创新企业的研究表明，类似研发的活动都是由临时团队来完成的，没有常设的研发部门。Gadrey 等（1995）在讨论服务和研发的关系时也认为基本上不存在服务研发，他因此得出结论——研发并不属于服务业。

　　事实上，自 20 世纪 70 年代以来，服务行业特别是现代服务业，已经有了规模化和成建制的或具有统计意义的研究开发活动。1988—1998 年间所有行业的研发活动中，服务部门的研发从 10% 增长到 25%（Ettlie，2008）。对欧洲国家的调研也发现，许多大型的服务企业正积极从事研发活动（European Commission，2006）。显然，认为服务业没有研发活动是错误的；但不可否认，

---

　　①　本节根据下列学术论文改写：XU Haiyan, LI Jinghua, XU Xongyi. Is there research and development in services? A review, 2011 International Conference on Service System and Service Management(ICSSSM11)，2001:48-53.

　　②　本书中一般简称为研发，但在涉及统计指标、测量指标时用 R&D。

服务业在研发方面的表现远没有它在其他方面表现得好。这与服务研发的理论滞后直接相关。基于此,本节沿着服务业与制造业融合的线索,对国内外已有服务研发的研究成果进行梳理,包括基础性的服务研发内涵、统计性的服务研发测量、机制性的服务研发动力,以及操作性的服务研发实施。最后得出应从知识创造(研究)和知识运用获取(开发)两角度深入研究的结论。

2.1.1 服务研发的内涵

服务研发即服务业的研发(services R&D),其内涵基于服务业的界定和研发的定义。第一,对服务业直观的理解是指与制造业相对应的一种产业门类,这里的"制造业"是一种"泛产品"制造的概念,包括所有工业企业的生产活动的产出。相应地,第一产业的农、林、牧、渔业中的服务业,及第二产业的电力、燃气及水等公共品的供给也应视为公共服务而包含于服务业之中。这种划分方法便于与工业或制造业进行对比研究(段小华,柳卸林,2005)。本节采用的正是这种方法,即服务业是从事服务类生产活动或提供服务类产品的行业和领域。①

第二,目前普遍认可的研发定义由 OECD(Organization for Economic Co-operation and Development)于 1964 年发布的 Frascati 手册所提出。研发由三种研究组成:①基础研究,即以增加关于某些现象和可以观察的事实的基本原理的知识或者理解为目的的研究。②应用研究,即以获得满足特殊需要的新知识为目的而开展的研究,包括为特殊商业目标而开展的研究。③试验性发展,即为产品、服务或者方法的生产而开展的系统使用知识的过程,包括模型和过程的设计发展(NSF,2000)。究其本质,研发是为了增加知识(包括人文知识、社会知识等)的存量,以及运用这些知识去发明新的用途所进行的系统的、创造性的工作。这里需要指出的是,研发不仅包含了技术性的研发,也包含了社会人文科学的研发,尤其是社会研究(OECD,2002)。②

---

① 此外,服务研发与研发服务业也有区别。研发服务业是指围绕着科学技术的生产、扩散与应用所开展的各类服务活动的总称,既包括各类直接的科学技术研究开发的活动,也包括为开展科学技术研究开发活动所提供的基础条件服务活动,还包括为研发成果转化为生产力所提供的服务活动。研发服务业的核心是技术开发、技术转让、技术咨询、技术服务(张士运,李功越,2009)。

② 研发(R&D)、研究、开发、创新几个概念相互关联。研究(R)重在新知识的创造;开发即发展(D),重在新知识的创造性运用。两者共同构成研发。而创新是指一种生产要素新的组合方式,是新构思商业化的全过程,更强调新组合的社会经济利益。研发只是其中一部分。

至于服务研发,因为历史的定义和案例主要是以制造业研发为对象,目前的研发定义还不能完全适用于服务部门。但是由于统计的需要,大多数国外机构和学者在界定服务研发时依然沿用研发的定义。研究的焦点更多地集中在测量、调查而不是定义上,明确对服务研发概念进行界定的不多(Djellal *et al.*,2003;Miles,2007),因此至今为止还没有一个广为接受的能够包含服务业中所有研发活动的定义。

服务研发定义方面的第一篇核心文献是由 Djellal 等(2003)发表。通过回顾 Frascati 手册对于研发的定义,Djellal 等对其能否适用于服务业的大多数创新活动提出了质疑。他们研究了服务创新和类似研发活动的一些案例,并给出了一个修改过的扩展的研发定义:研究设计和实验性发展组成了系统基础上进行的创造性工作,目的是增加知识存量,包括人文知识和社会知识(尤其是代理商的行为学知识和生产管理知识),以及运用知识来设计新的应用途径。这个新的定义并没有从根本上改变原先的定义,它只是对原有的定义稍微作了修改。其最主要的贡献是考虑到了设计活动在服务研发中所占的地位。

服务研发定义方面的第二篇核心文献是由 Miles(2007)发表。主要通过统计数据分析和对服务业管理者的访谈,Miles 指出仅从测量角度研究服务研发,虽然便于操作但缺乏对其独特内涵的深入挖掘。鉴于服务业组织设置的灵活性和“研发”活动的多样性,应在概念层次上充分扩展研发的内涵,将 IT、培训等知识来源统一纳入服务研发的理论分析框架。Miles 还特别指出,服务业内部的异质性也带来了服务研发活动的多样性。在目前阶段,仍然有很多服务创新的知识来源,不能纳入基于制造业研发扩展出来的服务研发概念。

此外,其他学者还认为服务研发应包括:知识的取得和发展、探索新的实践可能性、新产品或者过程的开发,以及研发应具有创造性、新颖性和最初的不确定性(研发不应该起步于已知的结果)(Mosoni-Fried,*et al.*,2003;刘建兵,柳卸林,2009)。基于此,本节认为服务研发与制造研发的差异表现在:①服务业存在硬技术和软技术两类技术,因此服务研发不仅包括“硬研发”(技术研发),还包括“软研发”(如组织或市场研究、与非技术咨询相关的研发等)。②服务业存在正式研发和惯例(routine)研究。服务研发不一定设有专门的研发机构,很多时候服务研发是由临时团队来完成的,或者由一些比较松散的组织,甚至作为业务部门的日常业务来进行。③服务业创新存在知识创造和知识获取。作为在制造业充分发展之上发展起来的服务业,现有知识的获取与新知识的创造同样重要。这三个方面是服务研发内涵界定的出发点。

2.1.2　服务研发的测量

对服务业 R&D 统计进行系统研究,起源于 Frascati 手册,它为收集和使用

R&D 统计资料提供了国际标准的方法体系。Frascati 手册最初是针对制造业而设计的，但后来调查的对象逐渐扩展到了服务业，如通信和计算机相关服务业、研发服务业、建筑、工程和其他技术活动[①]。

在 Frascati 手册的指导下，有关服务 R&D 的统计逐步展开，一些组织和学者主张用确切的数据来全面反映服务研发的真实状况。在服务 R&D 的支出方面，主要是 GERD（国内 R&D 总支出）、BERD（企业 R&D 总支出）和 HERD（高校 R&D 总支出）。能够区分服务业 R&D 投入强度的只有 BERD（OECD，2002），其中包括技术强度（R&D 支出占总产出的比重，Amable，Palombarini，1998）、研发强度（R&D 支出占销售收入的比重，Jankowski，2001）、人均研发支出（Rosa，Gault，2003）等。通过与全部 BERD、GERD、GDP 的对比，发现服务 R&D 支出相对来讲还较低。因为在很多服务活动中存在创新过程，却不一定有专门的研发部门，故直接的 R&D 支出只会低估服务创新和技术进步。基于此，非直接研发支出（在仪器或者媒介物上的合作支出，Amable，Palombarini，1998）的提出，部分弥补了这方面的缺陷。非直接支出和服务部门尤其相关，因为在很多情况下，服务创新的方式和其他创新不一样。如人员投入方面可用博硕士占全部研发人员的比例来衡量用于研发的知识水平（Rosa，Gault，2003）。[②]

由于服务研发的特殊性，对于服务研发的统计依然存在一定的困难。第一，服务业的创新组织方式、R&D 投入方式和制造业有极大的不同，难以通过传统的方法对服务业中的研究开发进行有效的统计，服务业 R&D 数据的可获得性远低于制造业（Akerblom，2002；段小华，柳卸林，2005）。如大多数服务厂商没有正式的 R&D 部门，而经常是在"项目开发"、"质量管理"、"业务流程再造"等名称下进行研发，而传统的统计工具还没有将这些重要的研发活动纳入统计范围，导致服务行业的研发行为被低估（Bilderbeek，et al.，1998；Hertog，Bilderbeek，1999）。第二，目前有关研发的传统术语不被企业理解，使得很多服务企业没能进入常规统计调查，这也是造成服务研发难以统计的原因之一（Mosoni-Fried，et al.，2003）。

同时，制造业和服务业的区别也越来越模糊。产品与服务、制造业与服务

---

① 2002 年，OECD 专家 Akerblom 针对 Frascati 手册和 Oslo 手册（即《技术创新手册》）中有关服务业的问题作了专门的解释，见 Akerblom（2002）。

② 测量的结果方面，根据 OECD 的服务部门在整个商业研发中所占比例的数据，可以把这些国家分为三类：服务业研发占总研发支出的 1/3 的国家，如澳大利亚、加拿大、挪威等；服务业研发占总研发支出的 20% 的国家，如意大利、美国等；服务业研发仅占了很小一部分的国家，如德国、日本等（Pilat，转引）。

业不断融合，为服务 R&D 的测量带来潜在的困难。这主要表现在：首先，制造业正在逐渐增加"非实体"的服务成分，不同形式的服务要素构成制造产品的主要部分。其次，服务业本身也融入了更多的制造业要素。再次，服务研发在某些方面已经或正在向制造业系统的方向发展，如更多的技术成分等（吴贵生，蔺雷，2007；李靖华，2009）。在一些产业中，记录在服务业中的研发其实是传统的制造业外包出去的和生产相关的研发。这些都导致了以服务创新为目标的研发活动的不确定性（Kuusisto，2008；周寄中等，2009）。最后，在现代服务业企业中，产品、过程、组织的研究开发往往交互进行，这也是现代服务业研究开发界定和衡量中的难题（OECD，2002）。

我国目前没有专门针对服务业 R&D 的统计，对全部行业 R&D 的统计是通过《中国科技统计年鉴》反映的。从《中国科技统计年鉴》中能够区分出来有关服务业 R&D 的指标是分行业研究与试验发展（R&D）投入与产出指标，包括分行业 R&D 人员全时当量、R&D 经费内部支出、R&D 经费的资金来源结构，以及课题学科分布情况、分行业国外技术引进合同等（段小华，柳卸林，2005）。

简言之，虽然服务 R&D 的测量是起步最早、成果最多的一个方面，但由于受到欧洲政策研究学术风格的影响，以及从制造研发出发的量表设计，测量缺乏足够清晰的服务研发内涵支撑；但测量指标已经开始扩展到服务研发内涵的硬技术和软技术、知识创造和知识获取等方面。它也为服务研发研究积累了大量的跨国数据，引发了相关的研究思路。

2.1.3　服务研发的动力

尽管服务部门研发的投入被严重低估，数据仍显示出其不断增长的趋势（OECD，EUROSTAT，2005）。1990—2001 年，OECD 成员国服务部门的研发投入以年均 12% 的速度增长，与此同时制造业的年均增长率却只有 3%。服务研发之所以呈现较好的增长态势，一是内外部两方面的驱动力，特别是外部驱动力（刘建兵，柳卸林，2009）；二是高技术服务部门传承自制造业的研发传统（Hertog，2004；Miles，2007）。

第一，服务研发外在驱动力有：①竞争驱动力——激烈的市场竞争环境。之前受保护的服务部门正面临着国内和国际市场的双重压力，这样的压力迫使服务企业向市场提供改良的或者全新的服务，以便更好地满足顾客的需要和期望。②需求驱动力——顾客的需要以及制造企业和政府部门的研发外包活动（Amable，Palombarini，1998；Jankowski，2001）。顾客需求多元化以及工业研发日益增长的外包行为，是导致服务业研发扩张的主要原因之一。同时，服务业本身也是服务研发的需求者。③技术驱动力——新技术的使用。技术变化是一个很重要的因素,新的信息技术的发展也是促使服务业进行创新活动的动力因素。④学习驱动力——系统性学习。最初,那些希望在服务研发上取得突破的服务企业会采取一些非正式的努力,如头脑风暴法、试错法等,这些努力只会偶尔取得成功。但随着时间的推移,系统性的服务研发日益成为可能(Thomke,2003;Fagerberg, et al.,2009)。⑤政策驱动力。政策同样也是服务创新和研发的主要动力。除创新政策外,教育政策、竞争政策等也能促进创新(Miles,2007)。此外,内在驱动力主要源于专业化服务功能的增加。专业化服务功能的增长促进服务创新,反过来服务创新促使研发活动更好地支持服务活动和功能(Hertog,2004;陈劲,陈钰芬,2004)。

第二,不同服务部门从事研发活动的倾向不同。高技术水平的服务部门更有可能从事研发活动。计算机以及相关服务业、电信服务和研发服务几乎占据了全部的研发活动。在这三个部门中,计算机及相关服务业从事了绝大多数的研发活动。运输以及销售业从事研发活动的倾向则最低(Hertog,2004)。与此类似,大型知识密集型服务企业也倾向于采用源自制造业的研发模式(Miles,2007)。除此之外,其他一系列因素也影响服务企业创新和研发,包括改变的市场结构和环境法律(机会)等。

与之相对应,服务研发过程中也存在一系列阻碍因素,制约着服务研发的进一步发展。①人力资源的缺乏。人力资源对于服务企业尤其重要,无论是知识密集型还是传统服务业,员工的技术都代表了服务研发的投入水平,高技术水平工人的缺乏对于大多数国家服务研发来讲是一个主要的障碍。②外部投入较少。制造研发的很多资金由政府提供,而服务部门的研发支出主要由企业自己支付,政府的支持则相对有限(OECD 在 2005 年的研究,转引)。这种情况在知识密集型服务业中尤其常见。③政策支持不足。政府的创新政策虽然倡导部门之间的平等,但是现状却是主要为制造企业服务,很少考虑到服务部门的需要,这显然不利于服务研发的发展(Jankowski,2001)。① 除却这些因素,阻碍因素还包括资源不足、过度竞争、合作创新文化和管理人员的缺乏等。

对服务研发动力机制的研究表明,服务研发是服务创新的重要实施手段之一,其动力与服务创新一样,更多地来自于企业的外部。这与服务业自身很高的环境依赖性有关,也与大型知识密集型服务企业源自制造业的研发惯性有关。但由于对服务研发内涵三个核心问题的认识不清,无论在人力资源、资金投入,还是政策支持等方面,尚不能形成有效的促进机制。

---

① 另一方面,European Internal Markets and Services(2005)对欧洲国家商业服务企业研发需求的研究表明,大多数的服务企业与研发创新计划的联系并不密切,这就导致了创新型服务企业相对于制造企业来讲,得到公共创新支持的可能性要小。

2.1.4　服务研发的实施

由于服务研发活动的惯例性、非正式性和复杂性，较制造研发而言服务研发实施的难度更大。因此目前更多是模仿制造研发的过程加以管理，即主要基于正式研发活动或部门的管理。① 但这与服务研发的实际组织情况有本质冲突，也面临着更高的研发战略定位和知识产权保护等方面的挑战。

服务研发的组织方面，大多数服务企业在执行服务研发活动时，选择将研发活动委派给市场部、产品经营部或者销售部等与顾客接触较多的部门。对他们来讲，在分配服务研发活动时，和顾客联系的强度就是一个重要的准则（Hertog，2004）。不可否认，服务研发需要针对研发过程的管理和组织采用不同方法——如更为注重服务员工和客户，更为注重两者之间的交互作用过程等。但传统的研发实验室也许并不适用于服务创新，虽然一些规模密集的大型服务企业已经开始建立和运作这样的实验室（在电信和铁路部门中已存在多年）。总体来说，目前虽然许多服务企业表现出对服务研发的关注，但是有关服务研发的组织还不够恰当，有关这方面的研究还有待进一步深化。

与此同时，服务研发活动的组织方式依赖于公司的战略（陈劲，陈钰芬，2004）。战略作为企业发展的指导性原则，对服务研发的产生和发展有着最直接和最根本的影响。具有创新意识的服务企业会将研发目标纳入正式的战略规划中，并在企业内部自上而下形成一种创新氛围。通用电气作为一个同时提供产品和服务的公司，1988 年发起了一个渗透型内部服务研发战略，以此来支持通用电气资本服务部。现在通用电气从金融服务中得到的盈利占总盈利的40％（Ettlie，2008）。事实证明，不同的公司战略（领导者战略、模仿战略、合作战略等）对于服务研发的促进作用是不一样的（Bullinger，Ganz，2001）。

此外，服务研发实施中一个现实问题是，服务企业不能运用传统的正式化手段（如专利），对成果进行保护。这样竞争对手就很容易模仿，从而阻碍服务创新的持续发展。一方面，现实中由于服务难以用精确的语言描述，也不具备外在形态，因而诸如企业形象、信任等因素就成为创新成果保护的有效手段（吴贵生，蔺雷，2007）；另一方面，需要将服务业中的服务活动与研发活动相联结，即将服务研发适度正式化，以借助竞争条款、知识产权等成熟手段（周寄中等，2009）。即研发活动创造并实现了价值，服务活动则保护和巩固创新价值，两者相互制约、相互作用。

---

① 有很多新服务开发或服务创新的过程模型，其本质为模仿新产品和技术创新的过程模型。考虑到本节综述的重点是服务研发，在此不加描述和评价。

简言之,服务研发的实施是操作性、管理性的方面。上述研究表明,由于对服务业中研究活动和开发活动在概念上的混同,现有主要研究实际上大多针对服务开发展开。① 因此,大量的服务开发活动都隐藏在日常性的业务组织和业务战略中,为实施专门化、正式化的管理带来了难度。同时,大量的服务开发活动更多地着重于知识的运用和获取,包括顾客知识(市场知识)、同行知识、学界知识,以及具有传递作用的员工知识等。

2.1.5 理论评述

本节对近年来国内外学者有关服务研发的研究现状做了一个简要的概述。我们指出了服务研发应与研发相区别,服务研发不仅包括硬研发,还包括软研发,同时服务研发有其独特的内容实施和知识运用方式。随后,还概括了目前服务研发测量所采用的评价指标,包括直接支出和非直接支出,以及制约测量的因素。接着,分析了推动服务研发迅速发展的外在动力机制和现实障碍。最后,对服务研发实施中重开发轻研究的现状加以批评。

已有研究提出了问题,并进行了一定程度的探讨,但大多是对现象的笼统表述,缺乏较深层次的理论探讨,特别是缺乏有充分理论基础、具有统领性作用的服务研发概念。因而整体研究显得零散,也没有提出完整、系统的理论框架,进而在各个层面(微观、中观和宏观)的政策建议方面缺乏作为。

事实上,理论研究在制造业理论和服务业实践间,以及在研究和开发间处于摇摆和冲突。研发作为一个正式和重要的职能,在制造业中更强调知识创造的研究活动;而服务业中更具有随意性和由具体业务部门主导的研发活动,更突出的是知识运用和获取的开发活动。这种无论从理论依据方面还是在实际场景上的冲突和摇摆,反映了服务创新领域研究方法论的困惑。②

通过本节的梳理,我们认为应将偏重知识创造的制造研发理论与偏知识运用获取的服务研发实践加以结合。可借鉴服务研发与制造研发的三项差异,界定更为全面的服务研发概念,进而明确涵盖"硬研发"(技术研发)与"软研发"

---

① 本节已经有意回避了大量明确的新服务开发文献。

② 服务创新研究方法论的三个流派是(Miles,2007):① 同化方法(assimilation approach)。这种方法强调相似,主张服务创新与制造创新并没有本质的区别。因此,可用相同的研究方法进行分析,最多对研究制造创新的方法作些修改就可以用于服务业。②异化方法(demarcation approach)。与同化方法相反,它强调差别,认为服务创新与制造创新是非常不同的,因而研究服务创新需要完全新的理论和方法。③综合方法(synthesis approach)。既承认同化方法中认为服务部门在本质上和其他部门没有明显的差异,也承认异化方法中服务部门中确实在某些方面和制造业不一样,但如何综合则是一个具体性的难题。

（如组织或者市场研究、与非技术咨询相关的研发等）、正式研发与非正式研发，以及知识创造与知识运用获取各个方面。三方面彼此联系，相互促进。总的说来，就是要双向扩展服务研究和服务开发各自的研究深度，贯通服务业知识创造和流动的全过程。

进入 21 世纪以来，服务产业新的发展现实对服务研发理论研究提出了新的要求。从我国近几年服务产业的发展状况来看，服务研发理论的研究显得越来越重要。为考察进一步的研究方向，表 2.1 给出运用此三维度对四方面服务研发文献进行的评价定位。在此视角下，服务研发内涵和服务研发测量的研究相对较为成熟，两者间也存在一定的对应关系；而服务研发动力主要借鉴的是制造研发动力，服务研发实施则存在更多的研究机会点。

表 2.1　三维度全视角下的服务研发文献定位

方面	硬研发与软研发		正式研发与非正式研发		知识创造与知识运用获取	
	硬研发	软研发	正式研发	非正式研发	知识创造	知识运用获取
服务研发内涵	Frascati 手册	人文知识和社会知识(Djellal, *et al.*, 2003)	Frascati 手册		Frascati 手册创造性（Mosoni-Fried, *et al.*, 2003；刘建兵、柳卸林，2009）服务设计(Djellal, *et al.*, 2003)	IT 设备和人员培训（Miles, 2007)
服务研发测量	BERD（企业 R&D 总支出）	组织和市场研发（Bilderbeek, *et al.*, 1998；Hertog, Bilderbeek, 1999）软研发(Mosoni-Fried, *et al.*, 2003)	BERD（企业 R&D 总支出）	数据的可获得性（Akerblom, 2002；段小华、柳卸林，2005)	BERD（企业 R&D 总支出）	非直接研发支出(在仪器或者媒介物上的合作支出，Amable, Palombarini, 1998)
服务研发动力	高技术服务部门(Hertog, 2004)知识密集型服务业(Miles, 2007)		系统性研发(Thomke, 2003；Fagerberg, *et al.*, 2009)研发外包(Amable, Palombarini, 1998；Jankowski, 2001)		专业化服务(Hertog, 2004；陈劲、陈钰芬，2004)	

方面	硬研发与软研发		正式研发与非正式研发		知识创造与知识运用获取	
	硬研发	软研发	正式研发	非正式研发	知识创造	知识运用获取
服务研发实施			战略影响（Bullinger，Ganz，2001；陈劲、陈钰芬，2004）正式保护（周寄中等，2009）	非正式化（Hertog，2004）非正式保护（吴贵生，蔺雷，2007）		

从基础性理论研究来看，应进一步明确服务研发的概念界定、规律和机制探讨等。服务研发与制造研发在很多方面有其相似性，但事实上两者有着显著的区别。传统的研发研究只考虑了制造部门研发活动的特征，因此并不完全适用于服务部门。事实上，截至目前，仅就服务研发定义予以明确的也极少，更不用提对其规律和机制的探讨了。因此，明确一个能达成共识的服务研发定义的任务迫在眉睫。

此外，从实证分析的角度来看，国内服务研发方面的研究非常少。实际上，由于服务业的服务水平与专业知识水平密切相关，要发展服务业，转变经济增长方式，就必须提高服务水平，必须进行服务技术与质量的研究与开发，以提高竞争力。因此，未来的研究应注重从国内服务产业的现状出发，探讨具有中国特色的服务研发的模式，并对具体服务产业进行实证考察。

2.2 新服务开发[①]

随着服务需求的上升、服务业规制的减弱，以及国际化、信息化等因素的推动，世界服务业发展迅速。相应的，企业新服务开发活动也非常频繁。作为服务管理的重要分支，新服务开发的研究获得极大发展，初步形成了服务概念、服务系统、服务过程三方面开发的研究体系（Edvardsson，Olsson，1996），以及管理关键活动和创造创新氛围两大类研究文献（de Jong，et al.，2003）。但总体上新服务开发只是服务（营销）管理的一个分支，与服务创新、企业组织战略等学科交叉较少（袁春晓，2004）。

---

① 本节系来自作者发表的以下论文：李靖华、马鑫：《新服务开发研究走向何处？Patrick A. M. Vermeulen 路径及其启示》，《研究与发展管理》2012 年第 4 期，第 42—52 页。

事实上,国际上新服务开发的研究学者,主要来自制造业新产品开发领域。由于服务企业的业务和组织的流动性特质,制造业的经验并不能简单照搬。这造成 20 世纪 80 年代以来相当长的一个时期内新服务开发研究进展缓慢,并集中体现在研究方法上"关键成功因素"研究范式的盛行(de Brentani,1991;Easingwood,Storey,1991;Cooper,*et al.*,1994;Edgett,1994)。近年来,随着服务创新等领域研究学者的参与,以及战略管理资源观、企业知识管理、组织制度学派、利益相关者管理等理论的兴起,新服务开发开始出现"权变主义"、场景依赖、方法多元的实质性突破(de Brentani,2001;Alam,*et al.*,2002;Smith,*et al.*,2005)。

鉴于知识密集型服务业在现代社会经济中的重要性,以及金融行业对知识密集型服务业的代表性,金融业往往成为新服务开发研究的首选产业。也鉴于荷兰学者 Patrick A. M. Vermeulen 对金融新服务开发的深入探究[①],本节以其 1997—2007 年间 11 篇(部)学术成果为标本,结合现实产业背景等加以梳理,以其从关键成功因素研究范式向组织制度学派研究范式的转换为典型,揭示新服务开发研究的未来走向。

2.2.1　研究背景和研究脉络

20 世纪 90 年代以来,欧洲一体化带来更加激烈的市场竞争。欧元的面世使欧洲的洲际型金融和股票交易市场的建立势在必行,金融市场一体化加剧,规制放松,银行业和保险业融合,金融集团出现。[②] 与此同时,信息技术飞速发展,其效率优势得到金融企业的极大欢迎,软硬件投入巨大,因此在金融业应用的广度和深度上获得极大提高。由于共享投入、无形资产、市场经济以及锁定效应和转换成本,导致金融集团具有极大的规模经济。由于金融集团可以使用更多样的分销渠道,这还改变了经纪人和中间人的地位。正是在这样一个金融

---

①　Vermeulen 相关论文总引用率的 *h* 指数为 5(Scopus)。一名作者的 *h* 指数是指他至多有 *h* 篇论文分别被引用了至少 *h* 次。算法是让该作者论文按被引次数从高到低排列,往下核对,直到某篇论文的序号大于该论文被引次数,那个序号减去 1 就是 *h* 指数。

作比较计,我们在 Scopus 查询了几位研究新服务开发学者的 *h* 指数(1995—),如 Edvardsson B.(12)、de Brentani U.(5)、Easingwood C. J.(8)、Storey C.(7)。这表明 Vermeulen 作为一名新服务开发的研究学者,是具有代表性的。

②　1998 年全球并购中,银行、保险公司和证券公司占并购总额的 40% 以上。数据来源:吉萍:《全球企业并购的新动向及其背景和影响》,新华社 2002 年 9 月 22 日。

业高速发展的背景下，Vermeulen 开始了他金融业新服务开发的研究①。

Patrick A. M. Vermeulen(1970—)，蒂尔堡大学(Tilburg University)组织研究学院副教授及研究协调人和委员会成员。2002 年在荷兰奈梅亨大学(Radboud University of Nijmegen)获得管理学博士学位(导师 Ben Dankbaar 和 Jaap Boonstra 教授)，主要教授组织、战略、创新类课程，主要研究领域是创新、组织理论、中小型企业战略决策、战略管理。

Vermeulen 在 1997 年开始攻读博士学位，进入金融服务业新服务开发与创新的研究领域。2001 年起，他共发表金融业新服务开发方面的英文期刊论文 9 篇，其中综述 1 篇；出版相关英文专著 2 部，其中第一部专著为其博士学位论文；另有论文集论文 2 篇，此处未介绍②。具体如表 2.2 所示③。

纵观这 11 篇(部)著述，Vermeulen 的研究脉络呈现为一条主线和一条辅线。主线是研究主题从方方面面都涉及、经验总结性的关键成功因素研究，逐渐转向环境性的组织制度因素分析；辅线是研究对象和场景从所有金融服务企业的所有新服务开发活动，逐渐转向中小金融服务企业的渐进创新性新服务开发活动。此外，研究方法也呈现从单一化的访谈和案例，向多种数据来源的定量化、定性化研究方法综合运用的趋势。

---

① 虽然 Vermeulen 不区别"new service development"和"service innovation"、"product innovation in services"等术语，但它们之间是有区别的。开发与研究对应，是科学知识的实际运用；而研究和开发合起来，是创新(新思想的商业化实现)的第一阶段。就"新服务开发"和"服务创新"而言，两者研究的对象是相同的，都是服务企业创造新业务的活动，但研究的层次不同。传统上从营销领域出发，视其为企业新产品管理一部分的学者倾向使用"新服务开发"；而从创新领域出发，视其为更大的社会经济环境下演进的学者，倾向使用"服务创新"。Vermeulen 的学科背景是组织与战略，研究对象是服务企业开发组织活动。虽然他对此不加区分，研究成果却体现了从"新服务开发"向"服务创新"的变化，是新服务开发研究深化的缩影。

② 未介绍的原因是，一般研究手册性论文集都是约请在相关子领域颇有研究的专家，就其专长研究问题撰写的相对简洁的前沿成果介绍。这两篇论文集章节是：Vermeulen P A M. Does it really matter that services differ? New product development in financial services. In：B Dankbaar(ed.). *Innovation in the Knowledge Economy*. London：Imperial College Press，2003：117-136；Vermeulen P A M. van der Aa W. Organizing innovation in services. In：Tidd J，Hull F M(eds.). *Service Innovation：Organizational Responses to Technological Opportunities and Market Imperatives*. London：Imperial College Press，2003：35-53，中文版由李靖华等译，知识产权出版社 2010 年版。

③ 其中，Vermeulen(2001)已由李靖华、黄秋波等翻译，作为创新创业管理丛书的一种，由浙江大学出版社于 2013 年出版。

表 2.2　Vermeulen 主要论著概要

论文/专著	主题	研究方法	研究对象	主要结论/理论贡献	国际被引次数(Scopus)	国内被引次数(CSSCI)	备注
Vermeulen (2001)	金融服务企业如何组织产品创新过程	访谈案例	39家金融企业(14家银行、25家保险公司；3家金融企业作为案例	从新服务开发过程出发探究其独特性和相关成功因素，并得到在组织结构、组织文化、信息技术存在障碍得出的结论	—		专著，博士学位论文出版，研究基础
Vermeulen, Dankbaar (2002)	金融服务企业如何组织产品创新过程	访谈案例	39家金融企业(14家银行、25家保险公司)	总结出基于金融服务过程的关键成功因素，与新产品开发有较大不同	8		Vermeulen (2001) 的基础部分
Benders, Vermeulen (2002)	基于问题解决的新服务开发工具运用	案例	同一家金融企业的成败两个案例项目	通过成败两个案例对比，对"关键成功因素"加以提炼	NA		对 Vermeulen (2001) 一个企业案例的深化研究
de Jong, Vermeulen (2003)	如何组织新服务开发	综述	1988—2002年期间14本期刊上关于新服务开发研究的论文和7本专著/报告	指出新服务开发研究呈现的趋势：从关注成功因素到关注创新氛围培育	NA	1 (2009)	文献综述，从文献趋势上印证研究范式转变
Vermeulen (2004)	金融服务产品创新流程与创新障碍	访谈案例	1997—2001期间至少39家金融企业中超过120人；4家金融企业	运用创新环境、组织轨迹、组织制度等概念，刻画新服务开发的"外在依赖性"	8	1 (2005) 2 (2006) 1 (2007) 1 (2009)	对 Vermeulen (2001) 数据行重新分析，组织的隐约体现
Vermeulen, de Jong, O'Shaughnessy (2005)	小型服务企业中新产品引入与企业绩效的关系	回归	502家荷兰小型服务企业(雇员少于100人)问卷中，涉及供应商主导、生产密集、知识密集三类	证明引入新产品的小型服务企业成长更为迅速，供应商主导的小型服务企业创新活力低	14		同卷方法是计算机辅助电话访谈(CATI)；在研究对象细化、研究方法定量化上有所突破

论文/专著	主题	研究方法	研究对象	主要结论/理论贡献	国际被引次数(Scopus)	国内被引次数(CSSCI)	备注
Vermeulen (2005)	中小金融服务企业复杂渐进产品创新的障碍	访谈;案例	对1997—2002年荷兰30家中小型金融企业(雇员少于500人,银行10家,保险20家)中超过100人的访谈;12家金融企业(银行5家,保险7家)的访谈案例	传统关键成功因素的障碍存在,但借作用并没有想象那么大;服务业企业轻项目小组情形,使强项目小组制造业经验难以运用	11		研究对象上进一步细化到中小企业的复杂渐进产品创新,研究实化,聚焦化,并深加强了对新服务开发的组织认识
Nijssen, Hillebrand, Vermeulen, Kemp (2006)	产品创新与服务创新的相同和不同之处	回归	荷兰217家服务企业和105家制造业企业问卷	产品创新倚重研发强度·服务创新取决于创新倾向	32	1(2009)	继续定量化,CATI(计算机辅助访谈技术),与制造业创新的比较,更好地理解服务业创新
de Jong, Vermeulen(2006)	跨产业中小企业新产品引入的差异	回归	荷兰研究数据库中7个产业1250家中小企业(500人以下,涉及制造服务业7个行业),及问卷补充	知识密集型服务业和金融服务业具有较高的创新倾向;新产品引入的触发(triggering)活动非常重要	15		定量分析数据来源开始借助现有数据库,以及CATI方法补充,强调不同方面创新的差异
Vermeulen, Raab(2007)	金融服务企业创新努力的制度分析	定性	1997—2002年所有调研数据	引入规制,规范,文化认知,且这些因素也相互作用	—		专著,对以前访谈记录重新编码;正式引入组织制度学派思想
Vermeulen, van den Bosch, Volberda (2007)	已有服务企业复杂渐进产品创新的微观制度分析	案例	1997—2002年访谈得到的荷兰金融企业成败各12个项目的案例	引入规制,规范,文化认知,且这些因素也相互作用	0		对以前访谈记录重新编码;Vermeulen, Raab(2007)的精要版本

具体地说,2001 年和 2007 年的两本专著(Vermeulen, 2001; Vermeulen, 2007)是 Vermeulen 金融新服务开发研究范式转型的起点和终点。[①] Vermeulen(2001)主要基于"关键成功因素"研究范式,从新服务开发过程出发探究其独特性,得到在组织结构、组织文化、信息技术存在障碍的结论。[②] Vermeulen(2007)则正式引入规制、规范、文化认知三个组织制度因素,指出它们对服务企业新服务开发的内在深刻影响,以及这些因素的相互关联。此外, Vermeulen(2004)是主线转折点,引入创新环境、组织轨迹、组织制度等概念,开始刻画新服务开发的"外在依赖性"。Vermeulen(2005)是辅线转折点,研究对象细化到中小企业复杂渐进产品创新,场景也更加现实聚焦化。

2.2.2 关键成功因素研究

所谓"关键成功因素"研究范式始自 Rockart(1979)。他定义"关键成功因素是一些有限的领域,如果得到满足,就会保证组织的绩效"。原始的"关键成功因素"研究流程分为关键成功因素引入会议、关键成功因素访谈、关键成功因素聚焦会议三步,最初是用于研究企业信息系统信息需求的案例研究方法。 Boynton 和 Zmud(1984)更直接地定义关键成功因素为那些必须做得很好以确保成功的少数事情。他们争议到,如果企业能在一般"人口统计学"意义上识别出这些因素,那么对于他们以后的实践,则可较早避免重蹈覆辙[③]。作为一种实践性的和研究早期的分析工具,关键成功因素范式主要以配对案例和调查 (survey)的形式得到广泛应用,并且在新产品开发领域得到普遍接受(Cooper, et al., 2007)。该方法也强调了权变的考虑,但在实际应用中,往往被误加上理性行为的假设,成为新古典经济学和理性选择理论下"宏大理论"构建的初级工

---

① 2007 年以后,Vermeulen 的研究兴趣明显地转向企业家战略决策。

② 关键成功因素是"那些<u>必须</u>做得很好以确保成功的少数事情"(Boynton, et al., 1984),一般是成功失败的经验;创新障碍因素则是"<u>可能</u>导致创新活动根本没有开始或是难以达到预期结果的事情"(OECD,2005),更多的是当事企业的经验判断。相对来讲,前者更为严密,后者更为基础。Vermeulen(2001)就先研究了关键成功因素,再研究了障碍因素。考虑到这两种概念都比较松散,本书将后者归在前者之下。

③ de Vasconcellos 和 Hambrick(1989)强调,"关键成功因素"显然是情境依赖的权变主义思想和方法(de Vasconcellos, Hambrick, 1989)。它试图在外部环境、企业努力和企业绩效间建立一种匹配。但由于现实环境和企业实践的复杂性,以及分析方法的"小情境"和"简单化"的约束,这一努力显然远没有达到预期的目标。所以,Brotherton 和 Shaw(1996)进而提出基于动态性的"关键成功因素"定义(Brotherton, Shaw, 1996)。他们认为,关键成功因素是获得最大限度竞争优势(competitive leverage)的必做之事,并且它取决于企业目前定位和目标定位的动态组合。

具，并由此招致写实性有余、严密性不足的诟病。

关键成功因素是新产品开发传统的研究范式。一般认为，金融企业新服务开发在组织方面的关键成功因素有：在整个开发过程中相关部门和人员能够有效协调，所有参与人员都清楚该产品对企业的潜在收益，参加人员很清楚为什么要他参加进来，所有成员都表现出高度的承诺和热情，营销策划合理并为企业各个层次人员所理解，企业内部都感觉到该新产品正在开发，资深管理者给予强有力和可见的支持，所有参加人员都是胜任其工作的，新产品概念被接受后很快就产生书面上清晰的概念描述，以及尽可能早地吸收其他职能群组人员参与等（Edgett，*et al*.，1994）。

Vermeulen 早期的研究基本上都是基于 Vermeulen（2001）加以深化的，包括对关键成功因素和障碍因素的分别深化。对关键成功因素的深化研究基本上验证了一般通识。如 Benders 和 Vermeulen（2002）对荷兰一家金融服务企业的两个不同项目进行对比，项目"ABC"是一个成功的项目，项目"XYZ"重新开始了三次才得到实施。他们发现成功的项目具有如下的成功要素：清晰的任务、产品倡导者（champion）、足够的人力/资源、扩展边界机制（boundary spanning mechanisms）、集成方法、多职能团队。而不成功的项目往往不具有或者在这些方面做得不好。

对障碍因素的深化研究则开始质疑"关键成功因素"研究范式。如 Vermeulen（2004）对 Vermeulen（2001）数据进行重新分析，运用创新环境、组织轨迹、组织制度等概念，加重刻画新服务开发的"外在依赖性"。他指出，由于服务企业业务导向性带来的组织流动性特点，项目小组运行效率不高，很多新产品开发工具得不到有效运用，制造业积累下来的知识并不能直接移植到服务业。就金融企业独特性而言，其风险规避所带来的保守企业文化传统，以及高度信息技术依赖所带来的业务开发制约，成为创新最大的障碍。而这些障碍因素并未出现在关键成功因素中。

这种认识转变的一个明显例证是 Vermeulen 在此期间发表的一篇综述（de Jong，Vermeulenet，2003）。与此前传统的新服务开发研究综述如 Johne 和 Storey（1998）相比，这是一篇专门总结关键成功因素的综述。他们对 1988—2002 年间 14 本英文期刊上关于新服务开发组织的论文和 7 本专著/报告的归纳表明，新服务开发研究已经从关注关键活动管理，转向关注创新氛围培育，即从项目层面转向企业层面。由于服务企业轻项目团队的特质[①]，这更能反映出

---

① 轻项目团队，指矩阵式项目组织情形下，团队领袖拥有比职能部门小的权力和资源能力。重项目团队则反之。轻项目团队和重项目团队是企业组织形式的常态，相反，纯粹职能制和纯粹团队制在现实中几乎不存在。

新服务开发与新产品开发的本质区别,也更多地承载了服务业环境依赖性、制约性的独特内涵。

为了进一步推进障碍因素的研究,Vermeulen(2005)仔细分析了服务企业轻项目小组存在的问题。现实是,金融服务业广泛采用职能部门化结构,员工被分配去完成相关的一些小任务,即需要他们同时对产品开发部门和日常工作部门负责。这导致了目标的不一致,引出了两个问题:优先权的冲突和资源的争夺。员工一般在业余时间进行产品开发,他们在大部分时间服务于职能部门,(人力资源的缺失)延长了产品创新的时间。而中型服务企业一般产品较多,需要分配资源,一定程度导致了它们的资源缺乏。

这进一步导致:①新产品开发工具的有限使用。基于项目的工作和缺少产品牵头人。项目内成员相互不理解,产品无形性又导致很难沟通。同时成员普遍缺少经验。②保守的组织文化是创新的巨大障碍。市场部门的人员是创新驱动者,但其他传统的部门不喜欢创新,却对金融服务企业的创新能力拥有更大的影响力。此外,管理层在没有设定适当激励机制的情况下却奢望员工的创新行为。③信息技术对金融服务业的创新绩效来说一直是个大瓶颈。IT人员一直短缺,把信息系统外包又导致沟通问题;不同执行系统的整合存在问题。特别是,信息技术部门人员基于信息系统复杂性拥有技术特权(Vermeulen,2005)。

可以说,通过对新服务开发成功因素、特别是障碍因素的基于实证资料的不断深入分析,Vermeulen发现金融服务企业虽然是最福特主义化(大规模生产化)的服务业,但其组织流动性特征,决定了传统的关键成功因素研究范式难以抓住要害。

2.2.3 组织制度学派研究

组织制度学派诞生于20世纪70年代兴起的组织社会学,又称组织社会学的新制度主义学派。它是新古典经济学和理性选择理论的对立物。组织制度学派通过人的认知来解释制度,认为制度是能约束行为并提供秩序的共享规则体系,该体系既限制行动个体追求最佳结果的企图和努力,又为一些自身利益受到通行奖惩体制保护的社会集团提供特权(DiMaggio,Powell,2008)。合法性机制(而非效率机制)在组织结构内部以及在组织与制度环境互动中起重要作用(Meyer,Rowan,1977);以及强制、模仿和社会规范是组织趋同的原因

(DiMaggio，Powell，1983)①。可以看出，组织制度学派走的是如此之远，以至于将研究情境的层次提升到了社会层面。② 在他们看来，环境的影响并非由于组织自身的选择，它渗入组织，给了行动者观察世界和各种结构行为及思想的范畴。以及，制度化是在社会层面上进行的，是在组织之间进行的，被制度化的是组织的形式结构要素和规则，而非组织的特殊性。因此，组织其实是一系列标准化要素的松散结合。由于社会环境的多样性、动态性，组织制度学派已经摒弃构建超越时空条件限制的"宏大理论"，而致力于中程的理论解释。

而金融服务行业发展具有很强的行业共通性，其新服务开发组织制度在很大程度上与此相符。Vermeulen 等人于 2007 年对以前访谈记录重新编码分析，对 12 家荷兰金融企业的各一个成功、失败的配对项目进行了组织制度学派的分析。基于大量文献和思考，他们构建了一个业务单元层面的复杂渐进产品创新的三维分析框架，包括微观管制力量（组织结构、规则和程序、组织系统）、微观规范力量（社会责任、规定的价值观和标准、期望），以及微观文化认知力量（共享的价值系统、显性标识、框架）。案例分析表明，已有金融企业的渐进产品改进受到组织制度的约束，而且这些制度因素在发挥影响时也相互作用。③

具体地说，首先，如果项目受到很强的微观管制力量的影响，项目团队效率高但对创新有害，成员将优先完成各自职能部门的目标。同时信息系统不支持创新，需要创新去适应系统。反之，项目隔离与管制制度将会极大地促进创新。其次，对于微观规范力量，不成功的项目表现为风险规避者、团队间合作困难、员工与管理层期望的差距、缺乏对渐进性产品创新的社会责任。而成功的项目把风险看作是创新的要素，并不刻意回避，员工与管理层一样均重视创新。最后，在微观认知力量方面，不成功的项目由于各职能部门有自己独特的工作方式，导致存在着没有共同语言、低水平的合作、没有共同的认同等问题。而成功的项目在项目开始前先达成共识，拥有共同的认同，并像对突破性创新那样去重视渐进性创新。Vermeulen 等(2007)中的部分访谈引文如表 2.3 所示。

---

① 换言之，人们在做出选择时总是借鉴他人在相似情境下的经验，并以社会上通行的行为准则为参照。即单个的个人行为总是受到集结层面的他人行为的影响。这时制度已不再是外生变量，而成为个人选择偏好的来源。这意味着其关于人类行为的前提假设做出了重大改变。即首先，人的行为经常不受功利主义的驱动，而是在强调、模仿以及规范的压力下，更多地处于合法性考虑或认知性原因而趋同；其次，理性行为本身的选择偏好来自制度，而不是一种先验的外在的存在(DiMaggio, Powell, 2008；Meyer, Rowan, 1977)。

② 这也是为什么组织制度学派置身于组织社会学范畴的原因。

③ 同一年出版的专著（Vermeulen, Raab, 2007），则是对这一研究范式的更详尽的演绎。

表 2.3　Vermeulen 组织制度学派研究的访谈引文

合法性	不成功的项目	成功的项目
微观管制力量	我们有一整套产品开发流程和指南，我总是要确保项目经理在遵循它们，否则肯定有什么问题	我们需要将这些项目与组织的其他部分相隔离。否则我没就要去遵循那些没完没了的正式流程。我们的做法是，首先设计出一个非常好的东西，然后再将其放入系统中，而不是别的什么做法
微观规范力量	我知道董事会的成员总是希望我们开发出更多的新产品。但我希望这些人最好不要带着这些新主意来纷扰我。我们没时间去做什么创新	我们最大的强项就是大家共同分享着一样的期望。我们知道要去哪里以及为什么要去那里。从 CEO 到管理部门的人员，我们明白彼此的预期。只要没人偏离这条道路，就没有问题
微观文化认知力量	该产品涉及四个关键部门：营销、产品管理、精算和 IT。我有一个感觉，他们根本不在讲同一种语言。这就是问题的原因之一。这些部门的活动在企业内部很难整合。它们孤立运作，与其他部门的合作相当少	谁是这里实际的领袖？是"我们"！我们是组织中的创造性人才，制定着创新的游戏规则；而不是想阻止每个创意的 IT 或法律部门的官僚！尽管他们经常得逞，但绝不会在这里。因为老板不允许，在这里是我们对项目负责

资料来源：Vermeulen P A M, Raab J. *Innovation and Institutions*：*An Institutional Perspective on the Innovative Efforts of Banks and Insurance Companies*. Taylor & Francis (Routledge)，2007.

可以说，组织制度学派研究范式的引入，正式地将新服务开发研究从关注局部、方法的机械主义、理性主义思路，引到关注全局、氛围的有机组织、权变主义方向。与传统的组织文化理论相比，组织制度学派范式更为深刻。

2.2.4　情境化和方法论

情景化（contextualization）是指将研究置于一定的情境当中，情境包括特定研究所处的物理的、政治法律的、文化的、社会的、历史的、经济的环境以及组织环境（徐淑英，欧怡，2008）。对情境敏感的两类研究是嵌入情境研究（context-embedded）和特定情境研究（context-specific）（Tsui，2004）。前者用国家层面特征的差别解释不同国家中组织或个人现象的差异；后者关注新情境下的现象。就新服务开发研究的情境化而言，就是要从探求多数行业、所有规模企业、全部开发活动的普遍规律，转变为研究指定行业、固定规模、特定开发活动的情境规律。

表 2.2 显示，Vermeulen 新服务开发研究路径，正是循着这一方向展开的。Vermeulen（2001）、Vermeulen 和 Dankbaar（2002）以及 Vermeulen（2004）研究的是 39 家荷兰银行和保险公司所有规模企业的所有开发活动；对象企业规模

的收缩体现在 Vermeulen(2005),是 30 家荷兰银行和保险公司中小型企业(雇员少于 500 人)的所有开发活动;对象创新活动的聚焦体现在 2007 年的两篇文献,是对 6 对"成—败"配对复杂渐进产品创新项目(荷兰金融企业)的研究。

此外,为进一步洞察金融业、服务业(中小企业)新服务开发活动的独特性,Vermeulen 还进行了若干项情境比较分析。如 Vermeulen 等(2005)对 502 家荷兰小型服务企业(雇员少于 100 人)的研究;Nijssen 等(2006)对荷兰 217 家服务企业和 105 家制造企业的对比研究;de Jong 和 Vermeulen(2006)对荷兰 1250 家中小企业(500 人以下,制造 178 家、建筑 206 家、批发和运输 261 家、零售 228 家、旅馆和餐饮 190 家、知识密集型服务业 101 家、金融 86 家)的对比研究。

方法论方面,长期以来存在定性研究和定量研究的划分。定量研究用来回答有关被测变量之间的关系,旨在对现象解释、预测、控制;定性研究用来回答复杂性问题,往往从受试人员的观点出发,对现象进行描述和理解(Leedy,Ormrod,2005)。此外,研究数据的来源分为一手数据和二手数据。一手数据由研究者或其训练或委托的助手(或机构)直接收集,直接用于研究者自己的研究项目,并且在数据收集过程中研究者通常与被研究对象直接接触;二手数据反之(周长辉,2008)。常用的访谈和问卷方法都属于一手数据方法。

表 2.2 显示,Vermeulen 的主要研究方法是定性研究。2001—2004 年文献所使用的数据,都是 Vermeulen 在 1997—2001 年间对至少 39 家荷兰金融企业中超过 120 人访谈的定性研究一手资料。2002 年根据研究的需要他又补充进行了一些访谈,所以 2005 和 2007 年的文献则是基于 1997—2002 年间的访谈资料展开的,特别是对于 1997—2001 年的原始资料进行了重新编码分析,得到更理论化、更深入的结论。

值得注意的是,2005—2006 年,Vermeulen 共开展了三项定量研究(线性回归),且数据来源不同。Vermeulen 等(2005)在 2001 年从荷兰商业厅小企业名录数据库随机确定 1662 家企业,对企业家或总经理采用计算机辅助电话访谈技术(CATI)获得问卷[①],有效问卷 502 家;Nijssen 等(2006)仍然采用 CATI 对荷兰大约 8 个产业 1500 家小型服务企业进行问卷调查,有效问卷 322 家。de Jong 和 Vermeulen(2006)则是二手数据和一手数据的结合,二手数据来自 1999 年建立的"SME Policy Panel"数据库。该数据库由荷兰经济事务部资助的 EIM 研究所运作,覆盖 7 个行业 1800 家小企业,每 3 年调查一次。研究最终采用了 1250 家中小企业(500 人以下)为样本。

---

① 问卷问题简短,访谈限制在 15 分钟内。联系 5 次联系不上后,将其标志为未答卷者。

可以说,作为辅线的情境化与方法论,体现了近年来新服务开发研究思想理论化、研究方法多元化的趋势。Vermeulen 的路径还特别体现了研究数据库(一手定性访谈数据库和二手调查数据库)的重要价值。

2.2.5 理论评述

1. Vermeulen 理论贡献

从 1997 年算起,Vermeulen 长达 10 年的新服务开发研究,体现了新产品开发的理论和方法,在向服务业转移的过程中所遇到的问题、相应的修正,以及研究范式的逐渐变迁。Vermeulen 研究路径的转变,一是得益于 20 世纪 90 年代以来欧洲金融服务市场的激烈竞争和分销渠道的拓展、信息技术应用的深化(前文已有论述),这使得荷兰金融服务企业对提升企业管理水平和新服务开发绩效,有着强烈的驱动力;二是得益于他的组织学(和战略学)背景,而非营销学背景,这使得他能在更广的范围内寻找理论工具,并始终聚焦于新服务开发的组织因素,规避了关键成功因素研究的缺陷。[①]

Vermeulen 的研究还得益于近年来服务创新等佐证理论的发展和丰富。创新研究学者比开发研究学者具有更宽的视野,更愿意从企业层面而不是项目层面看问题。这更适合于轻项目小组的服务企业情况。Vermeulen 的新服务开发研究具有很强的服务创新的味道,这体现了服务创新的外部驱动力模型思想。服务创新的驱动力分为内部驱动力和外部驱动力(Sundbo,Gallouj,1998)。内部驱动力包括企业的战略和管理、员工、创新部门和研发部门。外部驱动力分为轨道(技术轨道、制度轨道、服务专业轨道、管理轨道、社会轨道)和行为者(竞争者、顾客、公共部门、供应商)两类。驱动力模型较好地刻画了服务企业活动的多重制约和环境依赖。微观组织制度的形成和演化恰恰是宏观环境变迁的结果和体现。

长期以来,新服务开发研究进展缓慢。呈现出"虚假的繁荣",陷入"有文献、无理论"的悖论,即文献和引用越来越多,但理论进展却微乎其微;以及一些文献将服务和产品不加区分,在研究新产品开发的同时捎带研究新服务开发,如研究"产品和服务"。近年来,大量多样性背景的学者进入新产品开发领域,为其带来了生机和活力。如战略管理资源观、企业知识管理、利益相关者理论

---

① 关于 Vermeulen 的学术背景,一份截至 2007 年的资料(本人学术简历)显示,他承担的课程有:组织研究、战略过程、战略与组织、中小企业组织创新、战略变革与创新、服务企业战略更新、技术和创新管理等。此外,他还是以下学术组织的成员:ONE(组织与自然环境)兴趣小组、管理学部组织与管理理论分部、管理学部技术和创新管理分部、EGOS(欧洲组织研究小组)、EIASM(欧洲先进管理研究所)、ECSB(欧洲小企业和创业委员会)等。

等的引入,丰富了新服务开发的研究理论、研究场景、研究方法。可以预见,新服务开发流派从传统的营销管理学科(产品管理)分化出去,只是时间问题。Vermeulen 从"关键成功因素"范式到组织制度学派范式的过渡,就是一个很好的预演和尝试。

如前所述,原始的"关键成功因素"研究用于具体案例研究(Rockart,1979)。该法有助于企业管理活动的聚焦,但其涉及因素往往超过管理有效幅度(5~9),关键成功因素的确定也稍显随意(Cooper,2009)。但当研究对象逐渐超越单案例或数目有限的配对比较案例,进入调查(survey)运用时,就带来了方法论哲学的困境。如很多研究对众多企业进行问卷调查并辅以各题项统计意义检验(如 t 检验、因子分析)。这已经超出原始方法案例研究"复制原则"的研究逻辑,进入定量研究方法"大数定律"的研究逻辑。特别是当研究者将众多情境各异的样本调查数据加以汇总的时候,呈现出的所谓具有统计学意义的共通性结果,因其总体不符合正态分布,已经不具有真正的结果效度。并且,这时关键成功因素列表的确定也往往缺乏严密系统的理论支撑,而只是前人类似案例和调查研究的引文堆砌,也与定量研究对严密假设进行检验的分析逻辑不符,进而容易陷入一种方法哲学自相矛盾的伪研究范式困境。

而传统的新服务开发研究更多的是新产品开发"关键成功因素"研究结果在服务产业的"复制"。制造业重项目小组的经验和工具并不能较好地适合服务业轻项目小组的情境,关键成功因素方法因其固有缺陷在服务业也难有作为。[①] 现实情况是,金融服务业目前广泛采用职能部门化结构,产品开发小组成员都是在开发小组兼职的。即需要他们同时对产品开发部门和日常工作部门负责,这导致了目标的不一致,引出了优先权的冲突和资源争夺问题。员工一般在业余时间进行产品开发,他们的大部分时间都给职能部门,(人力资源的缺失)延长了产品创新的时间(Vermeulen,2005)。

而组织制度学派则是作为新古典经济学和理性选择理论的对立物产生和发展的。后者认为制度构成对行动主体策略行为是一个场景或游戏规则,它约束行动主体追求自身利益的行为。但是行动主体在制度代表的游戏规则下仍然可以追求自身利益的最大化。组织制度学派则认为,人们在做出选择时总是借鉴他人在相似情境下的经验,并以社会上通行的行为准则为参照。即单个的个人行为总是受到集结层面的他人行为的影响。这时制度已不再是外生变量,而成为个人选择偏好的来源。Vermeulen 运用组织制度学派对新服务开发的

---

① 早期的新服务开发关键成功因素依据的更多是新产品开发关键成功因素的文献。如前所述,事实上早期的新服务开发学者更多地来自新产品开发领域。

分析表明,新服务开发的组织活动并不总是基于效率准则,组织内外的合法性机制是一个不得不考虑的影响因素。

2. 对中国的启示

Vermeulen 对荷兰金融业新服务开发的研究,对中国有较强的启发意义。中国金融业经历改革开放以来的发展,已初具规模,但其产品开发能力仍处于较低的水平。以银行业为例,由于中国商业银行业的发展很不成熟,银行业风险所带来的负面影响又具有较强的社会破坏性和政治性解读,因此目前我国对商业银行的监管力度还比较大。因而在控制住风险的同时,商业银行新产品开发的空间也被压缩。这主要表现在吸纳性创新多,原创性创新少;数量扩张创新多,质量提高创新少;外力推动创新多,内部驱动力创新少等。以及在新服务开发的三个阶段不能有效识别顾客需求、科学设计服务产品和较好推介新服务。①

与 Vermeulen 所处的 20 世纪 90 年代荷兰金融业的背景相比较,中国目前也正处于一个金融业应用的广度和深度获得极大提高、金融业高速发展的阶段。所不同的是,20 世纪 90 年代荷兰的金融业是在一个相对成熟的市场监管体系下发展,中国的金融业则在一个相对不成熟故而“监管过度”的转型经济下前进。作为服务业从计划经济转向市场经济过程中出现的种种问题,如国有服务企业的垄断经营、服务产业生态链的割裂、服务监管体制的错位和僵化等,在金融业也难以幸免,有些甚至更为严重。因此,金融企业微观的新服务开发管理活动严重地受制于宏观的市场监管环境。

新服务开发的“组织流动性”和“环境规制性”应成为相关学术研究的两大焦点,以摆脱制造业经验移植的局限。Vermeulen 的研究再次表明,新服务开

---

① 中国对银行业的监管大致分为三个阶段。第一阶段从 1984 年到 1993 年。1984 年,中国人民银行开始专门行使中央银行职能。这一时期银行业监管的主要内容是市场准入和合规检查。第二阶段从 1993 年到 2003 年。随着三大政策性银行的成立,央行要求国有独资商业银行以效益性、安全性、流动性为经营原则;基本上已经将其作为商业机构来看待。1998 年,中国人民银行开始推广贷款质量五级分类,信用风险渐渐成为监管的重点。第三阶段以 2003 年中国银监会成立为标志。银监会提出“管法人、管风险、管内控、提高透明度”的监管理念,在加强银行合规监管的基础上,把重点放在风险防范和化解上。2007 年发布的《中国银行业实施新资本协议指导意见》,构建了未来我国商业银行资本监管制度的总体框架。中国金融网专题:聚焦中国特色的银行监管,http://news.zgjrw.com/zhuanti/09072008/。

发本质上是一种组织创新。① 同时,新服务开发也更多地受到环境规制的影响,企业的新服务开发行为表现出很强的权变主义色彩。最佳实践必须在不同背景、不同企业规模和任务复杂性下,以及根据服务提供定制化程度和环境不确定性加以调整和采用(Tidd,Bessant,2009)。问题解决的关键是组织和技术配置与特定市场环境的匹配。

回到中国银行业,一方面,国家作为国有银行的大股东往往在市场监管之外通过股东行为体现其意志,这时商业银行经营与商业银行监管已经有所混合。另一方面,非国有商业银行在法律政策方面的创新障碍很高。非国有商业银行普遍规模较小,政策议价能力弱,对规制的敏感性较高。中国银行业发展的转轨特色十分鲜明。可喜的是,目前大量国际银行参股国内商业银行,在经营理念、风险管理、产品开发等多方面给国内银行带来影响。②

总之,Vermeulen 对荷兰服务业长期研究的借鉴意义在于,一方面,伴随着中国金融服务业的不断发展和日渐成熟,对新服务开发的研究将从目前的商业模式创新层面,回归到西方成熟的项目管理层面。Vermeulen 的早期研究显然可以借鉴。另一方面,面对转型环境下复杂多变的外部环境,金融企业运营模式微观组织制度的形成和演化,恰恰是宏观环境变迁的结果和体现。Vermeulen 的组织制度分析范例值得参考。因此,不论是 Vermeulen 基于关键成功因素的研究,还是基于组织制度学派的研究,都具有借鉴意义。前者更为操作具象,后者更为视野开阔。中国学者还可引入更具容纳性的理论范式:资源观、动态能力、知识管理、利益相关者理论等,来研究金融服务开发。事实上,已经有一些学者在这样做了。

Vermeulen 在 1997—2007 年对荷兰金融服务企业的长期研究,在新服务开发领域具有标本意义。他代表了非营销领域出身的新生代学者对传统学者的挑战,和对传统研究范式的质疑。Vermeulen 所具有的很强的组织和战略学术背景,给了他很好的理论滋养和储备;长期对荷兰金融企业大量的"田野工作"式访谈,为他深刻理解新服务开发的本质带来了现实的可能。解读 Vermeulen 从关键成功因素到组织制度学派的范式转移路径,可以感知新服务

---

① 即使有研发部门也主要是获取组织中的创新构思并将其提交管理层。特别地,服务企业有研发部门的较少。一项国外调查显示,有独立的开发部门、由已经存在的部门附带承担、临时项目组开发、外包新服务开发四种开发形式的采用率大致为 10%、77%、49% 和 7%(Fahnrich, *et al.*,1999)。

② 如 2006 年荷兰合作银行入股杭州联合农村合作银行(简称杭州联合银行),就很好地结合了自身在农业和中小企业领域的先进经验,帮助杭州联合银行立足三农、服务社区,在组织和规制间努力寻求平衡,"做小、做散、做精"。

开发研究的未来发展方向。简言之,新服务开发研究亟须高容纳性的理论,并建立宏观视角与微观观点的联接。目前直接的一个需要是,新的理论必然要嵌入服务企业轻型项目小组开发模式情境。Vermeulen 引入组织制度学派的尝试表明,新服务开发流派从传统的营销管理学科(产品管理)分化出去,只是时间问题。此外,基于中国金融业发展的后来追赶性,无论是 Vermeulen 基于关键成功因素的研究,还是基于组织制度学派的研究,都对中国具有借鉴意义。

2.3 服务业前后台

2.3.1 前后台分离与服务概念的联系

前后台是服务运营管理中的术语,前台主要承担客户接触活动,而后台主要对非实时和非交易性业务进行标准化和专业化处理。按照是否要求客户在场,Metters 和 Vargas(2000)将业务划分为前台和后台。服务企业也确实从中降低了成本,效率得到了很大提升。前后台的分离是指尽可能地减少顾客在服务系统中的出现,前提是不限制顾客与服务组织之间进行信息交换。一般认为,前台是在同一时间发生的顾客和服务提供商之间的直接接触,但不一定是在同一地点的活动;后台是那些与顾客没有接触的活动(Broekhuis, *et al.*,2009)。但对于只是笼统地将服务系统从物理或地理属性上进行分离,把物理意义上的服务系统和具体服务活动及服务人员实行了"一刀切"的截然分离的做法,也有人明确表示反对(Zomerdijk,Vries,2007)。通过金融业的案例分析,他们认为在新时期信息技术和顾客接触形式改变的情况下,前后台分离并不是说前台和后台员工一定要从地理角度上严格分离,前台工作也不一定要由前台人员承担,反之亦然。

随着前后台分离实践的应用,人们对分离目的的认识也逐步深刻。最早提出前后台分离的 Thompson(1967)认为,一个组织如果能把该组织的技术内核部分与外部干扰分离开来,必然能取得高效率。Levitt(1972,1976)也持有类似观点,他鼓励管理者进行前后台分离以便将生产线方法应用到服务系统中,以提高服务效率。Chase(1978)认同这一观点,他按顾客接触程度从高到低把十个行业分为纯服务、混合服务、准生产和生产四大类,并认为服务系统与顾客接触的程度越低,系统就越能发挥最大的效率。在 20 世纪 90 年代,前后台分离出现第一波高潮。但是随之人们发现除了效率、成本外,还有其他一些目的是在前后台分离中需要考虑的。往往一味地将前台转为后台,会忽略对市场需求的认识。

前后台有各自的特点、优点。前后台分离下前台和后台的特点是:①在交互作用方式上,前台导向比后台导向更多地使用面对面、电话等方式。②在顾客化和顾客参与上,前台在顾客化、服务的可选择性、顾客参与的程度上比后台高。③在设计特性上,前台的特点是劳动密集、例行工作更少、设备使用低、倾向使用预约系统。④在竞争的优先性和能力上,前台和后台都强调产品灵活性和顾客交互作用。而前台在产品灵活性和顾客交互作用上表现得更好,后台更强调成本。⑤在绩效上,拥有高绩效的前台反而需要投入更多的资本,拥有高绩效的后台反而拥有更高的劳动密集度(Safizadeh,et $al.$,2003)。

前后台分离下前台的优点是:顾客化服务、增值服务的提供、和顾客一起控制质量以及在过程中提供反馈、提供即时服务、顾客在场等。后台的优点是:效率高、专业化和集中化、有效利用资源等。把前后台活动分离在多个岗位中的作用是:专业化的员工、工作和员工更好的匹配、在封闭的后台活动中降低成本等。相应地,对绩效的影响就是提高质量和工作满意度(Broekhuis,et $al.$,2009)。前后台分离往往意味着以客户为中心推进关键业务流程的变革。即按照集约高效的原则,再造和优化业务流程,通过建立后台业务处理中心,提高业务处理的集约化水平(黄美红,2008)。

2.3.2 前后台分离与公司策略的联系

从分离程度的特点和运营的策略焦点可以确定四种策略类型:成本导向、廉价便利、优质服务和专业化(见图 2.1 和表 2.4)。

图 2.1 后台工作分离策略

资料来源:Metters R, Vargas V. A typology of de-coupling strategies in mixed services. *Journal of Operations Management*,2000,18(6):663-682.

表 2.4　分离策略的一致性职能选择

管理实践	成本导向	廉价便利	专业化	优质服务
分离程度	高	低	高	低
竞争优势	成本低	位置便利,成本低	提供专家服务;后台专家支持前台专家	优质的专业化服务
分离原因	规模经济	维持成本竞争性	质量控制;分离高联系程度和低联系程度的业务活动	只有当成本承担不起的时候才集中后台服务
分离的业务活动	所有的后台工作	由于规模小,只在前台工作的空闲时间才进行集中后台工作	后台工作"地域化",不分离	业务要求昂贵的资本货物
业务策略焦点	成本最小化;质量一致性	成本最小化;质量一致性	维持有效的灵活度、速度或服务质量	最大化服务的灵活度、速度或服务质量
服务范围	狭窄	非常狭窄	宽广	非常宽广
训练	面窄,只关注业务活动中一项任务的内容;交叉训练少	面宽,所有的员工都要能完成所有的业务活动	面窄,但关注整个业务活动而不是其中的一项任务	面宽,但关注专业化的交叉训练
高联系程度员工的职责	客户需求服务;工作场所外职责少	客户需求服务;工作场所外职责少	通过大量工作场所外服务增加客户群	与客户关系密切,工作场所外职责多
高联系程度员工的薪酬	薪水/按小时计薪	薪水/按小时计薪	销售佣金	薪水＋业务佣金
自动控制的目的	业务标准化;替代劳动	降低工作的复杂性	拓展市场	拓展服务,维持成本竞争性

资料来源:Metters R,Vargas V. A typology of de-coupling strategies in mixed services. *Journal of Operations Management*,2000,18(6):663-682.

1.分离度高,强调成本:成本导向

成本导向型企业服务运营的驱动力是降低成本,分离的目的是为了追求规模经济。这种企业通过技术创新来不断尝试以自动化代替劳动力。高联系程度员工的职责包括大量的后台工作以尽量避免闲置时间的产生,但是其他所有的后台工作职能都被分离出来。相应地,高联系程度员工的薪酬不是佣金形式,因为对客户的吸引力主要是靠企业广阔的市场而不是高联系程度员工的努力。

2.分离程度低,强调成本:廉价便利

对于廉价便利型企业的分离策略,后台工作保持分离的直接原因是成本。数量众多的小型服务点遍布各处以增加客户的便利,同时提供有限的低价产品和服务。这种服务点的员工虽少,他们的闲置时间却比集中服务的企业员工的闲置时间多。因而,在前台服务部门保留充足的后台服务来填补这些闲置时间有助于降低成本。廉价便利型企业的员工应该接受交叉培训,最理想的结果是任何员工都能处理任何工作。相应地,这种企业很难提供宽广的、复杂的服务,他们的重点是提高员工利用率和维持质量的一致性。

3.分离度高,强调服务:专业化

这种分离策略分离高联系程度和低联系程度的工作,分离和集中化相同联系程度的工作,但是这种分离的基本目标是支持前台工作,而不是控制成本。对于专业化分离策略,后台工作分离的首要目的是提供便利的服务和确保质量的一致性,成本考虑是第二位的,因为后台工作支持的焦点是提高系统的灵活度,而不是控制成本,这使专业化型的企业迫切要求前后台工作保持紧密联系。

4.分离程度低,强调服务:优质服务

优质服务型企业提供价格高昂的特殊服务。运营的关键是提高灵活度和速度。这个有竞争力的目标来自关系定位而不是交易定位。极端地,与客户的这种良好关系甚至可以预测客户的需求。对这种策略,只有当一项服务要求规模经济的有效性的技术能够提供绝对优势时,后台工作才会分离。此外,工作分离要求最小化。

而根据前后台服务活动结合及分离的不同作用,和服务的需求的不同(从复杂性低、多样化低到复杂性高、多样化高),可以把前后台的设置类型分为四种(Broekhuis, *et al.*, 2009)。在高度多样化和低复杂性的服务要求下,选择配置Ⅰ;在高度多样化和高复杂性的服务要求下,选择配置Ⅱ;在低度多样化和低复杂性的服务要求下,选择配置Ⅲ;在低度多样化和高复杂性的服务要求下,选择配置Ⅳ。前后台运作的四种配置如表 2.5 所示。其中,配置Ⅰ属于前后台结合的运作模式,配置Ⅱ、Ⅲ、Ⅳ属于前后台分离的运作模式。

表 2.5　前后台运作的四种配置

需　求	低复杂性的服务	高复杂性的服务
多样化高	配置Ⅰ 员工 A(前台员工)和顾客一起确定顾客的需要和意愿以及服务包； 专业化活动主要在前台进行； 结合过程：A 完成了大部分工作； A 高度自治； A 受过较高的社会和专业教育； 此配置下组织的战略目标是提供高度个人化服务和最少的交接	配置Ⅱ A 和顾客共同确定需求和意愿的清单，A请教于 B(后台员工)； 专业化活动在前台和后台进行； 分离过程：多名员工参与； A 和 B 都是中等自治； A 受过社会学教育，B 受过专业化教育； 此配置下的战略目标是提供高度个人化服务，专业化的后台员工的最优利用
多样化低	配置Ⅲ A 和顾客共同确定需求和意愿的清单； 专业化活动主要在前台进行； 分离过程：A 完成大部分工作，后台开发标准化专业活动的仪器供前台使用； A 中等自治； A 使用选择的标准化清单； 此配置下的战略目标是快速提供，无空闲时间和最少的交接，通过对特定需求的标准化提供来进行顾客化提供	配置Ⅳ A 制作顾客特定需求和意愿的清单，B 确定服务包； 专业化活动主要在后台进行； 分离活动：多名员工参与，后台开发标准化专业活动的仪器，前台和后台都使用； A 低度自治； A 和 B 使用选择的标准化清单； 此配置下的战略目标是通过标准化和最优利用后台员工降低成本，通过对特定需求的标准化提供来进行顾客化提供

资料来源：Broekhuis M，de Blok C，Mei Jboom B．Improving client-centred care and services：The role of front/back-office configurations．*Journal of Advanced Nursing*，2009，65(5)：971-980.

2.3.3　前后台分离的实施

一个企业能从前后台工作分离受益的程度，取决于它是如何实施这个分离策略的。在实施过程中要注意三个问题：策略的一致性、设计后台工作以支持前台工作之间的分界面和实施的速度(Metters，*et al*.，2004)。在一个服务型企业的不同部门实行不同的策略很常见，比如一个部门要求收入最大化，而另一个部门要求成本最小化。然而，一个企业想要获得成功，就必须调和这些不同观点，这就是策略的一致性。前后台分离应当关注前后台工作间的连接，对后台工作的管理方法会直接影响到这个问题，可以采取前台工作员工能够联系任何一个后台员工的方式，也可以采取让每一个前台工作员工都特定联系一个后台员工的方式来加强前后台的联系，使前后台员工间的工作转移更容易实现，并增加后台工作的灵活度。对于想要进行分离的企业来说，存在两个相反的作用力影响实施分离的速度,从经济上和对客户专人化服务的角度考虑,最好通过网络来实现快速、完全的分离和集中化。是否能达到一个良性的分离目标,取决于对员工削减的合理的时间安排。但是随着分离的逐步实施会出现一个反作用力。分离前后台工作的一个好处是许多员工可以选择更合适的工作,在前台工作的员工之所以选择前台,是因为与技术工作相比他们更喜欢人际交往,分离意味着将前台员工,也可能是将现在工作不合适的员工转到后台,或者意味着大规模裁员和雇用新员工,任何一种情况都会影响到分离的速度。

2.4 知识转移[①]

知识经济时代,知识已经取代传统的生产要素成为企业最主要的资源(刘芳,欧阳令南,2005)。作为知识管理活动过程的核心环节,知识转移是组织获取所需知识从而建立和保持竞争优势的重要途径(杜衍姝,王秀丽,2011)。越来越多的组织通过获取其所需的知识及知识的高效转移来培育核心竞争力。然而,组织内外存在着很多因素影响知识的高效转移。随着知识转移研究的不断推进,知识转移影响因素的研究在最近几年也积累了不少实证研究成果。但是,不同学者从不同的视角对此进行实证研究,最终得出的研究结论差异较大,甚至存在矛盾。基于此,本节采用元分析技术对这些相互独立的实证研究进行合并分析从而得出一般性的结论。

2.4.1 知识转移的定义和绩效

1977 年,美国管理学家 Teece 首次提出知识转移的概念,他认为知识转移就是知识在知识发送方和接受方之间来回不断的发送与接收的过程(Teece,1977)。之后,国内外学者从不同角度对知识转移的理解提出了不同的观点和看法。从过程的角度看,知识转移是指知识源与知识接受方之间的知识交换过程,包括知识源和知识接受方两个主体的概念(Szulanski,1996);从知识接受方的角度看,知识转移被定义为知识整合、知识创新或组织学习的过程(Westney,1993;Hedlund,1994;Bresman,Birkinshaw,1999)。

随着对知识转移的研究逐渐趋于成熟,从知识转移效果的角度来定义知识转移逐渐被广泛接受。具有代表性的定义有:知识转移是知识从知识源到知识

---

① 本节扩充自以下论文:李靖华、常晓然:《基于元分析的组织知识转移的影响因素研究》,《科学学研究》2013 年第 3 期,第 394−406 页。

接受方的传递过程,使知识能为知识接受方学习和应用(Dong-Gil,Kirsch,2005);知识转移是知识从知识发送方传递到知识接受方的过程,知识发送方通过知识传输途径将知识传递给知识接受方,知识接受方通过学习将其转化为自身的知识并指导行为(马庆国等,2006)。该角度定义下的知识转移不仅指出知识转移是双方传递知识的过程,而且强调知识能被受体吸收、利用且能为受体带来好的变化。

虽然,不同学者对知识转移内涵的理解存在差异,但大量文献都强调知识转移的两个重要方面是知识流动和知识应用。知识转移必须有知识重建过程,强调知识的理解、吸收和利用,而不是简单的传递和共享(马庆国等,2006)。知识转移是一个情境之下的知识在另外一个情境之下的应用(Singley,Anderson,1989),只有当接受方吸收、理解并应用了知识才发生了成功的知识转移。所以,本节将知识转移定义为在特定的情境中发生的知识从知识源到知识受体的转移过程,知识接受方通过学习将知识发送方的知识转化为自己的知识并在实践中进行应用。

从文献研究来看,知识转移可以在个体间,团队间、单元或部门间,以及组织间进行(李纲,刘益,2007;疏礼兵,贾生华,2008)[①]。本节主要涉及组织内和组织间的知识转移。组织内的知识转移是知识在一个组织内部的个体或群体之间有效地扩散和传播,从而促进知识在组织内部个人或群体之间的共享、应用和创新;组织间的知识转移是指知识的传播扩展到了不同的组织之间,知识从一个组织转移到另一个组织,并被知识接受组织有效地吸收和利用,进而得到创新和转化。

任何知识转移的目标都是要成功地将知识从知识源转移到知识接受方,并且接受方将知识运用于实践。那么,关于知识转移的成功与否,即知识转移绩效的测量,不同学者有不同看法。比较基本和最简单的方法是某一时期内成功知识转移的数量(Hakanson,Nobel,1998)。但是,如果知识接受方获得的大部分和重要的知识是隐性和非结构化时,这种数量的测量则不能反映知识转移的绩效。所以,学者们逐渐认识到知识转移的效果不应仅仅重视知识数量变化的测量,也应该重视知识所有权的转变以及知识对知识受体所带来的变化,即质的变化。

上述质的变化主要体现为"所有权"、"收益"、"满意度"和"知识创造程度"

---

① 组织是关于个体为追求某些共同目标在特定规则下互动组成的群体,这些特定规则存在于一般的制度框架下,组织的例子包括企业、合作社、政治团体和大学等。由于组织的相对性,本书将组织定义为企业,即我们研究的是企业内和跨企业的知识转移。为了表达需要,会在个别地方使用"企业"替代"组织"。

等指标。"所有权"指的是知识受体得到了一项新技术或新知识,并把知识内化的程度(Lane,Lubatkin,1998);"收益"则是指学习到了新方法,使管理效率提高、使用合作伙伴的技术和方法提高了受体的收益(Lane,Lubatkin,1998),同时,"收益"也体现在知识的转移是准时的并且在预算内的,表现为转移成本的多少(Pinto,Mantel,1990);"满意度"作为测量知识转移绩效的标准之一,原因在于某些知识,如惯例和规则,它们的转移可能并不能直接提高接受方的财务绩效,也很难说清楚接受方是否得到了这些知识的所有权或控制权,但是这些知识的使用可以增加工作协调与默契,提高日常管理和经营工作的效率,或者减少工作摩擦,最终从知识受体和知识使用者的主观满意度上体现出来,它是对"所有权"和"利益"标准的补充(Pinto,Mantel,1990);"知识创造程度"则是指知识接受方将所转移的知识应用于产品开发、制造及组织设计等(Nelson,1993)。

2.4.2 组织内与组织间的知识转移

1.组织内的知识转移

知识转移是知识接受方获得与知识转移者相同知识的认知过程(Harem,et al.,1996)。目前对知识转移的研究可以划分为在个体间、团队间、单元或部门间以及组织间进行这四个层次(Tsai-Lung,2007;李纲,刘益,2007;疏礼兵,贾生华,2008)。其中,组织间的知识转移最为复杂,影响因素也更多;组织内知识转移涉及的知识转移主体及影响因素相较组织间来说更少一些,转移情景也更简单。

经过多年的发展和扩充,目前在组织内的知识转移影响因素的研究方面,已经形成了基本的分析框架,即从知识特性、知识源特性、接受者特性和转移情境四个方面进行分析(Cummings,Teng,2003;周晓东,项保华,2003)。知识特性主要包括知识的显隐性、知识的复杂性和嵌入性三个方面。显性知识能够以文档等形式由员工学习得到,而隐性知识则蕴含在组织内部或部门内部,需要借由经验进行学习,即"可意会不可言传"。而转移的知识越是具有隐含性,成功的转移也就越困难(Szulanski,1996)。知识的复杂性是知识的一种内在性质,复杂的技术系统往往导致知识黏性,产生的知识的模糊性也就越高,进而限制知识的复制和传播(Reed,1990)。存在不同层面上的知识都可以作为知识存在的载体。Cummings和Teng(2003)进一步指出,对应于不同载体所包含的知识,其转移难易度会有所不同。

对知识转移主体的研究则将转移行为划分为知识源和知识接收者两个方面。知识源特性包括可靠性(Szulanski,1996;Joshi,Sarker,2007)、激励因素

（Osterloh，Fery，2000；唐炎华，石金涛，2006）、沟通和编码能力（Berman，Heilweg，1989）、社会身份和群体本位（Argote，Ingram，2000）等；接受者特性与知识源的特性相类似，也包括激励因素、沟通和编码能力，还涉及吸收能力（Cohen，Levinthal，1998；Szulanski，2000）。

转移情境因素分个体关系、组织关系、组织结构、组织文化四方面。个体关系方面包括个体间关系的紧密程度和联系强度（Szulanski，1996）、共同的价值观（Nelson，Cooprider，1996）；组织关系维度主要是指员工间的知识距离（Dixon，2000；Reagans，McEvily，2003；马骏等，2007）；组织结构维度则包含组织单元间的关系和交流方式的正式与非正式性（Hansen，1999；Tsai，2001）、知识传播渠道（Gupta，Govindarajan，2000）、组织激励（Szulanski，1996；Gupta，Govindarajan，2000）。其中，Grant（l996）将知识转移方式分为显性的指导方式和隐性的组织惯例两大类。但对于基于服务企业运作需要而设置的前后台组织的知识转移的研究，则相对较少。

除知识转移影响因素的研究外，还有不少学者研究了知识转移的机制和模型等，出现很多知识转移模型，最经典的如 Szulanski（1996）的"知晓、交易、适应和制度"四阶段模型，再有 Nonaka 和 Takeuchi（1995）的组织知识创造螺旋SECI 经典模型。该模型以知识层级和认知层级两个维度为知识创造提出了四个转换模式：共同化、表出化、内在化和联结化。该模型中既考虑了隐性知识和显性知识的相互转变，同时跨越个人、团队、组织到达组织间，扩大了知识互动的范围。周建（2006）在整合了 Szulanski 和 Nonaka 等人的研究后，认为同一组织中不同部门间的知识转移，本质即是实现个人知识向组织知识的升华，是知识转移主体的扩大，使该知识成为该组织日常运作的一种规范或习惯。而这一整合阶段也需要经过三个步骤：需要对有价值和需要转移的知识进行识别；通过人员轮换、员工培训等方式由知识源向知识接受者传授知识；知识接受者通过"干中学"，加深对知识的理解，最终实现满意的绩效，并掌握新知识。

转移机制受到知识转移影响因素、知识转移渠道和过程等多方面的影响。对于转移机制的研究主要分为两类，一类是将知识转移机制视为知识转移过程影响因素之间相互联系共同发挥作用，促进、维持、制约知识转移运行的因素；另一类是从企业内部较为微观的层面着手，将转移机制定位为知识转移过程中使用的手段、工具、方式方法，是促进知识有效转移的媒介。

第一类从知识转移的协调机制、信任机制、激励机制等方面来研究如何促进知识转移的顺利运行，如 Sakakibara（2003）研究了知识转移的激励机制等；第二类研究侧重于研究某一具体的知识转移渠道，如生产、组装任务（Christian,1997）、正式（或非正式）的培训项目以及员工交换（Lewis，1993）、管理或组织结构关联(Davis,1991；Haunschild,1993)等。关于多种知识转移渠道并存的情况,Inkpen 和 Dinur(1998)通过对美日合资企业的研究得出知识转移的两种途径:①技术共享协议,包括会议、定期现场参观、技术培训等;②人员流动,通过晋升或调动进行短期或长期的人员流动。Bresman 和 Birkinshaw(1999)的研究展示了部门间存在的一些直接的知识交流方式(包括面对面交谈、电话、传真、电子邮件等),另外参观、会议等也可以成为转移知识的方式。Jasimuddin(2008)认为合适的知识转移方式受到转移双方的地位、个人关系及亲近性的影响。

2.组织间的知识转移

与市场机制相比,企业的优势在于能够更有效地共享和转移知识,而企业间的绩效差异也源于知识的不对称以及由此导致的核心能力的一致性(邱伟年等,2011)。真正成功的企业是能够吸收和转移新知识的企业。

对企业间知识转移的研究多集中在对知识转移过程和知识转移影响因素的研究。组织间知识转移的过程可以分为两个阶段,首先是从发送方到接受方,然后再是接受方对知识进行吸收、同化。转移的过程可以表达为:转移＝传递＋吸收(转化)(Davenport,Prusak,1998)。专门针对组织间知识转移的过程,Gilbert 和 Cordey(1996)提出了知识转移的五阶段模型。该模型指出,知识创造主要包括五个阶段:获取、沟通、应用、接受、同化,他们认为组织间的知识转移并非静态发生,它必须由不断的动态学习才能达到目标。

组织间的知识转移的复杂性不仅体现在转移过程,也体现在知识转移影响因素更广泛。许多学者都已经研究了组织间知识转移的影响因素,主要可以反映在四个方面:知识特征、知识源和知识受体的特征、网络特征以及情境特征。

首先,知识最突出的特征是模糊性。它能防止竞争对手模仿和获取组织核心知识,但是同时也阻碍了知识在组织间的有效转移(Szulanski,*et al.*,2004)。王伟(2006)和王娟茹(2007)等亦发现转移的知识越是具有隐含性,成功的转移也就越困难。另外,有些学者也关注知识的复杂性和嵌入性。Simonin(1999)的研究指出复杂性能够通过对模糊性的作用,影响市场营销知识的转移,知识越复杂,就越难以成功实现转移。肖小勇(2009)在实证研究中得出被转移知识的复杂性与知识转移结果存在负向关系。Argote(2003)指出存在不同层面上的知识嵌入性,即个体成员、产品、组织工具和技术、组织任务、组织网络等都可以作为知识存在的载体。Cummings 和 Teng(2003)进一步指出,对应不同载体所包含的知识,其转移难易度会有所不同。

从知识源和知识受体来看,影响因素包括组织的规模、年龄、转移意愿、转移能力等。Frost 等(2002)的研究表明,年轻的企业比年老的企业更擅长学习和知识转移。但是年老的企业往往拥有更多的学习经验和学习基础,这些因素又提高了转移的能力。因此 Gray 和 Meister(2004)指出,年龄和知识转移之间并不存在显著的相关性。组织规模对知识转移的影响可能是正向的(Laursen,Salter,2006),或许是负向的(Makino,Delios,1996),又或许没有直接的影响作用(Zhao,Anand,2009)。知识源转移知识的意愿决定了知识转移的完整程度(汪忠,黄瑞华,2006)。如果知识转移方愿意将自己所拥有的知识转移给对方,他将会以开放和透明的姿态来对待合作中的隐性知识的转移,从而有利于隐性知识转化(曹勇等,2010)。对于影响转移主体双方转移意愿的因素,周军杰等(2009)提出信任这一中介变量,对对方越信任,机会主义行为越少,转移意愿越真诚。

组织间网络的特征,Nahapiet 和 Ghoshal(1998)提出了三个方面,分别是结构维度、关系维度和认知维度。结构维度指企业与知识转移网络中其他成员的链接方式,如果一个企业与其他网络成员联系越多,则知识转移的频率和数量越大(Hansen,1999)。关系维度包括关系强度和信任。关系强度可以用沟通和交流的频率来衡量(Hansen,1999)。信任一般都被认为能够促进企业间知识转移(Lane, et al.,2001)。认知维度包括企业间共享的价值观、文化等。

组织间知识转移的研究多集中在战略联盟、供应链和跨国公司母子公司背景下。情境变量,主要有文化距离、地理距离、组织距离和认知距离等。文化对战略联盟中知识转移的影响主要体现在不同的语言影响了联盟中的沟通,而知识的教授与学习往往要求知识源和知识接受者能够准确无误的交流、理解,所以文化方面的距离对联盟中的知识转移会有负面影响(周建,2006)。有学者发现合作双方地理位置越靠近,采用面对面沟通比其他方式在转移战略性知识时更有效(Athanassiou,2000)。对于知识转移来说,组织距离放大了模糊性,因此组织间组织距离越小,知识转移的效率越高(Schlegelmilch,Chini,2003)。组织间认知距离越大,对吸收能力的负效应就越大(Gilsing,Duysters,2008)。通过实证研究,Nooteboom 等(2007)发现认知距离对企业创新绩效呈倒 U 型影响,而且当企业从事更多基本的、探索性的联盟活动时,对企业的积极影响更为显著。

2.4.3 知识转移的社会网络论

在早期的知识转移影响因素的相关研究中,研究者多从知识源、知识受体的个体属性出发来探讨个人或组织间的知识转移影响因素。虽然也有一些学者关注了知识转移过程中的情境因素(Cummings,Teng,2003),但是他们在对知识转移情境进行具体分析时,简化了复杂的社会结构,没有真正地再现个体、群体或组织间进行知识转移时所面临的真实情境(朱亚丽,2009)。企业与企业间并不是孤立存在的,企业存在于一个庞大的组织网络中,个体也同样是生活在一个庞大的网络中。从而,忽略了个体、群体或组织之外的第三方,以及更广泛的社会关系和社会结构可能对知识转移效果产生的影响。

在这样的背景下,仅单纯地考虑知识转移的"二元"情境而忽视企业所处的网络特征显然是不科学的。由于社会网络分析的盛行及其在社会学研究领域的广泛推广和应用,越来越多的学者开始将社会网络的分析方法导入知识转移问题的研究中。与传统的知识转移的研究相比,以社会网络为基本背景来探索知识转移显然更能反映目前网络盛行的社会经济环境下组织/个体间知识转移的真实状况,因此也更具有理论指导意义和现实意义。

真正将社会网络的相关理论应用于知识转移研究的相关文献,出现在20世纪90年代后期。Uzzi(1997)首先将社会网络用于知识转移领域,他从网络联结强度的角度分析了企业网络对知识转移的影响,并提出企业网络可以根据联结强度分为强联结关系和弱联结关系,前者不需要企业过分地去维持;后者是在双方的信任关系上建立的。这两种网络联结对知识转移效果都有影响,但影响效果有所不同。而后,Reagans 等(2003)认为网络结合(network cohesion)和网络范围(network range)与知识转移的容易程度呈正向关系;从知识接受者的角度,处于网络中心位置的企业能够获取更多的网络知识,提升知识转移的绩效,从而有利于企业的创新(Tsai, Tsai, 2005)。网络关系的稳定性则会促进成员间的信任和承诺,有助于成员间的长期相互合作和知识转移,进而将产生知识创新和新的顾客价值(Helmsing, 2001)。

国内学者将社会网络用于知识转移的领域是在2004年。如,由于强联结的部门之间的沟通交流较为频繁,在一定程度上提高了知识的表达能力和知识接受方的吸收能力,从而其知识转移较容易发生(邝宁华等,2004)。朱亚丽以国内通信电源产业为例基于社会网络视角实证表明,网络密度、网络中心性通过影响转移双方的转移意愿而显著促进知识的高效转移(朱亚丽,2008;朱亚丽,2011)。此外,在模块化价值网络中,网络中心性、网络规模、关系强度和关系稳定性对知识转移中的知识认知、知识吸收、知识获取都有显著影响(王晓辉,2010)。

上述涉及因素中,网络范围、网络规模、联结密度或网络密度、结构洞和网络中心性属于网络的结构维度;而联结强度或关系强度、关系稳定性属于网络的关系维度(Granovetter, 1985;方刚,胡保亮,2010)。

以上的文献回顾表明,虽然对知识转移的研究开始很早,并且关于知识转移影响因素的实证研究也已经很多,但仍存在以下问题:一是对知识转移影响因素的各个研究相互独立，大部分研究文献是在不同的行业背景下研究的，所以得出的结果一般不具代表性和普遍性。二是由于大多数的研究都是在特定情景下进行的，所以影响因素的主次存在很大差异，这决定了因素选择时的取舍情况，导致各独立研究的结论比较片面。三是由于对知识转移绩效的测量还没有统一的标准，所以不同的研究在知识转移绩效测量指标的选取上会有很大差异，最终导致研究结论有显著差异。四是社会网络理论在知识转移影响因素中的研究开始较晚，所以关于各个网络特征对知识转移影响作用的结论就更加不具说服力。

2.4.4　元分析

1. 研究设计

元分析（meta-analysis）源自于 Fisher 的"合并 P 值"的思想，心理学家 Glass 和 Primary（1976）进一步将其发展为"合并统计量"，并首次命名为元分析，他将元分析定义为以综合已有的发现为目的，对单个研究结果进行综合的统计学分析方法（崔智敏，宁泽逵，2010）。根据 Glass 的观点，元分析就是对具有共同研究目的相互独立的多个研究结果给予再统计、合并分析，以剖析具体研究间的差异并综合评价相关研究成果。之后的许多统计学家把元分析看作是对以往研究结果进行定量合并的统计分析方法。

在管理科学的研究领域，针对同一问题常常同时或先后进行大量的实证研究，而研究结果往往千差万别，甚至完全相反，这样就很难对某个研究问题得出一个明确的、一般性的结论。因此，需要通过某种研究方法来综合这些片面、分散的研究结果，以求对所研究的主题有较全面、普遍性的认识。元分析就是这样一种研究方法，它通过将同类研究结果进行定量综合，达到增大样本量、改进统计检验功效的目的，保证综述结论的客观性、真实性和可靠性，对有争议甚至互相矛盾的研究结果得出一个较明确的、具代表性的结论。鉴于对知识转移影响因素的实证研究已有很多，且各研究间的一些结论存在差异，甚至矛盾。因此，本节采用 Stata 11.0 的元分析功能对知识转移影响因素进行综合分析。

研究对象是关于我国组织内/间知识转移影响因素的已有实证研究，仅搜索中文文献。我们采用两种方法搜索文献，尽可能地将所有国内研究知识转移影响因素的实证文献纳入样本库中，构成元分析的研究样本：①在中国知网 CNKI 和万方数据库中，以"知识转移"、"影响因素"、"吸收能力"、"转移意愿"、"转移能力"、"知识特性"为关键词、摘要和主题词进行期刊文献和学位论文的搜索；②对与本研究主题和关键词相关的书籍和硕/博士论文的参考文献进行整理，并将相关文献收入样本库。本节文献搜索的时间跨度为 1999 年 1 月到

2011 年 12 月,共搜索出 536 篇文献。

　　然后,对文献进行编码,包括研究层面和效应值的编码:①研究的标识码;②研究报告的质量,即文献来源;③出版年份;④研究层面;⑤研究方法;⑥变量描述;⑦样本特征。编码过程中需要注意的是:①效应值的产生以独立样本为单位,每个独立样本编码一次。如果某文献中包含多个独立样本,对应的进行多次编码。②不同的研究报告研究结果呈现方式存在差异。如果研究中只报告了因素变量与知识转移绩效各维度(时间、资本成本,满意度,能力、素质的提升等)的相关,那么在编码中做如下处理:从下位概念到上位概念,通过逐层取平均,最终得到编码的效应值。本研究采用同一编码者在不同时段对所有编码文献进行重新编码,然后对不同时段的编码结果进行比较,发现除个别数据有偏差外,其他没有差异。这表明本研究的编码具有较高的一致性。

　　依据以下标准对样本库中的文献进行筛选:①必须是研究组织内/间的知识转移影响因素的实证研究;②因变量必须是知识转移绩效;③研究对象必须是知识的整体概念,包括隐性知识和显性知识;④必须有自变量与知识转移绩效的相关系数 r 与标准误 se 或 t 值与回归系数 b 值等能计算出相关系数的数据①;⑤剔除研究样本中描述不清、变量模糊的文献;⑥为了保证样本的独立性,对学位论文与期刊论文有重复研究的文献,仅保留其一;⑦同样为了保证样本的独立性,针对总样本和子样本的效应值分别汇报的文献,本节只采取子样本的效应值。经过以上标准的筛选,最后共得到 43 篇相关的实证文献,其中学术期刊论文 17 篇,博士学位论文 8 篇,硕士学位论文 18 篇。

　　筛选出的 43 项独立研究共产生了 44 个独立样本,各独立样本的被试容量在 37 到 254 之间,满足元分析标准的最早研究出现在 2004 年。在筛选出的 43 篇研究文献中,以跨国公司为研究对象的有 12 篇,以组织间知识转移影响因素为研究对象的有 30 篇,占纳入文献的 70%,以组织内知识转移影响因素为研究对象的有 13 篇,占纳入文献的 30%;43 篇文献中有 9 篇文献提供的是回归系数 b 和 t 值,然后通过计算公式获得效应值 r 及标准误 se,有 34 篇可以直接获得效应值 r 和标准误 se。

　　经过对筛选出的 43 篇实证文献进行变量分析,结合相关文献决定从知识特性、转移主体特性(知识源、知识受体)和转移情境(二元关系、网络特征)进行研究。为给后面更加具体的分析奠定基础,通过对原始文献的仔细阅读,将概

---

　　①　研究报告的是回归系数 b 和 t 值,由于其服从 t 分布,故可计算相应的自由度 df,并可通过公式 $se=b/t$ 和 $r=\mathrm{sqrt}(t^2/(t^2+df))$ 计算出标准误 se 和相关系数 r;而另外的文献报告的是相关系数 r 和标准差 sd,通过公式 $se=sd/\mathrm{sqrt}(n)$ 就可计算出相应的标准误 se。

念上相似但不同作者使用存在细微差异的用不同术语来描述的变量进行合并和归类。现对相关变量进行如下描述,见表 2.6。

表 2.6 元分析相关变量描述

潜变量	显变量	定 义	来 源
知识 特性	内隐性	知识可以内隐于人、工具和管理中,导致知识不可表达或不可被系统的编撰和积累的程度	朱亚丽,2009;苏迪,2009
	因果模糊性	知识转移行为和结果之间的因果联系的不确定性	白小龙,2009
	可表达性	知识在何种程度上是可以用语言、文字或其他方式表达出来	苏迪,2009
知识 源特性	转移意愿	知识拥有者在多大程度上愿意将个人知识与其他人分享,它是由动机支撑的,包括转移意愿和转移动机指标	徐青,2006
	转移能力	知识源可以清楚表达自身的知识,评估潜在知识接受者的需求和能力,进而把知识传递给他人的能力	王三义等,2007;徐青,2006
知识受 方特性	接收意愿	指接受方参与知识转移的意愿,体现出接收知识的主动性和目的,它是由动机支撑的,包括接收意愿和动机指标	徐青,2006
	吸收能力	企业评价外部知识的价值,消化、吸收和利用以实现特定商业目的的能力,包括以前的知识积累、学习能力、知识整合与应用能力	Szulanski,1996;徐青,2006
转移 情境	知识距离	知识源企业与知识接受企业在知识基础上的"落差"或知识基础的相似程度	Cummings,Teng,2003;张莉,和金生,2009
	信任	不管一方对于另一方的监督和控制能力的强弱如何,该方都愿意使自己变得容易受到另一方行为的伤害的一种意愿	高祥宇,卫民堂,李伟,2005
	网络关系维度	考察关系的强度、持续性,包括联结或关系强度和关系稳定性指标	Granovetter,1985
	网络结构维度	研究网络结构和行动者嵌入的位置,包括网络规模、网络范围、联结密度和网络中心性等网络特征	Granovetter,1985;Burt,1992;朱亚丽,2008,2011
知识 转移 绩效	知识转移绩效	知识转移给员工及组织带来的影响和变化,包括知识转移成本、转移双方满意度、收益、转移难度、知识数量、技术依赖程度、员工能力提升等	杜衍姝,王秀丽,2011

2. 异质性检验

异质性检验是元分析不可或缺的一部分。本节采用的是 Q 检验方法,其分析结果见表 2.7。大多数的变量关系研究都存在一定的异质性($P<0.05$)(张天嵩等,2008)。当效应值异质时,通常有两种处理方式。第一是删除极端效应值,直至达到同质后再用固定效应模型分析;第二是采用考虑了研究内和研究间变异的随机模型分析。由于当各研究同质时,固定效应和随机效应模型的计算结果是相同的,所以本研究在整体分析和亚组分析时都采用随机效应模型分析方法。

表 2.7 元分析异质性检验

潜变量	显变量	K	N	Q 检验		合并效应值		发表偏差	
				χ^2	P	$\bar{r}$	P	Coef.	P
知识特性	内隐性	11	1610	42.24	0.000	−0.333	0.000	−2.687	0.365
	模糊性	6	544	2.73	0.741	−0.407	0.000	0.907	0.601
	可表达性	4	556	3.13	0.372	0.266	0.000	0.459	0.785
知识源	转移能力	17	2326	156.41	0.000	0.360	0.000	0.592	0.859
	转移意愿	17	2859	53.17	0.000	0.370	0.000	1.640	0.406
知识受体	吸收能力	23	3130	121.57	0.000	0.409	0.000	−1.238	0.365
	接收意愿	17	2085	67.88	0.000	0.397	0.000	−0.043	0.983
情景因素	网络关系维度	7	1284	35.57	0.001	0.354	0.000	−0.564	0.931
	网络结构维度	7	1189	33.86	0.001	0.499	0.000	0.887	0.803
	信任	17	3011	161.25	0.000	0.439	0.000	−2.242	0.234
	知识距离	13	1911	84.03	0.000	0.199	0.001	−0.043	0.983

注:K 为独立研究的样本数;N 为 K 个研究样本的总样本量;第一个 P 值是同质性检验的显著性值,若 $P<0.05$,则拒绝同质性假设,表明各研究间存在一定的异质性;第二个 P 值是合并效应值的显著性检验值,若 $P<0.05$,则显著,P 越小显著性越高;第三个 P 值是发表偏差的显著性检验值,若 $P<0.05$,则拒绝截距项为 0 的假设,表明存在发表偏差。

3. 整体分析

整体元分析结果见表 2.7 中合并效应值下的数据。知识特性中的内隐性、模糊性和可表达性对知识转移绩效的影响都是显著的,其中内隐性、因果模糊与知识转移绩效呈负相关关系,可表达性与知识转移绩效呈正相关关系,这与传统结论是一致的。同时,本研究结果还显示因果模糊性对知识转移绩效的影响要大于内隐性对其的影响($\bar{r}=−0.407$;$\bar{r}=−0.333$)。

在转移主体特性中，无论是知识源的转移能力、转移意愿还是知识受体的吸收能力和接收意愿，与知识转移绩效都有显著的正相关关系。通过比较还发现，知识受体的特征对知识转移绩效的影响要大于知识源特征对其的影响。

从表 2.7 可知，知识转移情境因素中体现二元情境的知识距离、信任以及特性网络特征的网络关系维度和网络结构维度，与知识转移绩效都有显著的正相关关系，相关系数分别为 0.199、0.439、0.354 和 0.499。另外，信任和网络结构维度与知识转移绩效的相关关系比较大，是知识转移的重要影响因素。

4. 组织间/内知识转移影响因素

为了更好地比较分析组织间和组织内知识转移影响因素的差异，将知识转移影响因素的文献分为组织间和组织内两个亚组分别进行元分析，元分析结果见表 2.8。从异质性检验来看，将整体研究分为组织间和组织内两个亚组后，发现研究间的异质性有了很大改善。

表 2.8 组织间/内知识转移影响因素元分析结果

变 量	组织间/内	K	N	异质性		$\bar{r}$	95% 置信区间		双尾检验	
				Q	P		Lower	Upper	z_值	p_值
内隐性	组织间	5	620	12.35	0.015	−0.406	−0.563	−0.250	5.10	0.000
	组织内	6	990	22.87	0.000	−0.280	−0.413	−0.148	4.14	0.000
因果模糊性	组织间	6	544	2.73	0.741	−0.407	−0.492	−0.269	9.37	0.000
	组织内	.	.	.	.	.	.	.	.	.
可表达性	组织间	1	167	.	.	0.182	0.029	0.335	2.33	0.020
	组织内	3	389	1.85	0.396	0.276	0.220	0.332	9.66	0.000
转移能力	组织间	12	1503	34.30	0.000	0.458	0.367	0.549	9.86	0.000
	组织内	5	823	74.33	0.000	0.148	−0.118	0.414	1.09	0.274
转移意愿	组织间	13	1752	21.62	0.042	0.375	0.310	0.440	11.31	0.000
	组织内	7	1107	31.86	0.000	0.358	0.226	0.490	5.31	0.000
吸收能力	组织间	16	2094	76.47	0.000	0.403	0.306	0.500	8.12	0.000
	组织内	7	1036	43.72	0.000	0.421	0.285	0.556	6.09	0.000
接收意愿	组织间	14	1432	57.91	0.000	0.379	0.261	0.497	6.29	0.000
	组织内	4	653	6.20	0.102	0.449	0.356	0.542	9.45	0.000
网络关系维度	组织间	4	680	16.19	0.001	0.388	0.246	0.530	5.35	0.000
	组织内	3	604	16.12	0.001	0.307	0.046	0.567	2.31	0.021

变量	组织间/内	K	N	异质性		$\bar{r}$	95%置信区间		双尾检验	
				Q	P		Lower	Upper	z_值	p_值
网络结构维度	组织间	4	669	12.75	0.005	0.393	0.249	0.538	5.34	0.000
	组织内	3	520	9.21	0.01	0.646	0.463	0.829	6.93	0.000
信任	组织间	8	1333	63.22	0.000	0.380	0.219	0.542	4.62	0.000
	组织内	9	1678	74.87	0.000	0.494	0.371	0.617	7.88	0.000
知识距离	组织间	8	1107	54.27	0.000	0.128	−0.038	0.294	1.51	0.130
	组织内	5	804	5.96	0.202	0.313	0.233	0.393	7.71	0.000

注:K 为独立研究的样本数;N 为 K 个研究样本的总样本量;P 值是同质性检验的显著性值,若 $P<0.05$,则拒绝同质性假设,表明各研究间存在一定的异质性;$\bar{r}$ 是根据原始相关系数计算的加权效果量;95%CI 是合并效应值所在的 95% 的置信区间;z 值和 p 值是合并效应值的显著性检验值;表中的"."表示缺失值。

数据显示,知识特性中的内隐性对组织间和组织内的知识转移绩效的影响都呈显著的负相关关系,但是对组织间的知识转移绩效的影响($\bar{r}=-0.406$,$P<0.001$)要远远大于对组织内知识转移绩效的影响($\bar{r}=-0.280$,$P<0.001$)。可表达性对组织内知识转移绩效的影响明显呈显著的正相关关系($\bar{r}=0.276$,$P<0.001$),而对组织间知识转移绩效的影响虽然呈正向关系但并不十分显著($P=0.02<0.1$),由于只有一个独立研究,此数据并不具有代表性。

在转移主体特性中,知识源的转移能力对组织间的知识转移绩效呈显著的正相关关系,而在组织内的知识转移中的作用并不显著。转移意愿则不同于转移能力,在组织间和组织内的知识转移的影响上并没有显著差异($\bar{r}=0.375$,$\bar{r}=0.358$)。知识受体的吸收能力和接收意愿在组织内和组织间知识转移中都发挥显著的积极作用并且效应大小有显著差异(吸收能力:$\bar{r}=0.421$,$\bar{r}=0.403$;接收意愿:$\bar{r}=0.449$,$\bar{r}=0.379$)。

在转移情境因素中,信任对组织间和组织内的知识转移绩效都有显著的积极影响,且存在较大差异($\bar{r}=0.380$,$\bar{r}=0.494$)。知识距离对组织间和组织内知识转移的影响有显著差异,知识距离与组织间知识转移绩效的关系不显著($\bar{r}=0.128$,$P=0.130$),而与组织内知识转移绩效有显著的正相关关系($\bar{r}=0.313$)。网络特征中的关系维度、结构维度变量与组织间和组织内的知识转移绩效都有显著的正相关关系,并且结构维度与组织内知识转移有很大的相关性($\bar{r}=0.646$)。

5. 调节变量分析——异质性的来源

从异质性分析结果表 2.7,我们发现研究间存在不同程度的异质性。为了探究异质性的来源,本节将进一步探讨调节变量。调节变量的确定采用的是亚组比较分析方法,通过比较合并效应值的95%CI是否重叠来判断是否是调节变量法。如果95%CI不重叠,说明亚组间的效应值差异巨大,则此分类变量为影响关系的调节变量。

异质性的来源一般是研究纳入标准不一致,各个研究的基线水平、处理不同等。考虑到纳入元分析的原始文献的特点,本节将从研究层次(组织内与组织间)、研究对象是否是跨国公司、相关数据的获得方法(直接与间接)来分析异质性的来源。由于元分析原始文献数量较少,所以本研究只能对调节变量的作用进行简单分析,结果数据见表2.7和表2.9。

表 2.9　元分析调节变量的分析结果

变　量	是否跨国	K	$\bar{r}$	95%置信区间		数据获取	K	$\bar{r}$	95%置信区间	
				Lower	Upper				Lower	Upper
转移能力	否	13	0.332	0.185	0.479	直接	6	0.564	0.500	0.627
	是	4	0.495	0.383	0.607	间接	10	0.243	0.095	0.390
转移意愿	否	16	0.346	0.275	0.417	直接	17	0.376	0.302	0.450
	是	4	0.472	0.419	0.555	间接	3	0.345	0.255	0.436
吸收能力	否	17	0.357	0.270	0.444	直接	17	0.377	0.293	0.565
	是	6	0.557	0.445	0.672	间接	6	0.522	0.343	0.702
接收意愿	否	12	0.381	0.297	0.464	直接	13	0.375	0.288	0.462
	是	5	0.458	0.191	0.724	间接	4	0.491	0.199	0.782
信任	否	14	0.433	0.315	0.550	直接	.	.	.	.
	是	3	0.459	0.367	0.551	间接				
知识距离	否	10	0.204	0.079	0.328	直接	9	0.155	−0.005	0.315
	是	3	0.186	−0.170	0.541	间接	4	0.290	0.168	0.411

注:K 为独立研究的样本数;$\bar{r}$是根据原始相关系数计算的加权效果量;95%CI是合并效应值所在的95%的置信区间;表中的"."表示缺失值;"直接"表示直接提取各研究的效应值和标准误/差;"间接"表示各研究的效应值和标准误是通过计算公式获得的。

根据上述调节变量的判断方法,我们发现:除了研究对象明显调节转移意愿、吸收能力对知识转移绩效的关系,以及数据获取方法调节转移能力与知识转移绩效的关系外,虽然其他因素与知识转移绩效的相关关系也都有明显差异,但是95%CI都有不同程度的重叠,说明这三个调节变量对它们的调节作用都不明显。需要注意的是,不能排除纳入元分析的文献数量较少而造成的调节作用不明显的可能性。

6.发表偏差

发表偏差的检验采用的是 Stata 11 中的 Egger 检验方法（黄永春，姚山季，2010）。这种方法从定量的角度说明是否存在发表偏差，即用线性回归模型来检验漏斗图的对称性从而判断是否存在发表偏差（王丹等，2008）。理论上，Egger 检验判断是否存在发表偏差的思想是检验截距项与 0 是否存在显著差异。本节研究了多种变量关系，所以将对每个变量关系的独立研究分别进行发表偏差的检验，检验结果见表 2.7。根据 Egger 检验的原理，显著性检验 P 值都＞0.05，说明截距项与 0 没有显著差异，这表明每个变量关系的研究都不存在发表偏差问题。

2.4.5　讨论和结论

1.知识转移的影响因素

从影响方向来看，综合知识转移影响因素的整体分析和组织间/内的亚组分析，知识的内隐性和模糊性会妨碍知识的成功转移，而知识的可表达性则会促进知识转移；知识源较强的转移能力和强烈的转移意愿以及接受方的吸收能力和接收意愿，会大大提高知识转移绩效；情境因素中的网络因素对成功的知识转移有显著的促进作用，转移双方的信任对知识转移绩效也有显著的正向效应，但知识距离对知识转移的影响则不确定。将这些影响因素对知识转移的影响和知识转移过程结合，我们绘出了知识转移影响因素的过程—要素图，如图 2.2 所示。

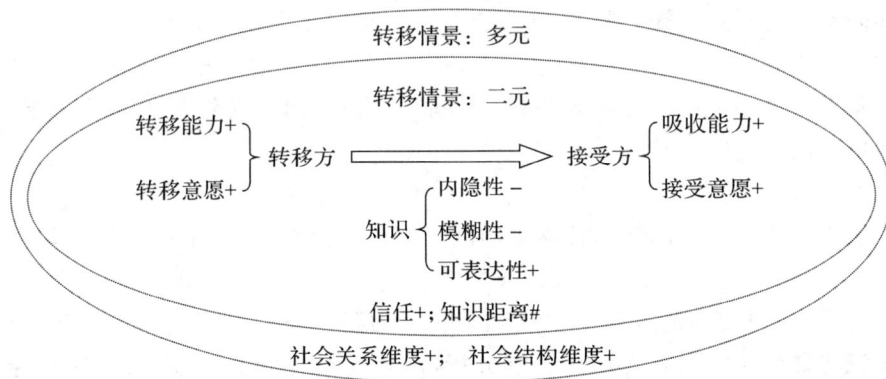

图 2.2　知识转移影响因素的过程—要素

注："＋"、"－"和"♯"分别表示影响因素对知识转移绩效的促进、阻碍和不确定的关系。

从结果的显著性和影响大小来看，知识特性中的内隐性、因果模糊性和可表达性对知识转移都有显著的影响，这与大多数的研究结果是一致的。同时，还发现因果模糊性与知识转移绩效的相关关系较大，原因可能在于因果模糊性是知识的某些专有特性（如复杂性、内隐性和专属性等）和知识转移双方的一些特性（如知识转移方对知识的保护、转移双方的文化差异等）共同引起的（Simonin，1999），是这些因素综合作用的结果。

在知识转移主体对知识转移的影响中，一方面，我们发现知识源的转移意愿对知识转移的影响要大于转移能力对其的影响。出现此结果的原因是，知识源较强的转移意愿不仅能使双方转移知识的机会变得频繁，知识源也会积极发挥主观能动性对知识做出详细的解释，而且也会使知识源和知识受体双方建立持久、友好的合作关系，这都能促进知识转移绩效的提升。另一方面，我们还发现知识受体对知识转移绩效的影响要大于知识源的影响。因为知识转移不是知识源把知识传递给知识受体就停止了，而需要受体对接收的知识进行理解并运用到实际工作中，受体的意愿和吸收、应用能力越强，知识源转移给他的知识就越能更好地发挥出它的价值，知识受体的努力更能促进知识转移绩效的提升。

在转移情景因素的分析中，信任、网络结构维度和网络关系维度与知识转移绩效的相关性是很大的，可见转移双方的信任关系和网络特征在知识被高效转移中的作用。信任对知识转移绩效的影响较大是因为知识转移双方的信任度越强，知识源越会积极主动并高效地向受体传递知识，同时知识受体相信知识源能够提供有价值的知识，从而会更主动地寻求帮助并积极、认真学习，双方的共同努力更有利于知识转移绩效的提高。而网络提供给知识转移双方的关系和结构优势，不仅能使双方建立信任关系，提供更丰富的知识转移渠道，还能通过各种类型知识的学习和知识转移经验的积累，提高转移能力和吸收能力，从而更好地促进知识转移。

2. 组织间/内知识转移绩效的影响因素

从组织间和组织内知识转移影响因素的比较分析中，本节研究发现以下几个结论：

首先，知识的内隐性对组织间知识转移的阻碍作用，要远远大于其对组织内知识转移绩效的阻碍作用。经过分析，出现此结果的原因在于：当转移隐性知识时，组织对组织内知识转移较组织间知识转移的可控性更大。一方面，组织可以通过工作轮换、工作讨论会等非正式活动来辅助组织内的隐性知识转移，并且由于组织内个体间的竞争比较激烈，个体对获得他人隐性知识的愿望或意愿、动机更强烈，从而能促进隐性知识的转移；另一方面，当在组织间发生隐性知识的转移时,不仅受体组织的整体接收意愿偏低,而且也无法控制该隐性知识转移的方式,最终导致该隐性知识无法高效地在组织间发生转移。

其次,知识源的转移能力对组织间的知识转移绩效呈显著的正相关关系,而在组织内知识转移中的作用并不显著。经过分析其原因,发现在该关系的元分析中纳入的 5 篇组织内研究文献的研究对象主要是 IT 企业、创意项目团队和科研团队,而在这些组织内转移的多是十分难以编码和表达的隐性知识,知识源的转移能力发挥作用的空间较小,从而导致在这样的组织内知识源的转移能力对转移绩效的影响并不显著。相比之下,转移意愿对组织间和组织内知识转移的作用不存在显著差异的原因在于转移意愿不受知识特性的影响。

然后,知识受体的特征对组织内知识转移绩效的影响均大于其对组织间知识转移绩效的影响。通过分析发现:与组织间的知识转移相比,在组织内的知识转移中,知识受体由于具有更多的与所接受知识相关的知识储备和更相似的知识应用背景,所以能更好地接受、吸收、消化和利用知识,即吸收能力发挥的作用更大,从而知识转移绩效会更高。同样,一方面,由于组织内个体间的竞争比较明显、激烈,所以个体更有意愿去接受组织他人知识的转移;而另一方面,由于受"搭便车"思想的影响(张玲玲等,2009),组织间发生知识转移时,组织整体的接收意愿明显受此思想的影响变的低下,最终不利于组织间的知识转移。

最后,在转移情境因素的分析中,一方面,发现知识距离与知识转移绩效间的关系发生了明显的变化。在整体分析中,知识距离与知识转移绩效有显著的正相关关系。但是,在亚组分析中,知识距离与组织内知识转移绩效有显著的正相关关系,而其与组织间的知识转移绩效的关系不显著。这种显著差异证实了知识距离与知识转移绩效的关系并不是一种简单的直线关系,这仍需进一步的证明。因为良好的知识转移要求转移对象间既要有一定的相同知识基础,又不能存在较大的知识交叉,知识重复面过大会降低知识转移的动力和有效性(Dixon,2000)。另一方面,本研究还发现网络结构维度与组织内知识转移绩效的相关关系要远远大于其与组织间知识转移绩效的关系。其原因可以解释为在网络规模、网络中心性、网络密度等这些网络结构维度的指标与知识转移绩效的相关关系,可能受信任、知识距离等因素的调节。

3 案例企业

3.1 商业银行业

自 1998 年统一更名为城市商业银行后，经过十多年的发展，我国城市商业银行在各方面取得了很大的进步。部分城市商业银行经营业绩已经进入国内同业先进行列，一些经营指标已达到国际一流银行标准。南京银行、宁波银行和北京银行成功登陆证券市场，成为公众公司。在英国《银行家》杂志评选的全球 1000家大银行中，中国的城市商业银行进榜数量明显增加。银监会统计数据表明，截至 2010 年第三季度全国城市商业银行总资产达70234.3 亿元，占银行业金融机构总资产的 7.7%[①]，且该比例逐年稳步提升。但城市商业银行与国有商业银行和股份制商业银行相比，仍处于竞争劣势，存在很多问题亟须解决，如市场定位与发展战略问题、公司治理问题、风险管理和财务管理问题、人力资源问题、信息技术问题等（陆跃祥等，2010）。

在目前我国商业银行的定位和服务高度同质化的大环境下，小而全、无差异的发展道路虽然可以令城市商业银行在短期内实现快速发展、迅速做大规模，并获得不错的收益；但从长期来看，随着我国多层次银行体系的不断完善，以及金字塔式客户结构和市场分层的逐步形成，差异化、特色化发展将是城市商业银行未

---

① 中国银监会网站：http://www.cbrc.gov.cn/chinese/home/jsp/docView.jsp? docID＝20100421942424C5F72ABDB5FF087B3570A92A00。

来发展的大势所趋(张吉光,2010)。而城市商业银行要进行差异化、特色化发展必然要在找准定位的前提下进行新服务开发,以不断提升服务品质。由于银行提供的服务不能用专利等形式实施有效的保护,银行的服务产品很容易被同行竞争者所模仿,因此只有不断地推陈出新才能吸引大量的顾客并赢得稳定的顾客群。这既关系到银行自身的生存发展问题,也影响着整个国家金融业的发展水平。

目前,我国商业银行服务创新的层次低,产品同质化现象严重,技术含量不高,模仿型创新较多,自主型创新较少。而且银行所开发出的很多新产品不符合企业真正的需求。这些都成为中资银行在国际竞争中处于领先地位的障碍。城市商业银行作为我国银行业的重要组成部分,具有自身的独特的特点,对其新服务开发尚缺少研究,因此本书中很多案例以城市商业银行为研究对象,研究其新服务开发的流程、组织及障碍,以促进我们对银行业新服务开发的理解。

3.1.1　U 银行

杭州 U 农村商业银行股份有限公司(以下简称"U 银行"),由杭州 U 农村合作银行整体改制而来①,为一家服务于"三农"、社区、中小企业和地方经济的股份制银行业金融机构。注册资本 10.84 亿元,创立于 2011 年 1 月 5 日,并于 2011 年 3 月 12 日正式挂牌开业,总行设在浙江省会城市杭州②。

---

①　农村商业银行和农村合作银行都是由辖内农民、农村工商户、企业法人和其他经济组织共同入股组成的地方性金融机构。农村商业银行、农村合作银行在设立条件、股权设置、法人治理结构和服务重点等方面都各不相同。在设立条件上,注册资本金、资本充足率、资产规模、资产质量等方面均有不同要求。在股权设置上,农村商业银行的股本划分为等额股份,同股同权、同股同利;农村合作银行股权分为资格股、投资股两种股权,资格股实行一人一票,投资股每增加一定额度就相应增加一个投票权。在法人治理上,股东大会是农村商业银行的权力机构,同时设置董事会、监事会和经营管理层;农村合作银行权力机构是股东代表大会,股东代表由股东选举产生,同时设置董事会、监事会和经营管理层。在服务重点方面,虽然二者都是主要为辖区内农业、农民和农村经济发展服务,但由于农村商业银行是在经济相对发达地区组建,农业比重较低,因此,在满足"三农"需要的前提下,还需要兼顾城乡经济协调发展的目标。农村合作银行的服务对象则更多地侧重于农户。资料来源:百度百科,http://baike.baidu.com/view/1406021.htm。

②　2009 年 7 月,U 银行作为浙江省首家实施农村合作金融机构股份制改革的试点行,启动股份制改造工作。顺利完成了清产核资、资产评估、发起人定向征集等工作,2010 年 12 月 20 日,中国银监会正式批复同意筹建杭州 U 农村商业银行股份有限公司。按照法定程序,杭州 U 农村商业银行股份有限公司创立大会暨第一次股东大会于 2011 年 1 月 5 日召开。

U银行突出个人业务、零售业务，服务百姓生活，向中小企业倾斜，逐步形成了具有"集中差异化"的发展战略，获得了较好效益。截至2013年末，该行资产总额1014.39亿元，各项存款余额820.40亿元，各项贷款余额575.84亿元，拥有员工2100多名，下辖分支机构146家，存贷规模、综合实力在浙江省农村金融机构中位列第一。近年来，在FT中文网和罗兰贝格管理咨询公司公布的《中国区域性银行可持续发展白皮书》中，该行位列六家中国最具成长潜力区域商业银行之一，在英国《银行家》杂志公布的2013年全球银行1000强排名中，U银行位列第497位。

2006年7月，荷兰合作银行、国际金融公司入股U银行。2008年12月，U银行入股成都农村商业银行股份有限公司，积累资本运作经验。2010年3月，U银行的首家异地支行，也是全国农村合作银行的首家跨地区异地支行——海宁支行正式开业，之后安吉支行、萧山支行也相继开业；2011年该行还计划在新疆阿克苏地区设立分行，服务的空间不断扩大。U银行发展历史年表如表3.1所示。

表 3.1 U 银行发展历史年表

时　间	事件及意义
2005 年 2 月	以杭州市区农村信用合作社联合社及所辖 23 个农信社为基础组建成立杭州 U 农村合作银行，同年 6 月 8 日，杭州 U 农村合作银行挂牌开业
2005 年 7 月	启动人力资源管理体系优化项目，拉开经营管理机制转换工作序幕
2006 年 6 月	推出外汇业务，服务功能更加完善，金融服务能力进一步提升
2006 年 7 月	荷兰合作银行、国际金融公司入股
2006 年 9 月	6006 万元央行专项票据获得足额兑付
2007 年 6 月	《U 银行企业年金方案》正式实施
2007 年 9 月	开始实施"一行两制"和"二级支行"的新型经营管理模式；同年 10 月，首家二级支行开业
2008 年 1 月	启动支行转型项目
2008 年 4 月	主发起创立了浙江省首家村镇银行——长兴联合村镇银行股份有限公司，之后，相继主发起设立了嘉善联合村镇银行、乐清联合村镇银行和常山联合村镇银行
2008 年 12 月	出资 2.2 亿元入股成都农村商业银行，成为该行第四大股东
2009 年 7 月	列入浙江省 2009 年农村合作金融机构股份制改革试点单位，正式启动股份制改造

时　间	事件及意义
2009 年 8 月	在银行间债券市场公开发行 8 亿元次级债券,成为国内首家公开发行次级债券的农村合作金融机构
2010 年 3 月	首家异地支行——海宁支行开业
2010 年 12 月	经中国银监会批复同意成立杭州 U 农村商业银行股份有限公司
2011 年 1 月	杭州 U 农村商业银行股份有限公司宣告创立
2012 年 12 月	总部新大楼正式启用
2013 年 6 月	与杭州市供销社签署战略合作协议

资料来源:根据 U 银行网站等相关资料整理。

同时,U 银行还是浙江省农村信用社联合社的一员。浙江省农村信用社联合社(以下简称"省联社"),成立于 2004 年 4 月,是经中国银监会批准成立、浙江省政府授权,负责管理、指导、协调和服务全省农村合作银行、农村信用联社的一家省级金融机构。省联社由全省 81 家县(市、区)农村信用合作社联合社、农村信用合作联社、农村合作银行自愿入股组成,是具有独立企业法人资格的地方性金融机构,首期注册资本 1.05 亿元。省联社在省辖市设立派出机构,在省联社授权范围内依法履行职责。因此,U 银行一定程度上由省联社管理。

2010 年 7 月 22 日,《U 银行企业文化核心理念体系》正式行文下发,确立了企业愿景、企业使命、核心价值观、企业精神、经营理念、服务理念、管理理念、企业口号等 8 个核心理念,如表 3.2 所示,同时确定"桂花"①为 U 银行的品牌标志物。理念体系确立标志 U 银行历时一年多的企业文化核心理念提炼项目全面完成,企业文化建设工作迈入一个新阶段。

表 3.2　U 银行核心理念

核心理念	具体内容
企业愿景	打造全国最好的区域性农村商业银行
企业使命	为个人和中小企业提供最适合的金融服务,实现共同成长
核心价值观	人为本,合为贵
企业精神	心至诚、事至善、业致远
经营理念	更快捷、更稳健

---

① 桂花,是杭州市市花,新形象灵活运用充满亲和力的桂花元素,意在体现 U 银行脚踏实地、全心全意为杭城经济和百姓服务的宗旨,具有很强的地域特色。

续表

核心理念	具体内容
服务理念	专业、便捷、亲和、细致
管理理念	人本、规范、精细、高效
企业口号	联合你我的力量

资料来源：根据 U 银行网站等相关资料整理。

3.1.2　T 银行

　　浙江 T 商业银行（以下简称"T 银行"）的前身是 T 城市信用社，于 1993 年 6 月在台州市成立，经过多年的发展，T 银行已发展成为一家拥有 2000 多名员工的股份制商业银行。上海分行成立后，T 银行分支机构已达 25 个，服务范围涵盖台州、丽水、杭州、宁波、金华和上海等六大区域。T 银行坚持小企业市场定位，不断探索和积累小企业金融服务技术和经验，有力地支持了小企业发展。截至 2013 年，T 银行已累计向小微企业发放贷款 65 万多笔、3500 多亿元，直接支持了近 170 万人就业，帮助 40 多万名失地农民、外来务工人员、下岗工人实现了劳动致富，得到党和国家领导人的高度评价，温总理称赞"银行办得好"。T 银行具体发展历史年表见表 3.3。

表 3.3　T 银行发展历史年表

年　份	事　件	意　义
1993 年 6 月	T 市信用社成立	一家专门为小企业服务的金融机构诞生
2002 年	经历合并潮	闯过最重要的难关，为日后改制商业银行打下坚实基础
2006 年 8 月	浙江 T 商业银行成立	由合作性质转变为股份制银行
2007 年 1 月	台州市三门支行成立	T 银行在台州市椒江、黄岩、路桥三区外首家跨区域银行
2007 年 10 月	T 银行丽水分行开业	T 银行迈出台州第一步
2008 年 8 月	T 银行杭州分行成立	T 银行进军大城市
2010 年 2 月	T 银行上海分行成立	T 银行成为跨省的区域性银行
2010 年 12 月	T 银行衢州分行成立	为台衢两地山海协作注入了新的内涵和动力
2011 年 3 月	T 银行苏州分行成立	成为企业的"及时雨"，赢得广大中小企业客户的信赖

资料来源：根据访谈资料整理。

　　T 银行 2013 年底资产总额达 476.64 亿元，本外币存款余额 391.08 亿元，本外币贷款余额 278.95 亿元，不良贷款率 0.52％，实现税前利润 10.29 亿元，资产利润率 1.83％,资本利润率 27.91％。多年来,T 银行在实践中探索小企业信贷服务和风险控制技术,总结出一套以"三品、三表、三三制"为特色的小企业金融服务模式,实现了小企业融资"事前低成本获取信息、事中低成本监控管理、事后低成本违约惩罚"的三个低成本,为小企业融资难这一国际性的"麦克米伦缺口"提供了中国式解答。其独特而符合国情的商业模式使 T 银行在小企业金融服务市场上赢得了一片蓝海,实现了企业可持续发展与社会责任的相互交融、和谐共进。

作为一家专为小企业主开设的民营金融机构,T 银行提供的贷款中,无须抵押的保证贷款和信用贷款占比约 92％。值得一提的是,T 银行不良贷款率一直维系在 0.70％以下,达到甚至超过国际一流银行的水准。2009 年年底,该行半个工作日内的贷款审结率超过 90％,拥有核心客户 8000 多家。从历史情况看,该行 99％以上的小企业贷款实现正常收回依靠的是第一还款来源,即使在极少数的问题贷款中,依靠借款人自身偿还的也占 90％以上。①

1. T 银行企业文化

"家"文化是 T 银行文化建设的核心。以人为本,是"家"文化创建的初衷,也是归宿。第一,激励的营销文化。在激烈的行业竞争中,只有主动营销、分别营销才能争取主动。而取得竞争的主动权,客户经理是重要的角色。客户经理的营销绩效,决定了银行的命运走向。因此该银行制定了客户经理的奖励办法、晋升办法,较好地调动了客户经理的积极性。

第二,严明的管理文化。T 银行针对各种业务,制定了相应的管理制度,并把处罚条款进行细化、汇编成册,便于检索和查阅。更重要的是执行严格,加强了制度的权威性。如该行规定,营销中客户经理不得与客户发生经济往来,否则一经发现,将给予除名、降级等处理。

第三,明确的发展定位。该行从众多的同行竞争者中脱颖而出,与明确的市场定位紧密相关。在台州,行业众多,企业林立,一味去与大的国有银行竞争同一企业、同一行业,不具优势;一味去降低利率吸收客户,也不是唯一选择。而该行把其他银行不愿做、不敢做的中小微企业②,作为支持对象,最终把服务中小微企业作为市场定位,并取得成功。

第四,员工的敬业文化。员工是企业的主人,T 银行较好地处理了管理与被管理的关系。管理层从理念上就把员工视为企业的主人,在细节上注重与员工沟通。如每逢员工的生日,员工都会收到一件礼物。员工有了家的感觉,就

① 《中国经济时报》2009 年 7 月 2 日版。

② 中型、小型、微型企业的划分可见 2011 年 7 月工业和信息化部、国家统计局、国家发改委和财政部四部门研究制定的《中小企业划型标准规定》。

会自然把行当家，就会敬业，特别是客户经理白天在外营销，晚上主动加班，整理资料。[①] T 银行的企业理念如表3.4所示。

表3.4 T 银行企业理念

企业理念	具体内容
核心价值观	德润其身，泰和共隆
市场定位	小企业成长伙伴
愿景	百年特色老店、民族品牌银行
企业精神	居安思危，与时俱进
座右铭	做大事，更要做小事
经营哲学	专注稳健地传承，务实灵活地创新，人性化的管理，钢铁般的纪律
服务理念	最重要的是让您满意

资料来源：根据 T 银行网站整理。

2. T 银行特色制度和流程

(1)特色的成本风险管理

T 银行能够取得较快的发展，却较少地出现不良贷款，这与其极具特色的成本风险管理是分不开的。T 银行的风险管理主要依靠以下五点来进行。

一是依靠本地化掌握客户信息。T 银行独创的"三品"(人品、产品、押品)、"三表"(水表、电表、报表)的贷款技术，把定性和定量因素简单、有机地结合起来，实践中效果较好。T 银行主要依靠本地信贷员，辅之以人民银行的征信系统来了解客户信息。

二是通过建立本地客户网降低成本。客户网建立后，后续的贷款成本就会降低。一个信贷员，一般会有一个包含上百个客户的客户网。信贷的单位成本就被控制在很低的水平，同时部分成本会被较高的利率抵消。

三是大胆推行信用保证贷款。T 银行使用上下游企业互保、直系亲属担保等方式，全行发放贷款总量的90%以上是这类保证贷款，其不良贷款率也极低。

四是提升内部管理效率。T 银行著名的"三三制"：初次发生业务关系的客户，T 银行会在三个工作日内审结；对于老客户的贷款要求，T 银行会在三小时之内审结。这大大满足了小企业对资金"短、频、快"的需求。

---

① 吕文桂：《培育具有自身特色的企业文化，助推业务经营的稳健发展》，http://www.dtnx.cn/newsShow.asp? id=1137。

五是实行差别利率。基本做到小客户"一户一价"、"一笔一价"。①

（2）特色流程

合理的客户筛选流程，重在有一套独特的小企业贷款评价指标：企业现金情况、企业管理情况、企业市场情况、企业生产情况。

独特的贷款责任制。坚持"谁贷款、谁负责、谁收回"的原则。客户经理需要缴纳一定风险金，主观原因造成损失的将从风险金中扣回，这可以规避道德风险。

以 IT 技术为保障的风险管理系统，确保业务流程各环节风险定时测评、定时评估及有效防范。

"现金流测评"与"软信息"嫁接，实现信息不对称下的信贷风险防范。

声誉机制。T 银行几乎 100％的客户都是当地农民、下岗职工或在路桥小商品市场从事贸易的人，担保人则一般是他们在当地的熟人。贷款人很在意自己在当地的声誉。正是因为扣准了乡村中的这种"声誉机制"，T 银行才得以规避无担保贷款的风险。

"笔笔清"制度。国有银行里一个大企业多次贷款的时间往往是交叉的，但 T 银行这里坚决不允许。这容易出现放贷过大，企业以老贷款"要挟"新贷款的情形。T 银行有个严格的规定，就是"余贷未清，新贷不放"。②

3.1.3　J 银行

J 银行的前身是 J 市商业银行，成立于 1997 年 12 月，2010 年 6 月 10 日更名 J 银行。作为地方性股份制商业银行，在金华市本级及其下属县级市设有营业网点 52 家，并在杭州（2011 年）和衢州（2012 年）设有分行。设立时注册资本 10035 万元，截至 2013 年，注册资本达 37269 万元。J 银行实行总行、分（支）行两级管理，总行只管一级分（支）行 14 家，其余 40 家二级支行由一级分（支）行管理，按照前、中、后台分离原则，推行专业化、扁平化、规范化管理，公司业务、零售业务实行条线管理。J 银行 2002 年率先加入中国银联，实现了全国 ATM 跨行转账取款、POS 消费功能和全省跨行异地柜面通存通兑以及跨国 ATM 取款和 POS 消费。

自成立以来，J 银行坚持"立足地方、支持中小、服务市民、回报社会"的经营宗旨和"中小企业主办银行"的市场定位，充分发挥决策链条短、经营机制活、办事效率高的优势。在积极为地方中小企业、重点工程、高新产业等提供金融服

---

① 余斌、张永生、陈昌盛：《破解中小企业贷款难需要制度创新》，《中国经济时报》2009 年 7 月 23 日。

② 资料来源：http://money.163.com/07/0717/18/3JKFBO3600251OGL.html。

务,促进地方经济全面、协调、可持续地发展的同时,J银行自身也得到了快速发展,实现了效益、质量、规模同步提高。

J银行2011年进入杭州后,有效放大机构服务辐射圈,有利于发挥该行优势,满足杭州金融市场中小企业潜在的巨大资金需求,为有效缓解中小企业融资难问题发挥积极的作用,实现银企"双赢",促进地方经济的发展。同时,杭州作为全国各类金融机构和部分外资银行分支机构的重要站点,是国内银行机构分布最为密集的城市之一,杭州分行的设立将进一步扩大J银行的社会影响力,引进优秀人才,促进银行更好更快地发展。

J银行坚持适应地方经济快速发展的步伐,不断进行金融产品和业务创新,建立起了以代收、代付、代售业务为主的代理业务体系,为J市市民量身定制了"薪经济"、"新生活"和"星商务"等多个金融服务"套餐",精心打造了银联通基金超市、"旺息宝"、"价值联城"等系列理财产品,20多项个人金融服务产品,方便了市民生活,提高了城市品位;先后开办库存商品质押贷款、设备按揭贷款、经营性物业贷款、个人展业循环贷款、出租车更新按揭贷款、创业园厂房租用按揭贷款、商铺使用权拍卖按揭贷款、旧村改造配套贷款等30多项信贷业务。

1."百惠通"

J银行组建了小微企业专营机构——"小贷中心",推出了名为"百惠通"的新产品。该产品是对小型企业主、个体工商户和其他自然人发放的,用于生产经营,购置、租赁、修理生产设备,租赁、装修经营场所等的人民币授信贷款。该产品实行最高授信额度管理,根据借款人经营情况及担保、信用状况,在一定期间内给予借款人一个总的授信额度,在授信有效期内及授信总额度下,借款人可以循环使用授信额度内的资金。

2."互惠宝"人民币增值业务

J银行"互惠宝"人民币增值业务,是指由个人(委托人)提供资金,由商行作为受托人和贷款人,根据委托人确定的贷款对象、用途、金额、期限、利率等代为发放,监督使用并协助收回的一种理财新产品。委托人与借款人一一对应,由委托人(自然人)、受托人(本行下辖支行)、借款人(自然人或个体工商户)、担保公司四方面参与,签订合同。委托贷款采取借款人的房地产提供抵押加担保公司保证的形式发放,一旦产生逾期,从担保公司的保证金账户直接扣收,具有风险低、收益高的特点。

3.网银服务

为提升用户服务体验,J银行不断创新网银产品,优化服务功能,成功上线网银二期项目。与第一期相比,网银二期新添加了许多新功能。在企业网银上,开通了外汇业务功能,客户无需跑银行即可在网银上轻松办理结汇、划转、套汇申请等业务;在个人网银上,新增了数字电视代扣签约撤销功能;针对信用卡客户,开通了超授信额度申请功能和为他人偿还信用卡欠款等功能。这些功能在网银上的应用,在为客户提供便利的同时,也极大地降低了 J 行的柜面压力。

此外,网银二期对原有多项功能进行了优化提升,增加了客户体验度。在个人网银上新增了"本人互转"功能,客户只要在银行柜面进行账户签约,即可在网银上进行同名账户互转,无需输入多重密码;在个人及企业网银的转账类页面,客户只需点击付款账户旁的"余额查询"链接,即可实时查询账户余额,无需跳转"账户管理"页面;对于证书即将到期的客户,系统通过短信的方式提醒其登录网银及时更新,尽量减少客户因证书到期需跑银行办理更新的烦恼;全新改版了网银演示版,为客户提供了方便快捷的模拟操作平台;网银二期还进行了个人网银的 UI 页面改造和网银系统在不同环境(如 WIN7 系统、IE8/IE9 浏览器等)下的兼容运行改造,使网银界面更美观,操作更便捷。

3.1.4 M 银行

浙江 M 商业银行(以下简称"M 银行")创立于 2006 年 8 月 18 日,是地方股份制商业银行。截至 2013 年 8 月,M 银行①设有杭州、舟山、成都、宁波、上海、义乌、嘉兴、绍兴 8 家分行和 53 家支行(含筹),发起并控股设立了江苏邗江 M 村镇银行、福建漳平 M 村镇银行、浙江龙泉 M 村镇银行等 9 家村镇银行。

M 银行坚持"服务地方经济,服务中小企业,服务城乡居民"的市场定位,致力于为中小企业打造专注、简洁、灵活的金融服务,经过不断实践与探索,在中小企业尤其是小企业金融服务上做出了自己的特色,建立了一套效率高、管控严、风险小的小企业信贷服务模式。长期以来,该银行的小企业贷款余额占各项贷款余额的 80% 以上。

M 银行秉承"小企业之家"的经营理念,推进战略创新,深入探索小微企业专营路线,建立专业化营销团队、安排独立的小微企业信贷资金计划,继续积极探索小微企业金融服务的新思路、新途径和新举措,将小微企业金融服务做专、做深、做精、做透,努力成为长三角地区领先的小微企业金融服务特色银行。M 银行的企业理念如表 3.5 所示。

---

① M 银行的行花是百合,百合纯洁无瑕,寓意诚信守法、正直严谨的经营理念;百合的生机勃勃,寓意务实进取、积极拼搏的企业精神;百年好合,寓意内外和谐、基业长青的文化氛围。

表 3.5　M 银行企业理念

企业理念	具体内容
服务宗旨	优质、诚信、高效、便捷
企业精神	开拓求实，争创一流
职业信条	诚信为本，创新优先，团队合作，持续发展
发展特点	建立灵活的信贷服务机制，构筑通常的资金结算渠道，实行优质的前台柜面服务，搭建先进的科技服务平台
价值理念	实现价值最大化，与中小企业同发展，与地方经济共繁荣

M 银行致力于为中小企业发展"输血供养"，积极探索推进小企业创新服务的新思路新方法，先后研发并推出了小企业贷款"商惠通"，"M 随意行"、"天翼M 卡"联名卡等创新金融产品，更好地满足小企业多层次、多途径的融资需求。

1."商惠通"

"商惠通"是一款依托微小企业、个体工商户市场，结合客户资金需求"短、小、频、急"的特征，为解决融资问题而创新的产品，其特点是：准入门槛较低，贷款金额控制在 30 万元以内；受理方式便捷，可通过打电话或上门受理；批量营销，主要针对园区、小商品市场等行业集中度较高的区域；办理手续简便，首笔贷款一般在 3 个工作日内完成，周转贷款只需要半天时间；担保方式灵活，以保证担保为主；利率定价采用存贷积数挂钩的形式。

2."M 随意行"

M 银行在全国率先推出了金融 IC 卡手机信贷系统——M 随意行。M 随意行是将金融 IC 卡和移动 SIM 卡集成在一张芯片卡中通过定制式的手机短信来实现借款还款功能，利率定价灵活，一次授信循环使用的创新信贷产品，从而实现了客户只需通过手机操作就可以轻松办理信贷业务。目前，它具有借款、还款、圈存、查询、功能密码修改五大业务功能，将来还会增加转账、理财、公共事业交费、税款缴存、话费缴存等新业务功能。M 随意行将客户的手机变成了24 小时随时提供服务并能随身携带的手机信贷银行，是高科技手段创新小企业信贷模式的典范。

3."天翼 M 卡"联名卡

"天翼 M 卡"联名卡属于银联标准词条卡，具有强大的金融服务功能和鲜明的电信服务特色。该卡既是客户在 M 商业银行办理各项业务的介质，同时也是客户办理电信公司"零预存赠送业务"等的指定介质。"天翼 M 卡"联名卡的发行，是 M 银行融入浙江文化产业建设和支持浙江文化产业发展的重要举措，并以此为契机，充分发挥 M 银行服务中小企业的优势，进一步创新金融服务,在产品研发、融资结算、特色服务等方面,给予浙江省内文创中小企业更多的支持。

3.1.5 H银行

H银行成立于1996年9月,自成立以来,始终坚持服务区域经济、中小企业和城乡居民的市场定位,致力于为客户提供专业、便捷、亲和的金融服务,经过十多年的努力,现已发展成为一家资产质量良好、经营业绩优良、综合实力跻身全国城市商业银行前列的区域性股份制银行。凭借在中小企业金融服务方面的良好表现,近年来,先后获得了"全国支持中小企业发展十佳商业银行"、"最佳科技金融服务城商行"等荣誉。有百余家分支机构,在北京、上海、深圳、南京、合肥、舟山、宁波、绍兴、温州等地都设立了分行。发起设立一家缙云村镇银行,和澳洲联邦银行共同投资设立三家村镇银行,投资入股石嘴山银行。

H银行致力于为中小企业与城乡家庭提供专业、便捷、亲和的金融服务,成为中国价值领先的银行,推行业务专业化管理,培育竞争力,做大做强中小企业业务,做大做响零售客户业务,巩固发展串通客户业务,正在实施"走出杭州"的跨区域经营战略,在浙江省内乃至长三角地区设立分支机构,建设具有经营特色和竞争优势的区域性银行。

H银行的市场地位在不断地提高,在英国《银行家》杂志"全球银行1000强"排行榜上按一级资本排名:2006年第821名,2007年第765名,2009年第634名,2010年第395名,2011年第374名,2012年第339名;在"中国银行业100强"排行榜中,按资产回报率排名第1位;2009年,在由《经济观察报》主办的"2008年度中国最佳银行评选"中,荣获"2008年度最佳市民银行",成为唯一一家获此奖项的国内城市商业银行;2012年,H行的"小微企业循环贷"和"幸福盈家"品牌在中国金融创新奖上分获"十佳金融产品创新奖"和"十佳金融品牌营销活动奖"。H银行的企业理念如表3.6所示。

表3.6 H银行企业理念

核心理念	内　容
公司愿景	致力于为中小企业与城乡家庭提供专业、便捷、亲和的金融服务,成为中国价值领先银行
价值领先	客户价值领先、员工价值领先、股东价值领先、社会价值领先
形象定位	钻石银行、绿色银行
对外口号	信我,信未来
市场定位	地方银行、中小企业主办银行、市民银行

资料来源:根据T银行网站整理。

3.1.6　R银行

R银行是一家经中国银行业监督管理委员会批准,由辖内自然人、农村工商户、企业法人和其他经济组织自愿入股组成的股份有限公司,成立于2011年1月18日,现有注册资本10.89亿元,员工1600余人,总部设有18个管理部,下设1个二级管理部和21个职能中心(大队),辖内拥有22家支行和80家分理处共计营业网点102个,以及11家无人银行,分布绍兴市柯桥区各个镇(街)、绍兴市区和义乌,同时在嵊州作为主发起行设立嵊州R村镇银行。

R银行以"瑞行百年、丰泽万家"为企业哲学,以"服务社会、发展经济"为己任,全力支持地方经济发展。截至2013年底,总资产614.66亿元,净资产59.74亿元,各项存款512.18亿元,各项贷款363.14亿元,不良贷款率为0.86%,拨备覆盖率374.41%,资本充足率达13.37%,综合实力位居浙江省农信系统前列。2013年被中国银监会评为全国农村商业银行"标杆银行";获"2012年度十大品牌中小银行"、"中国农村金融企业最佳社会责任践行奖"、"全国县域经济金融服务十佳农商行"等荣誉;被浙江省人民政府授予"浙江省城乡居民社会养老工作先进单位";被浙江省财政厅和浙江省发改委等多部门联合授予"浙江省2012年度小微企业贷款服务先进单位"。

3.1.7　C银行

C银行是一家浙江省的区域性城市商业银行,初创于1987年6月。截至2013年年末,资产总额已达1063.42亿元,2013年利润总额15.34亿元,近五年利润额年均增长43.43%,纳税额年均增长39.89%。C银行在上海、浙江、江苏、福建等地设立分支机构80家,在江西吉安、浙江岱山和普陀、重庆北碚和忠县、广州花都、江苏东台、四川龙泉驿、云南安宁等地发起设立了9家村镇银行,机构网点遍布全国9个省(直辖市)。

C银行坚持"支持中小、服务个私"的市场定位,按照"依托市场,跟随市场,服务市场"的思路,以"中小企业的成长伙伴,个体商户的创业朋友"为经营理念,全力打造"市场银行"品牌。目前,C银行已初步构建以"市场通"、"E市通"、"国际通"、"如意财富"为主体,涵盖融资、结算、理财、投资、外汇等较为全面的产品和服务体系,能有效满足客户的多样化金融服务需求。其中,"国际通"品牌为客户提供贸易融资、即期代客外汇买卖、远期结售汇、全额到账等高效、快速的全球贸易、结算金融服务;"E市通"电子银行品牌以银行卡为基础媒介,依托网上银行、手机银行、电话银行、自助银行、POS等平台,为客户提供全面的电子金融服务;"如意财富"财富管理品牌包括"财丰理财"、"财睿理财"、"财赢理财"、"如意宝"四个系列的人民币理财产品,以及"财运金"个人贵金属交易、基金代销和保险代理业务等;"市场通"专注于市场商户和小微企业综合金融服务,目前已累计发放贷款11.27万笔、金额1032亿元,平均单笔贷款金额约92万元,支持24000余户市场商户创业和成长,荣获《银行家》杂志2013年度"十佳金融产品创新奖"。

C银行已形成具有自身特色的中小企业、个体商户服务模式,在赢得广大客户满意信赖的同时,也获得了公众和业内的高度关注与评价。2011年,C银行的"地缘信贷"模式成为中宣部选定的全国重点宣传推广典型,新华社、人民日报、中央人民广播电台、经济日报、光明日报等中央媒体对相关做法进行了集中报道。在英国《银行家》杂志公布的"2013年全球银行1000强"榜单中,C银行列全球银行第559位,列国内银行第52位。

3.2 通信和信息服务业

3.2.1 D电信

D电信成立于2002年,是我国特大型国有通信企业,主要经营固定电话、移动通信、卫星通信、互联网接入及应用等综合信息服务。D电信在全国31个省(区、市)和美洲、欧洲以及我国香港、澳门等地设有分支机构,拥有覆盖全国城乡、通达世界各地的通信信息服务网络,建成了全球规模最大、国内商用最早、覆盖最广的CDMA 3G网络,旗下拥有"天翼"、"我的e家"、"商务领航"、"号码百事通"等知名品牌,具备D全业务、多产品融合的服务能力和渠道体系。公司下属"D电信股份有限公司"和"D通信服务股份有限公司"两大控股上市公司,形成了主业和辅业双股份的运营架构,D电信股份有限公司于2002年在我国香港和美国纽约上市、D通信服务股份有限公司于2006年在我国香港上市。

D电信自2004年提出由传统基础网络运营商向现代综合信息服务提供商转型以来,通过大力发展综合信息服务等非语音业务,强化精确管理,优化资源配置,保持了企业持续稳定健康发展。2008年再一次经历电信体制改革,获得移动业务牌照,2009年获得3G业务牌照以来,公司大力推进聚集客户的信息化创新战略和差异化发展策略,成功进入移动市场,实现了全业务发展。

表 3.7　D 电信发展历史年表

年　份	事　件
1995	进行企业法人登记,从此逐步实行政企分开
1998	邮政、D 电信分营,开始专注于电信运营
1999	D 电信的寻呼、卫星和移动业务被剥离出去
2000	D 电信正式挂牌
2001	D 电信被再次重组,进行了南北分拆
2002	新的 D 电信重新正式挂牌成立
2008	D 电信收购中国联通 CDMA 网(包括资产和用户),中国卫通的基础电信业务并入 D 电信
2009	工业和信息化部为电信运营商发放第三代移动通信(3G)牌照,其中 D 电信获 CDMA 2000 牌照
2011	D 电信移动用户过亿,成为全球最大 CDMA 运营商
2012	D 电信宽带接入用户数量超过 1 亿

资料来源:根据 D 电信网站资料整理。

D 电信拥有庞大的客户资源,截至 2012 年年底,宽带互联网接入用户规模超过 1 亿户,移动用户规模约 1.6 亿户,固定电话用户规模约 1.7 亿户。近年来,D 电信紧紧把握住移动互联网蓬勃发展和行业信息化需求日趋旺盛的市场机遇,定位于"智能管道的主导者、综合平台的提供者、内容和应用的参与者",持续深化战略转型,积极创新发展模式,实施差异化经营策略,不断优化业务结构,实现有效益规模发展,并着力持续提升创新、服务、集约、运营等四大能力,打造可持续发展的核心优势,努力实现企业价值和客户价值的共同增长。D 电信在保持自身健康发展的同时,积极履行社会责任,自觉把企业运营融入经济、社会和环境的可持续发展之中,促进社会的和谐与进步。

3.2.2　Y 电信

Y 电信是我国国内最主要的通信运营商之一,它成立于 2000 年,注册资本达到 3000 亿元,资产规模超过万亿人民币。公司秉承着"正德厚生、臻于至善"的价值观,不断加深、加宽自己的业务范围,市场占有率比较高,营业收入增加。因此,Y 电信多年来一直稳居世界百强企业之列。

Y 电信主要经营移动话音、数据、IP 电话和多媒体业务,并具有计算机互联网国际联网单位经营权和国际出入口局业务经营权,拥有"全球通"、"神州行"、"动感地带"等著名客户品牌。Y 电信网络已经 100% 覆盖全国县(市),与 237

个国家和地区的 381 个运营公司开通了 GSM 国际及我国台港澳地区漫游业务,与 176 个国家和地区的 242 个运营商开通了 GPRS 国际及我国台港澳地区漫游业务。其全资拥有的 Y 电信香港有限公司拥有国内 31 个省(自治区、直辖市)和香港特别行政区的全资子公司,并在香港和纽约上市。

浙江省的 Y 电信是其全资内地运营子公司,在全省范围内拥有 11 个市分公司和 62 个县(市)分公司,在不会引起歧义的情况下以下也称 Y 电信。Y 电信以客户服务为中心开展一切工作,注重服务创新,推行服务的人性化、人情化和人文化,努力为客户提供一体化的优质服务,包括良好的语音质量、多样化的品牌、丰富的业务种类和完善的客户服务等各个方面。[①]

伴随着通信业务的日趋成熟和市场需求多元化趋势,用户希望从手机这个便捷工具下获得更多有价值的信息。为了迎合这一市场需求,挖掘更大的商机,Y 电信不断进行商业探索。在传统的通信业务和语音业务基础下,Y 电信已经形成了基于网络的新应用"数据业务",如手机报纸、彩铃等。这些功能都是基于 Y 电信本身的网络,是基础业务的业务拓宽和增值服务。

Y 电信与产业链各方共享最优质的资源,合作打造健康发展的移动互联网生态圈,探索移动改变生活的创新方向。经过持续的创新运营,Y 电信已经形成了以无线音乐、手机阅读、手机游戏、手机视频、手机动漫、互联网、电子商务、位置、12582 等九大基地和中移物联网公司等专业公司为主体的增值业务发展格局。

Y 电信遵循公平竞争、公开公正、诚实信用的原则与产业链各方开展业务合作。为创造开放积极、公开透明的合作环境,提升合作服务水平,Y 电信面向广大合作伙伴提供了全网和九大基地的两级合作服务窗口,以及门户网站、400 服务热线、飞信公众客服、邮箱客服、业务合作伙伴信息服务平台等服务、沟通渠道,为合作伙伴与 Y 电信各基地、各专业公司的业务合作提供全面的服务和支撑。

3.2.3 S 外包

S 外包是印度第二大软件外包厂商,成立于 1981 年。公司最初由以 N. R. Narayana Murthy 为首的七名印度工程师在印度浦那成立。初始资本只有 250 美金。但是截至 2010 年,S 总公司的总收入已经超过了 60 亿美元,员工超过 13 万人。随着其业务线不断扩展到咨询,系统集成以及 BPO 等业务,S 总公司

---

① 根据 Y 电信网站资料整理。

也已经从一家 IT 解决方案公司，变成了商业解决方案公司①。

S 外包提供的服务按照产业类别分为：①沟通服务业。依托于 VOIP、IPTV 和 IP 等多媒体工具。沟通服务领域有超过 4000 名领域专家，提供的业务流程解决方案有：有线、无线和电缆。②能源和公共事业。全球经济下滑给能源公司造成了巨大压力，原油、汽油及一些衍生产品的价格随之升高。能源公司因此面临着来自客户，被收购和合并等多方面的压力，他们因此急需外包一些公司内部非主营业务从而降低成本增加股东利益。公共事业公司面临的问题则是如果在现有市场上实现交叉销售和如何在合并市场实现资本化，他们需要持续不断地提升运营效率和降低成本。他们外包的活动主要有 IT 支持、财务会计、客户服务和供应链管理等。③金融业。I 公司 BPO 子公司是一家在银行和资本市场全球领先的服务提供商。这只团队有超过 2500 名具跨行业领域经验的专家。全球现有 7 个交付中心为 16 个客户提供服务。在过去七年中，公司成功转移了超过 200 个业务流程。公司提供的复杂的金融服务包括抵押贷款的发放和服务、付款、担保管理、贸易结算和零售银行结算业务。公司为零售和商业银行、抵押贷款、资本市场和信用卡业务等提供服务。④保健业。I 公司 BPO 子公司为保健行业的各相关者提供服务。这一团队有超过 1500 名业务和技术咨询师，包括博士、硕士、技术专家、工程师和项目经理。外包的服务包括支付人服务和提供商服务。⑤制造业。为高科技产业和独立软件供应商服务，以及汽车、航空航天、离散型制造业和流程型制造业。⑥媒体和娱乐业。接包服务主要有印刷、新媒体、媒体工作室、财务会计、销售、客服和咨询服务。⑦零售和物流业。提供的服务主要有专产业解决方案、供应链解决方案、商店解决方案和其他一些以客户为中心的分析和解决方案的提出。交付中心遍布印度、中国、墨西哥、菲律宾和波兰等国。⑧其他服务业。包括酒店管理和房地产管理等。

公司提供的服务按照服务类别分为：①业务平台。采购到支付业务平台、聘用到解雇业务平台、订单管理业务平台、综合数据周期管理业务平台和报纸装箱业务平台。②客服服务外包。通过定制的解决方案，为所有渠道的客户提供资源开发以及持续培训，推动招聘、培训和质量管理等业务在公司内的进行。③财务会计。公司为以下流程提供解决方案：采购到支付、询价到变现、记录到报告、对账以及一些具体会计职能。④人力资源外包。包括从员工的招聘到培

---

① 现在，公司已经与全球 500 多家客户公司维持着良好的合作关系，这些客户公司涉及很多不同行业，包括金融、航空、生命科学等各类企业。S 外包往往会选择与这些跨国大公司成为战略联盟和面向市场的长期合作伙伴，不断提升相互间的信任关系并获得更透彻的了解去服务企业。S 外包作为一家国际化大公司，它的很多合作伙伴都是全球优秀公司，如微软、英特尔等。

训。在中国、菲律宾、墨西哥、巴西、波兰和捷克都有全球服务交付中心。⑤知识服务。开始于2004年,知识服务提供高端业务搜索及分析:人才分化、全球业务和技术革新等。⑥法律服务。合同管理服务、文档管理服务、知识产权服务、法律咨询服务、行政支持服务以及为律师所提供外包服务等。⑦销售支持服务。服务的环节包括售前、售中、售后和交付。⑧采购外包服务。主要有库存管理、策略资源和成本分析、供应商考核、合同管理等。

事实上,S外包的业务内容处在一个不断扩展的过程中。建立之初,企业主要为客户提供IT相关的解决方案,包括软件开发、维护与支持服务和第三方软件维护服务。随着业务的不断扩展,尤其是2003年S外包的BPO子公司的建立,公司的业务范围迅速扩展到咨询服务、独立测试认证服务、工程开发服务、BPO、系统集成、IT架构管理以及云服务等。其承包的业务已经延伸到世界的很多角落,尤其是西方发达国家的众多跨国公司。来自公开资料显示,IT相关解决方案占了绝大部分收入,咨询业务大概贡献全部收入的20%。另外,公司还有大约4%的收入来自销售自己的软件产品。从行业角度分析来看,2010年的S外包主要业务来自金融、制造、电信和零售行业的客户,同时大约65%的业务来自北美地区。

在2003年,中国的S外包技术有限公司成立,坐落于上海。S外包中国为客户提供技术、工程和多种外包服务的同时,也为客户提供咨询服务。为了支持S外包中国的战略执行,杭州分公司不同于上海公司的业务重心在于软件外包,杭州公司则倾向于服务外包。在杭州,公司的业务主要来源于两个方向:财务处理的相关外包服务和类似于订单管理的其他业务流程外包。

杭州分公司目前员工近千人,客户来自美国、新加坡、日本、韩国、泰国、中国香港、瑞典等国家和地区。可提供的服务语言包括英语、日语、韩语、法语、德语、俄语、西班牙语、泰语、越南语、印尼语等。目前,该交付中心提供的服务内容主要有:①销售支持服务:包括订单管理和应收账款管理。②财务会计服务:包括应付账款管理、应收账款管理、差旅费用管理和总账管理。③客户服务:包括合作支持服务以及技术帮助平台服务。④采购服务:包括直接和间接采购。⑤知识服务:产业研究报告服务。⑥人力资源管理服务:包括员工工资支付和员工信息数据库管理。⑦数据管理:包括财务数据整理分析、营销管理和数据库管理等。⑧互联网服务:网站信息控制管理等。

3.3 其他服务业

3.3.1 X证券

X证券是X股份有限公司的全资子公司。公司于2011年12月更名为X证券,注册资本8.85亿元人民币。X的经营区域为浙江省、江西省、福建省,截至2013年12月31日,公司总资产2714亿元,净资产877亿元,净资本348亿元,是国内规模最大的证券公司。2013年,公司各项主营业务排名位居中国证券行业前列,经纪业务合并市场份额6.18%,保持市场第一。投行业务完成股票主承销项目16单,主承销金额人民币543亿元,市场份额10.95%,排名市场第二;完成债券主承销项目141单,主承销金额人民币1595亿元,市场份额4.02%,排名同业第一;完成并购交易项目30单,位居全球财务顾问涉及中国企业参与的交易排行榜单数和金额第一名。资产管理业务管理资产规模人民币5049亿元,排名同业第一。固定收益业务在银行间债券市场的现券交易量继续保持同业第一。融资融券合并业务余额人民币331亿元,市场份额9.64%,排名市场第一。QFII客户增至110家,客户交易量排名市场第一。约定式购回和股票质押式回购业务规模分别为人民币31亿元和人民币79亿元,均排名第一。X证券发展历史年表大事记见表3.8。

表3.8 X证券发展历史年表

时　间	事　件
2010年9月7日	公司获批经营区域调整为浙江省、福建省、江西省
2010年11月25日	X证券宁波分公司隆重开业
2011年8月19日	公司获"中国最具成长性证券经纪商"
2012年3月23日	公司获批开展债券质押式报价回购业务
2012年5月10日	公司取得融资融券业务资格
2012年7月17日	公司6家营业部喜获"中国百强证券营业部"称号
2013年12月26日	公司新设13家证券营业部获批

资料来源:根据相关资料整理。

X证券根植区域市场,长期以来坚持客户至上、真诚服务的理念,以专业服务不断为客户创造价值。公司致力于为客户提供"高效证券经纪整合服务",打造客户服务品牌——"金翼"（KINGING）。"金翼"品牌包含"金翼至尊"、"金翼天骄"、"金翼赢家"三大子品牌，涵盖综合平台、资讯咨询、行情交易、投资理财、培训沙龙、亲情关怀等六大类产品，建立了包括营业网点、呼叫中心、综合服务平台、手机证券等立体化的服务网络。

1. 炒股软件

为方便公司用户进行股票操作，并为客户提供最新公司资讯和个性化、专业化的投资建议，X证券主要提供了三款炒股软件，如表3.9所示。

表3.9 X证券炒股软件列表

产品名称	产品介绍
金翼赢家	金翼赢家智信版突破传统软件模式，通过集中整合，改变证券软件的行情交易资讯等需要不断切换界面的繁琐操作。智信版将所有功能自定义在一个屏幕显示，简洁直观。集行情、资讯、交易于一体，界面自由切换，灵活便捷
金翼至尊	该理财终端，是为中高端客户倾力打造的，集行情、交易、资讯、咨询、互动、演示为一体的综合金融服务平台。金翼至尊理财终端具有"自选股百宝箱、金翼资讯荟萃、资金流向监控、研报红绿灯、个股深度资料、在线互动"六项功能
金翼极速	金翼极速是为高端客户量身定制的一款网上交易客户端软件。金翼极速网上交易客户端具有友好、直观、清晰的用户界面，高速的行情显示。此外金翼极速网上交易客户端更具有多项便捷的委托功能，方便投资者交易，把握投资机会

资料来源：根据X证券网站整理。

2. 资讯产品

为方便公司客户获取全面及时的财经资讯，X证券专门开设了资讯专栏，并罗列了国内外新闻、财经时评、时事要闻等新闻总览；公告信息，汇总沪深股市各上市公司公告、年报信息，新股、配股提示等信息；股评天地，包含大盘店评、板块分析、技术解盘、个股及创业板市场；在统计报告板块，可以找到热点、基金、行业、基本面等统计信息；金融超市则涵盖了金市、银行、期货、汇市、保险及信托等产品种类的行业走势和机构动态，等等。

结合上述基本财经信息，X证券为使用公司炒股软件的客户专门设计推出了信息筛选和推送服务，并由研究团队推荐重点个股信息，为个人投资者提供建议和参考。X证券重点打造的资讯产品具体如表3.10所示。

表 3.10　X证券资讯产品

产　品	特　点
金翼资讯	最突出的特点是"简短、易懂、明确、实用"。金翼资讯立足投资,贴近市场,视野广阔,旨在为公司客户提供投资利器。金翼资讯现在已经形成了一个完整的体系,主要包括了投资策略、行业个股、短信、基债研究等栏目
聚宝盆	金翼聚宝盆是X证券免费提供的精选股票池产品。产品选股标准兼具安全边际与上涨空间,通过详尽的基本面研究及紧密的后期跟踪,为客户打造稳健型投资标的组合,共享投研团队智慧。投资期限为中长期;投资标的丰富;跟踪紧密;并注意基本面研究
及时雨	金翼及时雨短信是公司推出的一款资讯类服务产品。该产品以短信方式将资讯快速送达客户端,方便客户轻松、便捷地获得重要资讯,以作投资参考。通过提炼评析市场的重要财经资讯和整编第三方资讯,助客户及时洞察市场热点和快速共享最具影响力研究机构的资讯,为客户在提升效率的同时创造价值

资料来源:根据X证券网站整理。

3.理财产品

除提供一系列理财服务软件和资讯工具之外,X证券还提供了一系列理财产品,来满足不同投资者的理财要求,实现投资者的理财目标。其主要的理财产品如表 3.11 所示。

表 3.11　X证券理财产品

产品种类	产品名称
理财产品	X"债券优化"集合资产管理计划
	X"聚宝盆"伞型集合资产管理计划
	X股债双赢集合资产管理计划
	X 2号集合资产管理计划
基金产品	博时 ETF
天添鑫	债券质押式报价回购

资料来源:根据X证券网站整理。

3.3.2　Z快递

Z快递是中国第一家国际航空快递公司,是全球快递、物流业的领导者。Z快递与中国对外贸易运输集团总公司各注资 50% 于 1986 年成立,是中国成立最早、经验最丰富的国际航空快递公司。作为德国邮政全球网络旗下的知名品牌,Z快递的服务网络覆盖全球 220 多个国家和地区,在全球拥有 28.5 万名员工,几乎能够为各种物流需求提供完美的解决方案。公司自成立以来,随着中国的经济迅速增长,公司业务年平均增长率为40%,拥有56家分公司,拥有超过6500名高素质员工,服务遍及全国318个主要城市,覆盖中国95%的人口和经济中心。现在,Z快递已稳居中国航空快递业的领导地位,在中国的市场占有率达到37%。

表 3.12　Z 快递发展历史年表

年　　份	事　　件
1969	Adrian Dalsey、Larry Hillblom 和 Robert Lynn 在旧金山创立了 Z 快递
1971	Z 快递迅速拓展其网络并成为众多公司信赖的合作伙伴。网络拓展至远东和环太平洋地区
1979	Z 快递将服务拓展至包裹递送。这之前只提供文件递送服务
1983	Z 快递在中国成立合资公司并成为在中国服务的第一家国际快递公司
1998	德国邮政成为 Z 快递的股东
2002	德国邮政全球网络1月1日起成为 Z 快递的主要股东。在年末完成了100%的控股。在亚洲的网络扩张:10月,Z 快递与国泰航空组建合资公司运营航空快递货物。在美国斯科茨代尔设立新的全球 IT 中心
2007	在波恩附近设立 Z 快递创新中心。这个最先进的研发中心用于按照未来物流行业的发展趋势开发新型的、有市场前景的新产品。该项目通过全球创新业务合作伙伴以及研发合作伙伴得以实现
2009	提出了2015年发展战略,并将公司名称更改为 Deutsche Post Z 快递。2015年发展战略的愿景是使 Z 快递成为"全球性的物流公司",简化客户的生活,为全人类提供积极的贡献。新组织单位称为"Z 快递 Solutions & Innovation",旨在作为全新物流解决方案的推动者
2010	启动全球整合品牌推广计划,在全球21个国家、用16种语言在250多家媒体上投放1500多条广告
2011	发布首个 GCI(全球连通性指数),对连通全球的国与国之间的流动性进行了详尽分析
2013	Z 快递在全球空运网络中新增了宽体飞机,同时调整了亚洲内部连接,为主要贸易通道的客户,特别是美洲和亚洲之间的往来,开辟了更多的服务便利

资料来源:根据 Z 快递网站整理。

Z 快递是中国国际快递市场的领导者。2002 年至 2006 年,每年的年平均增长速度一直保持在 35%～45% 之间。Z 快递的业绩获得了业界普遍认可,并屡获殊荣,在 2006 年举办的中国国际呼叫中心与客户关系管理大会上,赢得

"2006 中国最佳呼叫中心"等三项大奖。① 其中,Z 快递连续四年夺得"最佳呼叫中心"称号。

1. 业务范围

Z 快递包含四个业务集团,包括快递业务集团,全球货运、运输业务集团,供应链业务集团和邮递业务集团,分别由各自的业务集团总部管理。集团的管理职能由企业中心(corporate center)执行。

Z 快递的快递业务通过遍及全球 220 多个国家和地区、500 多个机场的网络,提供对企业和私人客户的信件和快递服务,总部位于德国波恩。Z 快递业务在我国持续增长;在内地以 30%的年增长速度增长;在我国台湾地区以 15%的年增长速度增长;在我国香港地区,往美国的业务增长为 15%,往欧洲的增长为 23%,而往亚洲地区的增长更高达 28%。Z 快递的员工数约为 10 万人,客户数超过 2500 万,拥有约 250 架专用飞机和约 31000 辆车辆。其主要枢纽包括阿姆斯特丹、贝加莫、布鲁塞尔、哥本哈根、东米德兰(英国)、法兰克福、伦敦、巴黎等 15 个城市。

Z 快递全球货运是全球空运与海运行业的市场领导者。它能在客户要求的时间按照预定价格将货物或商品运送至指定的目的地,为大型物流项目提供定制化的解决方案以及综合通关服务。Z 快递全球货运物流的员工超过 3 万人,所覆盖的国家和地区超过 150 个,拥有货仓、办事处 850 个,空运货量 438 万吨。Z 快递货运的员工约 1.1 万人,覆盖 50 多个国家和地区,拥有货站 160 余个,整车运输数量为每年 200 万票,运输货物每年超过 4000 万吨。

Z 快递供应链物业集团凭借其全球视野、市场洞察力以及成熟专业的流程所打造的供应链解决方案,为全球各个行业内的顶尖企业提供物流服务。在合同物流领域的专长以及广泛的行业知识确保了 Z 快递在方案设计、仓储、配送与运输服务上可以帮助这些企业提高运作效率与效能,从而提升竞争力。Z 快递的物流服务覆盖全球 60 多个国家和地区,拥有货站、仓库、办事处约 2400 个,仓储面积约为 2300 万平方米。

Z 快递全球邮递是 Z 快递品牌下的一个重要业务单元,致力于为客户的邮递和包裹提供个性化解决方案,其服务包括:国际邮件和包裹装运的综合性成套解决方案;遍布全球主要经济市场的国内装运和邮递服务;与 200 多个国家和地区的客户的直接联系。Z 快递全球邮递业务集团拥有员工约 2000 人,邮件处理中心 28 个,销售办事处 38 个,旨在成为世界领先的国际邮政解决方案提供商。

2. 行业方案

每个行业都有自己独有的特点和供应链需求,Z 快递的行业管理方法是同

---

① 根据 Z 快递网站整理而得:http://www.cn.dhl.com/zh.html。

客户合作,针对其行业的独特要求优化价值定位,旨在利用所有 Deutsche Post Z 快递部门的广博知识和地理分布,为客户提供适合特定行业的简化、可持续解决方案。包括专用基础设施和职能中心,提供特定行业需要的专业技术。Z 快递将生命科学与保健、技术单独列为行业管理方法下的核心战略行业。

除了向 200 多个国家提供最普遍的次日递进口业务外,这个世界前沿的国际特快公司正以其准时投递邮件的承诺分别在 135 个和 90 个国家开办午前投递(12:00)与 9 点前投递(9:00)业务。

新增进口业务文件反映了 Z 快递的快递业务走出国界的战略重点。近年 Z 快递大大加强其国际快递网络,开拓更先进的行业领先专业技术与能力。过去几个月来,全球网络的成功优化,世界范围内单证进口能力的提高,为 Z 快递的快递进口业务的扩展铺平了道路。

3.3.3 T 房产销售

T 房产咨询股份有限公司(以下简称"T 房产销售")是我国优质的房地产服务公司,公司为房地产开发商提供各类业务,其中主要包括地产营销代理、房地产咨询业务、商业运营业务和投融资业务四大块。公司在 1998 年成立,现在在总部所在地上海占有 10% 以上的市场份额,还在杭州、南京、苏州、常州、北京、重庆等全国主要的经济发达地区建立了 20 多家控股子公司,策划销售的项目合计已经超过 800 个项目。① 这 800 多个项目包括了酒店公寓、商业、办公、别墅、住宅、公寓等各类的物业。T 房产销售在市场上积累了丰富的经验,也建立了众多国内开发商商业关系,如万科地产、保利地产、金地、华侨城、招商地产。表 3.13 为 T 房产销售的发展大事件。

表 3.13　T 房产销售大事记

年　份	大事件	意　义
1998	上海 T 房产销售咨询公司成立	市场上多了一家房地产服务公司
1999	派出业务骨干前往郑州,开启公司首个外地楼盘操作	公司业务范围扩大化,不再局限于上海
2001	首次以自建网络平台方式推楼盘;举办第一次年会,开创 T 房产销售企业文化	这种方式开了先河,为以后房产销售推出了新的方式
2002	常州子公司成立	开启以子公司经营当地市场的先例

---

① 根据 T 公司咨询服务股份有限公司网站整理。

续表

年 份	大事件	意 义
2004	商业事业部成立,随即介入中福三个项目的招商和经营管理	公司经营不再局限于营销代理业务,业务内容逐步丰富
2005	研发中心、产品部成立,公司的专业后台略具雏形; 公司参股扬子基金,开始介入投融资业务	公司的管理制度更加现代化,投融资业务正式成型
2008	T房产销售完成股份制改造,正式更名为:上海T房产销售咨询股份有限公司; 12月,公司明确全国化战略,调整组织结构,成立区域事业部和大客户事业部	成为一家股份制公司,公司更加注重公司业务全国化
2010	被认定为"上海市著名商标",成为上海房地产经纪行业企业中的首家	被市场认可,成为上海市场的突出品牌
2011	年底公司人数达到4000人,代理销售房产总金额超过600亿元	公司业务得到长足发展
2012	奇力资本注资3亿元	公司资本规模扩大,行业地位提升

资料来源:根据T房产销售网站及相关研究资料整理。

T房产销售依托专业的技术人才和完善的服务体系,业务量逐年递增,从一家不知名的小公司,发展成为中国房地产策划代理综合实力前10的企业。T房产销售在上海首先成立,总部也设立在上海。2003年,T房产销售首次被评为"上海住宅楼盘营销代理企业20强(金桥奖)"后,一直蝉联至今。

在规模运营下,T房产销售为客户创造价值不仅依靠直接面对客户的专业团队人才,还依赖着团队背后的强大平台。T房产销售分为专业、服务、管理三个体系的运行平台。专业平台指的是T房产销售研究院、产品中心和知识管理部。与高校的合作加深了公司对市场的深度把握,产品中心和知识管理更是加强了产品的价值、促成了产品的推广。服务平台指网络平台,致力于为会员提供泛房产领域的综合性和个性化定制服务。T房产销售的管理平台包括人资部、行政部、信息技术管理部、财务部和品牌与企业传播部。T房产销售规范的管理帮助建设了一个有序高效的工作环境,也帮助企业更加有效地与外部利益相关者进行沟通。

3.3.4 G钢材贸易

G控股有限公司(以下简称"G钢材贸易")坐落于杭州运河钢材市场,该公司注册资本达 2000 万元,主要经营销售螺纹钢、线材、盘螺等。与 G 钢材贸易合作过的钢铁企业很多,有江苏沙钢有限公司、中天钢铁集团有限公司、鞍山钢铁企业等多家企业,现在已经成为江苏中天钢铁集团有限公司的一级代理商和安徽铜陵富鑫钢铁有限公司的特约经销商。

钢铁企业是与社会经济紧密相依的企业,它的成长与发展与国民经济发展有着相辅相成的效果。正因此,在改革开放以后,钢铁企业踏入了蓬勃发展的契机。G 钢材贸易也是借着此形势发展壮大。现在的销售网络遍布全省各地区主要的钢材销售区域和流通货场。经销商的存在是分工的不同,对于经销商而言,其担负着将钢铁产品和后续的服务顺利地从钢铁企业转移到钢铁产品终端客户的功能,还承担着钢铁产品的储藏和运输等功能。对于钢铁企业而言,其主要的社会责任是能够集中资源进行产品研发和生产,实现规模经济,增强企业的竞争力。在经销商发挥着钢铁产品营销主渠道的作用的当下社会,钢铁流通离不开钢铁企业,也离不开经销商的参与。

G 钢材贸易始终坚持"诚信、互利、高效、双赢"的企业宗旨,完善、扩大采购和销售网络建设,加快信息平台建设,做到以更丰富的资源、更优惠的价格、更灵活的经营、更周到的服务,满足顾客的需求,追求与客户长期稳定的合作关系。

4　服务组织内前后台知识转移[①]

　　本章以服务企业的呼叫中心与后台部门间的知识转移为例，探究组织内的前后台知识转移机制。呼叫中心的概念自 20 世纪 90 年代从西方引入中国，其目的就是运用信息化技术更好地服务老客户、开发新客户，实现完善的客户服务与管理。呼叫中心是一个客户与企业沟通的平台，是一个了解客户需求、接受客户投诉及意见的窗口，是一个快速服务客户的系统。而呼叫中心平台的建立在帮助企业实现收集客户信息，提升响应顾客需求速度，及时为客户提供专业化服务的同时，又能为企业节省相当的运营成本。有鉴于此，国内实力雄厚的大企业大多选择自建呼叫中心。

　　以银行业为例，用户可以选择传统营业网点、自助银行、电话银行和网上银行等客户服务渠道。对银行而言，电话银行和网上银行是客户服务成本最低的两种服务渠道；对客户而言，同样可以享受到采用这两种途径办理业务获得的时间成本节约和便捷（王志恒，2004）。而其中，呼叫中心承担了电话服务和网上银行咨询等业务的办理任务。随着服务企业对呼叫中心重视程度的不断加强，呼叫中心客户服务水平也在不断提升，同时还积累了大量的客户信息，提升了捕捉客户需求的能力。并且客户及市场需求信息都及时集中在知识库系统中，随时供工作人员查询和学习。在过去，各银行庞大的分支体系，决定了其分散型的运营作业模式，也使得各地分支机构无法实现资源和技能的共享网络，

---

　　① 本章根据以下论文扩充改写：李靖华、毛丽娜：《呼叫中心与后台服务部门间的知识转移：社会资本理论视角》，《科学学研究》2013 年第 8 期，第 1231—1241 页。

各地机构办事处的职能重复,导致接触客户的服务和纯后台处理客户问题的功能穿插在一起。这样的运作模式既不适于银行形象的统一、服务提供的一致性,也导致了大量的人力物力浪费。而目前,银行、证券等企业建立的呼叫中心不仅是一个集中的作业机构,而且是一个综合业务筛选平台,可以集中处理分散各地的客户信息,使得总行可以分析重要客户的信息并帮助维持这部分优质客户。同时还可以统一了解客户的风险状态,动员全行的专业风险管理人员为其提供最优的解决方案。

在这一资源和信息集中处理的操作过程中,知识信息的识别和转移沟通就在服务传递过程中起到了举足轻重的作用。同时,基于客户数据的区域集中或全国集中是呼叫中心信息收集的基础,也是银行提供个性化服务的前提。没有详细集中的客户数据,就无法获取客户真实有效的需求。但呼叫中心在实践运作中也存在不少问题。如在强调利润的大环境下,对不能直接产生利润的呼叫中心,在高层领导的重视程度及定位方面,存在一定偏差;营销经费上,与银行内部的其他业务部门相比也存在较大的差距。对呼叫中心获取的客户服务需求,后续服务部门在任务衔接与沟通上也会存在客户信息丢失或与客户提出的服务需求产生差距等。[①] 本章就呼叫中心运作中存在的上述问题,对多个行业的呼叫中心部门进行深入研究,探明其工作运营状况,并挖掘人员在工作中的知识转移机会、动机和能力。

4.1 理论基础和研究框架

4.1.1 社会资本理论

社会资本概念最早出现于 Hanifan 在 1920 年社区(community)研究的著作中,是"朋友、员工或更为广泛的此类联系,通过这类联系可以获得使用金融资本和人力资本的机会"。这是微观层次的定义,社会资本被认为是个体利用社会网络获取外部资源的一种能力。随后,社会资本概念延伸到了企业与团体等中观层面以及区域、国家等宏观层面(Burt, 1992)。Koka 和 Prescott(2002)则分析了对社会资本的研究可以由个体层次扩展到企业层次的原因:"由于社会资本是社会行为者从社会关系网络中所获得的一种资源,企业作为有目的的

---

① 倪娜:《银行业呼叫中心的现状简析及工作重点建议》,http://www.51callcenter.com/Contents/? fid=98&webid=24115。

社会行为者,社会资本的逻辑不可避免地要被一些学者扩展到企业层次。"当社会资本的概念扩展到企业层次之后,管理学领域对其产生了浓厚的兴趣,并进行了广泛的探讨(边燕杰,丘海雄,2000;NahaPiet,Ghoshal,1998;Leeders,Gabbay,1999)。

社会资本理论的研究进入到管理学界之后,研究者的研究兴趣更多的是偏向于企业间,但其实面向组织内部各部门间的研究同样丰富,并且研究得更透彻(Tsai,Ghoshal,1998)。因为社会资本最早是从对个人的研究发展起来的,例如以 Burt(1992)和 Adler、Kwon(2002)为代表的研究就表示,一个人在社会网络中所处的位置越重要,即所能调动的网络关系越多,则他所拥有的社会资本就越多。后续的研究者在前人研究的基础上,结合个人的特性才逐渐将研究扩展到部门与部门之间乃至企业与企业之间。

无论微观或宏观层次,社会资本均有两个共同的关键特征:①关系属性。即反应网络节点上的行动者动用嵌入在社会关系网络中的资源可能性的特征。②结构属性。即动用资源的能力所依托的社会关系网络自身的结构特征。为了衡量这种资源的动用交换能力,Nahapiet 和 Ghoshal(1998)提出了经典的社会资本三维框架——结构维度、关系维度与认知维度。这种划分方法具有划时代的意义,以致后续对社会资本的研究大多是对此的延续,只是按照各自的不同研究对象和研究目的在具体测量指标方面做出调整和修改。

首先,结构维度是关于网络中各种联系的总和,包括网络联系的强弱、网络密度、中心性等结构特征。这些网络连结是组织向外部获取信息、知识和资源的管道和路径。组织对外建立的关系越多,其网络连结度就越高,即获取信息、知识和资源的管道就越多。

其次,关系维度是关于网络存在的质量,具体分为信任、规范、义务感三个次维度(Nahapiet,Ghoshal,1998)。①信任(trust):指相信对方的意图或行为在多数人观点下是正当的、出于善意的和能胜任的(或具有能力的),从而对其产生信心(Misztal,1996)。信任度越高,成员间互动、交流与合作的积极性和效率就越高(Kramer,*et al.*,1996)。并且社会资本具有正的外部性,信任者人数越多,信任者的利益越大(高建刚,2006)。②规范(norms):指社会体系中彼此产生的一种共识程度,成员会根据这种共识形成共享价值观,用以控制自己行为的适当性。不同规范在群体会产生不同的社会资本,如鼓励合作的规范更容易在组织间分享知识(Coleman,1990)。③义务感(obligations):指为某人(特定对象)付出某种行动的承诺或责任,能有效提升交流、共享的动机,拓宽网络成员间知识交流的管道。产生义务感的一方要经由某种行动偿还拥有"信用凭证"的一方。故成员间的义务感越高,越有信心预期对方将进行某些行为,而合作、交流的动机就越强。

最后,认知维度是网络的认知范式,来自不同或相同背景的不同个体,经过长时间的相处、交流后,会形成有助彼此了解或沟通的语言(如行话、专业术语等)、符号和文化习惯等。这些语言和代码促使成员间形成共享的心智模式,形成共同经历、共同语言、共同的立场和观点等。从而易使成员达成共识,便利了个人在这些结构中的行动,有利于知识的传递和整合。关系维度和认知维度都是关于联系的质量,其不同之处在于关系维度是关于联系的情感的质量,而认知维度是关于联系的认知的质量。认知维度与网络成员对相互所拥有的资源的认知有关(李燕华,宋福烨,2007)。

4.1.2　基于社会资本理论的知识转移研究

1.结构维度与知识转移

社会资本的结构维度内容广泛。在涉及较多主体的中观以及宏观社会网络的研究中,多用概括能力较强的指标衡量,如网络规模、网络容量以及网络密度、网络稳定性、网络凝聚力等。也有学者开发了更抽象的概念,如将结构洞和密度、非冗余性等当作社会资本的关键组成部分。在此基础上,基于各个层次的社会资本结构属性对知识转移的影响的研究不断充实。

Reagans 和 McEvily(2003)证明了社会凝聚力和网络范围使知识转移变得容易。凝聚力影响了个体与他人分享知识中投入时间、精力和努力的动机。而Tang 等(2008)则认为,网络规模和网络联系强度会影响知识转移。网络组织越大,组织具有越多数量的相邻节点,则越高比例的节点将增加知识转移的机会。而密集的网络和稀疏的网络相比,交互活动更多,因而能够产生更多的知识总量和企业间知识转移的机会,增加知识转移的成功率。因此,高密度的紧密型合作关系有助于提高合作企业内部门间的知识转移机会及能力。

2.关系维度与知识转移

关系维度的本质是信任程度。合作伙伴间知识转移的动机来源于两个方面:一方面来自于社会方面的考虑,诸如合作双方对互惠的预期;另一方面来自于合作双方心理上的考虑,如对维持平衡关系的渴望。合作双方的情感越密切,他们就越愿意投入更多的时间和努力去推动双方的合作行为。密切的关系和高信任水平,有助于降低知识接收者和转移者之间的竞争性,转移双方也不必担心知识转移过程中的信息失真或转移过度问题。从而降低知识转移契约履行过程中监督和谈判的成本,允许企业投入更多的时间和精力去从事知识吸收和开发,部分消除阻碍知识转移动机的因素(王三义等,2007)。而在对知识转移发出方和接收方双方的研究中发现,信任做了激励机制与知识共享的调节变量,对二者之间的关系起到了加强的作用(Narda,2007)。

Lewicki 和 Bucker(1996)提出了一个交往双方信任发展的模型,将信任划分为三种类型:以计算为基础的信任、以认知为基础的信任和以认同为基础的信任。他们认为,随着交往频度和强度的增加,人们之间的信任会逐渐地从以计算为基础的信任过渡到以认知为基础的信任,再演变到以认同为基础的信任。信任程度和情感依附程度的增加,才能在知识的接收者和发送者之间建立更为丰富的知识转移的渠道,知识的接收者不用担心所接收的知识信息失真,知识发送者也不需要担心知识被过度转移。关系维度反映了网络成员互动的历史,同时也反映了成员间相互了解的程度(李燕华,宋福烨,2007)。

3. 认知维度与知识转移

认知维度体现为共同目标、共享的价值观和共享文化等方面。基于理性行为理论,主观规范和态度会影响个体行为。因此,认知会对知识转移行为产生影响。而集体感应是一种群体认知过程,强化群体成员间的协同互动,需要以群体内共同心智模式为基础(Richard, et al.,1994)。Allard(1998)也认为,社会认知可以用来解释集体认知,特别是群体的学习行为。"共享的愿景"可以帮助合作组织中不同成员结合在一起或者合并资源。共同的目标表示组织成员对组织任务和成果达成的共同理解。为了实现组织的目标,成员之间可能会分享知识,进行知识交流,促进知识的有效利用,以期最终达到共同的目标。

也有学者基于价值认同的视角研究对知识转移的影响,认为组织文化和价值观的差异会显著损害知识转移,而类似的文化和价值系统使得知识转移之间存在和谐关系(Cummings,Teng,2003)。吴晓波和韦影(2004)也指出,资源的交换和组合过程中有意义的沟通要求行为主体处于相同的背景之下,而为使不同的行为主体处于此状态,则需要通过共同的语言和共同理解的表达方式来达成共享。

4.1.3　概念模型

从文献回顾可以得出,社会资本、知识转移及服务绩效之间确实存在一定的相关关系。从 20 世纪 80 年代开始,持资源基础观等观点的学派越来越多地把研究的焦点从组织外部转向了组织内,认为企业的优异表现来自于其内部获取的资源。并从企业的动态能力视角,将企业的成功归纳为组织对自身所获取资源的重新整合和有效利用。而社会资本理论的研究涵盖了组织的结构资源和关系资源。从这个角度讲,在众多的研究中,组织的组织结构、相互间的交流沟通方式、员工之间的关系及认知水平都会对组织的运作流程及其绩效产生影响。

　　本章以 Nahapiet 和 Ghoshal(1998)的经典三维度划分为基础,结合现有的知识转移层面的研究,分析社会资本对呼叫中心与后续服务部门间进行知识转移的机会、动机及能力,从而考察各维度对提升服务质量和效率的影响。在上述研究目的基础上,构建了本章的理论框架,如图 4.1 所示。表 4.1 列出了理论框架中所有变量的定义。其中,社会资本的三个维度运用 Nahapiet 和 Ghoshal(1998)提出的定义;对知识转移的指标参考 Manoochehr(2005)的分析框架,主要采用 Pavel 和 Andre(2006)的知识转移机会、动机和能力的划分方法;对知识转移绩效则主要选用 Davenport 和 Prusak(1998)对服务运作中的服务绩效和运作绩效的衡量。

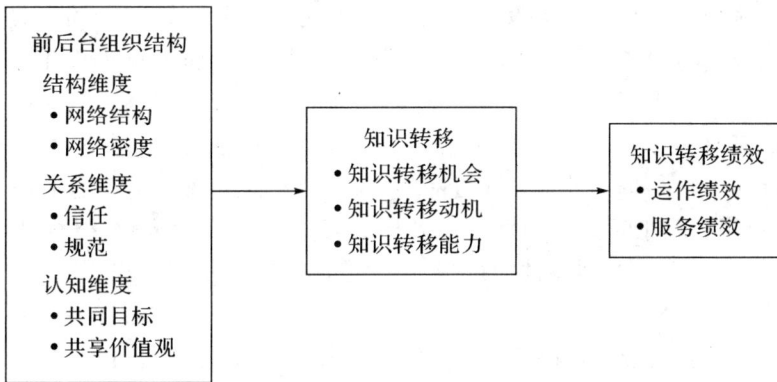

图 4.1　呼叫中心知识转移的初始概念模型

表 4.1　呼叫中心知识转移的研究变量

变　量	定　义	主要来源
结构维度	通过网络结构和网络联系强度等方面影响部门间交流和知识获取的方式	Nahapiet, Ghoshal, 1998
关系维度	各部门关系的深度和强度	Nahapiet, Ghoshal, 1998
认知维度	共享的经历、价值观和文化; 共同的语言等	Nahapiet, Ghoshal, 1998
知识转移机会	沟通交流渠道的丰富性; 知识搜寻难易程度	Wasko, Faraj, 2005
知识转移动机	员工间进行知识转移的意愿	Pavel, Andre, 2006
知识转移能力	员工间进行知识传递的能力和吸收能力	Pavel, Andre, 2006
知识转移绩效	服务绩效和运作绩效	Davenport, Prusak, 1998

4.2 方法论和案例背景

4.2.1 方法论

案例研究是一种实证研究,它至少具有四种功能或用途,其最重要的用途是解释或描述研究者假定的存在于现实生活多个方面之间的联系。这些因素之间的联系一般都比较复杂,用一般的实验或调查办法都无法有效进行解释。第二种用途是描述某一现象及其所处的现实生活背景。第三种用途是以描述的形式,列示某一现实活动中的一些主题。另外,案例研究还可以用来探究变量之间因果关系不够明显或相互之间的关系比较复杂的情况(Smith,1990)。根据本章前面确定的研究问题:在服务传递过程中,社会资本如何影响组织内员工进行知识转移的机会、动机与能力?怎样才能实现呼叫中心服务水平提升、运作效率提高的目标? 由此可以看出,本章研究的是因果关系类问题,发生在当代,但作者无法控制事件的过程,因此选取了案例研究方法。

在选择案例时,主要从以下方面考虑:首先,按照呼叫中心在各个行业所占的比例选取了金融业、快递行业及通信行业作为本章的调研行业,四个细分行业的呼叫中心占比已达到 50%,这样可以使得研究的结果更具有代表性。其次,在各个企业的呼叫中心中,有三家我们挑选了位于浙江省的呼叫中心点,只有 Z 快递在上海、北京、广州设立呼叫中心,因此为了调研比较时确保尽可能多的相似性,我们选择了上海的呼叫中心。最后,考虑研究工作能否顺利实施(每个案例中至少需要两名员工可以配合我们的研究工作),在访谈了多家快递和通信企业之后,综合考虑上述因素,选取了所有当事人都同意接受采访的快递行业和通信行业的各一家企业进行访谈,而对证券行业和银行,最终选取一家地方银行和一家证券公司,且均只联系到一位访谈对象。

在案例数量的选择上,Eisenhardt(1989)极力推崇选取多个案例进行研究,她认为多案例研究能通过案例反复支持研究结论,从而提高研究的效度;另外,她还认为多案例研究能够更全面地了解和反映案例的不同方面,从而形成更完整的理论。多案例研究法能使案例研究更全面、更有说服力,能提高案例研究的有效性。多案例的研究使案例研究成为一种更严格的、更科学的、更加具有理论验证能力的研究方法。

多案例研究所遵从的是复制法则,与多元实验的复制法则类似。案例分析的结果可能产生相同的结果,即逐项复制,进行相似比较;也可能由于预知的原因而产生与前一研究不同的结果,即差别复制,进行差异化案例比较。不可否认,案例越多越具有说服力。具体到本章研究,遵循上述学者的建议,最终选择四个符合研究目的且具有典型性的案例,按照复制法则进行研究,希望能找到各案例间的相同点和差异之处。

由于研究对象工作环境的限制无法进行现场观察,而在人员访谈上,由于条件限制,除 D 电信联系到两人进行情况了解外,另外的 Z 快递、J 银行和 X 证券均只联系到一人进行访谈,这会使案例研究的严谨性受到质疑。为最大限度地弥补调研人数不足的缺陷,作者选取的被访谈者都是呼叫中心主管或经理级别职位的人,他们在呼叫中心部门的工作时间较长,对内部的工作情况和部门的发展有全面深入的认识,因此调研信息的全面性和可信度较高。此外,通过对四家企业网站进行资料,以及对有关呼叫中心的新闻报道的收集来了解调研对象的背景资料。同时,也加深了对研究对象及其所在行业的了解。

具体访谈过程是,在文献梳理的基础上,形成了初步的理论框架;接着基于研究的理论框架和变量,设计了访问提纲。然后,对选中的四家企业的员工进行半结构化访谈,每次访谈的持续时间在一个半小时到两小时之间,只有一个访谈时间不足 1 小时。每次访谈前,都会征求被访者的意见,若被访人员不反对,会对每次访谈过程进行录音,便于后续分析取证。为了确保访谈资料的准确性,采取了采访者亲自查验的方法(Lincoln,Guba,1985),即由被访者对我们的录音听写记录及访谈记录逐一进行核对确认。此外,每次访谈之后,在收集到的资料基础上都要对下一次的访谈提纲进行修改。

所有访谈在 2012 年 7 月到 9 月近三个月时间内完成,一共访问了 5 名呼叫中心工作人员,包括 4 名主管、1 名经理。表 4.2 列出了每次访问的基本信息,包括时间、地点、访谈人物及其基本信息。为了保护受访者的隐私,对所有的受访者都做了匿名处理。

表 4.2　呼叫中心知识转移的访谈基本信息

时　间	地　点	访谈人物	被访者基本信息
2012.07.29 10:00—12:30	金华市某餐厅	C 主管	Z 快递作业中心主管;呼叫中心的建设者之一
2012.07.30 14:00—17:00	杭州市 D 电信会议室	G 主管	D 电信呼叫中心主管
2012.08.08 15:00—16:30	电话访谈	Z 主管	D 电信呼叫中心主管
2012.09.01 17:00—20:00	金华市某餐厅	Q 行长	J 银行某分行副行长
2012.09.29 09:00—10:00	浙江工商大学某研究所	J 总经理	X 证券总部总经理

4.2.2　D 电信呼叫中心

D 电信的企业背景见第 3 章。D 电信是中国三大电信运营商之一,D 电信呼叫中心是 D 电信为实现客户服务"一号接入、一站购齐"的服务构想而建设的综合性服务窗口。它采用全国统一的特服接入码,集原有的各类特服号为一体,以电话网作为主要的信息交互途径,为广大用户提供各类 D 电信业务的咨询、查询、受理和投诉等服务内容,并基于客户服务平台建立基础业务和多种增值业务的快速客户响应中心。它的定位是 D 电信综合性服务窗口,D 电信与用户间进行信息交流与沟通的重要渠道;并且以其基础业务的服务为主,积极开发新型增值业务,实现业务经营的多元化发展;面向广大客户群体的品牌服务热线,致力于建设具有国际水平的客户服务中心。

D 电信业务主要包括电话业务、互联网业务、数据通信业务、网元出租业务①、黄页信息业务、国际及港澳台通信业务、融合业务、应急通信业务等 8 大类别。其中一码通——商务热线(4008 业务)的情况是:统一号码接续,在全国范围内,无论主叫用户在何地,只需拨"4008××××××"号码,不需加拨区号,便可按照企业客户预先设定的方案,将呼叫直接接续到指定的呼叫中心;可按主叫拨打电话的位置、时间、流量等将呼叫接续到不同呼叫中心;业务客户可以事先指定允许或禁止某些地区的电话拨入;企业客户可以事先要求所有来电都需要先输入正确的密码后才能接通;具有被叫号码忙或无应答转移功能,可将拨打的电话转接到其他呼叫中心。在主叫用户与被叫企业客户之间分摊通信费用,主叫支付市话费,被叫支付业务费;可以对每月总费用或每月总来话次数设定上限,超过后自动停止接续。当企业客户需要时,可向其提供呼叫分析报告,内容包括:呼叫、遇忙、无应答的数量,通话总时长,平均通话时长,并对使用情况提供专家级的分析。

4.2.3　Z 快递呼叫中心

Z 快递的企业背景见第 3 章,Z 快递的全球网络已经连接了世界上 220 多个国家和地区。中国 Z 快递电话销售渠道,成立于 2005 年。目前,电话销售渠道与 Z 快递的电话行销渠道、零售渠道共同构成了以呼叫中心模式为核心竞争力的 Z 快递直接业务渠道。

Z 快递电话渠道总部位于北京亦庄经济技术开发区,在北京、上海、广州三

---

①　网元出租业务是电信运营商采用有偿租用的方式,向客户提供各种电信网络元素出租的服务,以满足其自身组网及传送信息的需要。

地分别设有电话销售中心，业务覆盖 Z 快递在中国的所有省区市。其电话销售渠道致力于为各类国内外中小型企业、机构、组织提供优质、便捷的国际快递物流服务，营造一流的客户体验。目前，电话销售渠道覆盖客户群约 10 万个，年收入超过 10 亿元。

Z 快递电话销售渠道，采用世界先进的 Avaya 交换机系统、NICE 的电话管理软件。2005 年，与 Siebel 公司共同开发了适合物流行业电话营销中心使用的 CRM 管理系统 COMET。基于此，Z 快递电话销售渠道积累了完整的电话销售中心管理经验，在整体电话销售中心管理模式、生产力提升以及员工满意度方面，都已达到业内领先水平。在"2011 中国最佳客户联络中心与 CRM 评选"中，Z 快递电话销售渠道获得"2011 年度中国最佳客户联络中心电话营销奖"。Z 快递已连续四年获得全亚洲级别的"最佳呼叫中心"称号。

4.2.4 J 银行呼叫中心

J 银行的企业背景见第 3 章，是浙江省一家区域性的城市商业银行。J 银行 24 小时电话银行自 2009 年 10 月上线以来，随着全行业务的快速发展，业务量大幅攀升。截至 2012 年 4 月，当年电话银行总话务量达 65164 个，其中人工服务和 IVR 分别为 18187 个和 46977 个；代表客户满意度重要指标之一的人工服务平均接通率为 87%。J 银行呼叫中心的业务处理流程如图 4.2 所示。

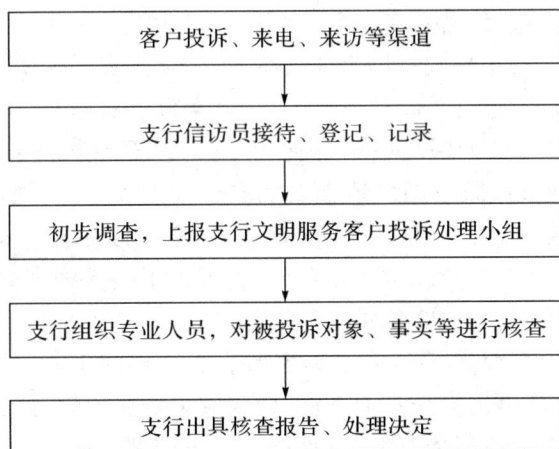

图 4.2　J 银行呼叫中心业务处理流程
资料来源：根据 J 银行网站整理。

为进一步推动 J 银行电话银行向品牌化、信息化和多元化服务方向可持续发展，及时做出调整回应，J 银行会计结算部注重听取客户体验意见并积极开展对电话银行系统的流程优化和结构调整,启动了电话银行流程优化工程。在讨论分析原系统优缺点、考虑客户操作习惯及参考国有银行及省内 8 家城市商业银行客服热线的基础上,确定了实施方案和工作目标——简明、方便、节时。方案主要内容为:首先,一级框架菜单由原 9 项优化精简为 6 项,并按照客户来电需求量排序,如挂失、信用卡、个人业务等;其次,对二级系统菜单进行适当增、删,做到实用性强、风险可控,确保展现基础业务,逐步增加创新业务。①

4.2.5　X 证券呼叫中心

　　X 证券的企业背景见第 3 章。X 证券作为金融领域的一家证券公司,其呼叫中心也秉承了金融业业务划分细致的特点,按不同服务项目分设不同快捷键,节省服务时间,提高效率。在拨通 96598 客服电话后,用户可按"证券交易一号键;银证转账二号键;公报咨询三号键;业务办理五号键;手机注册六号键;快捷办理九号键;人工服务＊号键"的语音提示,快速进入需要的服务界面,接受服务。呼叫中心承担的功能,除公报咨询为资讯服务外,其他按键均属于业务办理功能,方便客户的业务办理,也减轻了营业网点的业务压力。

4.2.6　企业背景比较

　　通过对调研的四家企业进行比较,不难看出由于所处行业不同,导致四个调研对象在企业性质、经营业务、经营区域以及规模上存在较大差异。其中,D 电信成立于 2002 年,是特大型国有通信企业,其业务涵盖了通信行业的所有业务类别,经营区域遍及全国 31 个省(区、市)和美洲、欧洲以及我国香港、澳门等地。Z 快递是中德合资的国际快递企业,中国业务开始于 1983 年,其网点遍及全国 318 个主要城市,服务网络覆盖 220 多个国家和地区,提供的服务主要是国际间的快递业务。J 银行由 1996 年成立的商业银行更名而来,是地方性的城市商业银行,除了开办存贷款常规业务外,也推出了一系列理财业务,服务对象以当地城市居民为主。从 2011 年起,经营区域扩展到了杭州和衢州,并逐步向浙江其他城市发展。而 X 证券则是一家股份制公司的全资子公司,于 2011 年底更名而来,主要从事证券交易业务,经营区域主要在浙江、福建、江西三省。

　　由于这四家企业所属的行业、所提供的服务产品及面向的服务对象范围都存在较大差异,因而在呼叫中心承担的业务种类和服务对象的规模上,也会存在较大差别。四家企业的成立时间跨度较大。首先,属于特大型国有企业的 D 电信已正式成立逾 10 年;如合资公司的 Z 快递,早在 1983 年就已成立,经过逾

---

　　①　J 银行网站:http://www.jhccb.com.cn/shdt/index20120903_1.htm。

30 年的发展和完善,结合国际化的管理制度和流程,其运作已形成相当的标准化和规范化。其次,在发展完善的企业中,呼叫中心的运作和发展自然也会受到企业整体环境的影响和带动。而同处金融行业的 J 银行和 X 证券,受自身发展阶段和规模的限制,呼叫中心团队尚处于发展的初级阶段。表 4.3 从所属行业、企业性质、经营业务和经营区域对四家企业进行了比较和总结。

表 4.3　呼叫中心知识转移案例企业

特　征	D 电信	Z 快递	J 银行	X 证券
成立年份	2002	1983	2010	2011
所属行业	通信行业	快递行业	银行	证券
所有制性质	特大型国有	中外合资	股份制	股份制
主营业务	电话业务、互联网业务、数据通信业务	快递、物流业务	存贷款、信用卡、理财业务	代理买卖证券业务、股票基金等理财产品
经营区域	全国 31 个省(区、市)和美洲、欧洲以及我国香港、澳门等地	遍及全国 318 个主要城市,服务网络覆盖 220 多个国家和地区	金华地区杭州衢州	浙江省江西省福建省

需要说明的是,本章中的案例选取,也参考了中国呼叫中心在各个行业的分布情况(李胜男,2010)。其中呼叫中心在通信行业占到了 26%,在邮政快递行业占到了 6%,而在银行业则占据了 14% 的份额,保险公司则拥有 3% 的份额。呼叫中心在各行业的具体分布见图 4.3。①

呼叫中心的情况比较如表 4.4 所示。可以看到,D 电信自正式成立就设有呼叫中心部门,且该呼叫中心是直属于总公司的独立部门,主要涵盖了手机、电话、宽带等多种业务。在具体的沟通方式上,D 电信采取的是工单联系为主,电话、会议形式为辅的方式。Z 快递呼叫中心成立于 2004 年 10 月,分别在上海、广州和北京设立了三个呼叫中心,各自负责东部区域、南部地区和西北地区的快件业务,是由原先分散在各分公司的接线员整合而来,主要负责催派件、快件

---

①　通信行业、邮政快递行业、银行和保险行业这四个行业的呼叫中心占比总和达到 49%。因为保险公司的案例对象联系上存在困难,故本章最后选取了同样处于金融行业的证券公司作为替代。我们没有选择占比更高的医疗卫生(10%)等行业,这是出于方便后续跨案例研究时,两个金融行业企业和两个非金融行业企业进行比较的便利性和操作上的可行性的考虑。此外,因制造业(7%)和计算机(4%)不属于服务业,不在选择范围内;外包(17%)涉及组织间而不是组织内,也没有选择。

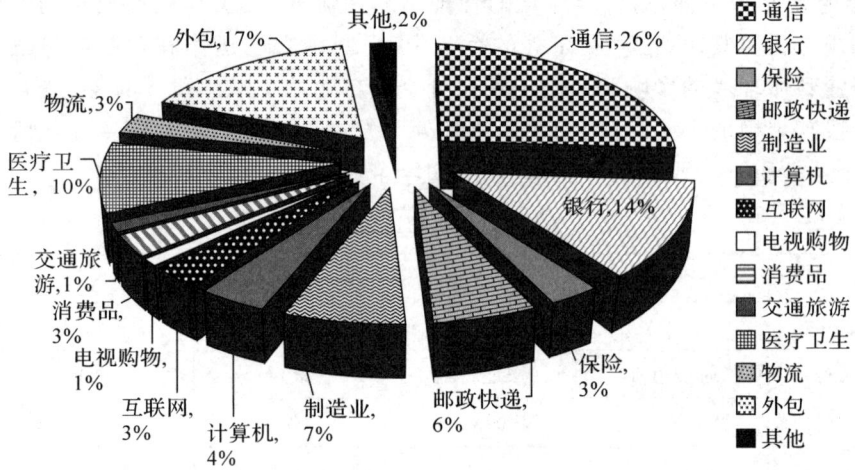

图 4.3　呼叫中心在各行业占比情况

资料来源：李胜男，中国呼叫中心产业发展模式研究.吉林大学硕士学位
论文，2010.

跟踪、业务咨询等功能，其日常沟通方式同样是以工单为主、电话和会议为辅。

表 4.4　案例企业呼叫中心比较

特　　征	D 电信呼叫中心	Z 快递呼叫中心	J 银行呼叫中心	X 证券呼叫中心
成立年份	2002	2004	2009	2010
部门性质	自建/独立部门	自建/独立部门	自建/附属其他部门	自建/附属其他部门
主要业务	电话、手机、宽带，基本涵盖营业厅所有业务	催派件、快件跟踪、咨询	网银软控件安装、咨询	证券业务办理、咨询
沟通方式	工单为主，电话、会议为辅	工单为主，电话、会议为辅	电话为主，工单、会议为辅	电话为主，工单、会议为辅

4.3　跨案例分析

4.3.1　社会资本

呼叫中心的集中化，主要出现在过去十年左右时间里。相对于国外成熟大
企业采用外包方式建立呼叫中心，中国的成熟企业大多选择采用自建的方式。

社会资本通常伴随着企业的不断发展而慢慢积累，并随着企业的完善而不断走向成熟。经典的社会资本理论框架以 Nahapiet 和 Ghoshal(1998)的三个维度的划分为代表，即用网络联系的强弱、网络密度、中心性等结构特征来衡量结构维度；用信任、规范、义务感来衡量关系维度；用共同经历、共同语言、共同的立场和目标等，来衡量认知维度。

呼叫中心作为企业专门设立的为客户提供便捷服务的窗口及发现客户需求信息的通道，其服务必定需要后续职能部门的密切配合与支撑。前后台的部门设置可以使前台人员为客户提供专业化的服务，而后台服务支撑部门则提供及时可靠的后续服务方案(Broekhuis, et al. ,2009)。这种顺畅、高效的服务流程需要有规范、合理的部门设置作为基础，因而必须进行结构维度的考量；在沟通通道畅通的基础上，还需要人员间能密切主动配合，因此呼叫中心员工间的关系水平及员工的认知程度对呼叫中心的日常运作会产生主要的影响。因此，社会资本的这三个维度对呼叫中心的情景同样适用。

本章分别从网络结构和网络密度来考量社会资本的结构维度，用信任和规范来衡量社会资本的关系维度，用共同的目标和共享价值观来测量社会资本的认知维度。四家案例企业的具体社会资本特征见表 4.5。

表 4.5 案例企业社会资本特征

社会资本维度	构成特征	D 电信	Z 快递	J 银行	X 证券	社会资本特征显著性
结构维度	网络结构	高	高	高	高	高
	网络密度	高	高	较高	较高	
关系维度	信任	高	高	高	较高	高
	规范	高	高	较高	高	
认知维度	共同目标	高	高	高	高	高
	共享价值观	高	高	高	高	

注：高——访谈者对该概念较强调，或有多次意思表示；较高——受访者同意这种提法；较低——访谈中该概念较少涉及。其余表格情况相同，不另说明。

在本章四个案例中，研究结果都较高地支持了社会资本的三个特性。四家企业虽然都设有呼叫中心，但每家企业呼叫中心的发展及其现状都有各自的特点。其中差异最大的还是处于金融行业的银行和证券公司与非金融行业的快递和通信公司的区别。

"银行的风险比任何其他行业要大，我们需要业务娴熟、有银行工作经验、有风险意识的员工。"(Q行长)

"每个发展阶段肯定会有很大差异，但是我们证券行业很强调合规性

的。……我们必须严格按照规定操作。"(J总经理)

金融行业的风险性塑造了行业内谨慎的经营理念,体现在呼叫中心工作上,就是能通过呼叫中心完成的业务相对较少,更多的是负责问题的咨询和软件安装等方面问题的技术指导。而相对通信和快递行业,尤其是通信行业,呼叫中心几乎承接了营业厅的所有业务,因此工作的业务种类多,工作量也较大。

4.3.2　知识转移

公司各部门在运作中,必须考虑所提供产品与服务的市场需求,以及产品与服务本身的知识及公司运营过程中的管理相关知识。通过对四个案例的研究,我们归纳出呼叫中心在与其他部门合作过程中涉及的知识主要有:市场需求知识、风险合规知识、业务专业知识和 IT 知识。这些知识在呼叫中心工作过程中的具体运用情况见表 4.6。这些知识大多都是经过培训嵌入员工头脑中的,因此在日常的服务运作中,需要不同部门、掌握不同知识的员工进行交流配合,才能配合使用各种知识,共同完成工作流程。

表 4.6　呼叫中心转移的知识

转移的知识	D 电信	Z 快递	J 银行	X 证券	重要性等级
客户需求知识	多、非常需要	多、非常需要	多、非常需要	多、非常需要	1
风险规避知识	/ /	较多、比较需要	多、非常需要	多、非常需要	2
业务专业知识	多、非常需要	多、非常需要	多、非常需要	多、非常需要	1
IT 知识	较多、比较需要	较多、比较需要	较多、非常需要	多、非常需要	2
转移知识总体程度	较高	较高	高	高	—

注:知识重要性打分:多、非常需要代表 2 分;较多、比较需要代表 1 分;没有标注代表不得分;计算总分后,重要性等级划分:13～16 分为第一等级,9～12 分为第二等级;8 分及以下为第三等级;总体程度划分:13(含)～16 分为高,9～12 分为较高,8 分以下为一般。

呼叫中心服务传递过程中主要涉及的知识为客户需求知识和业务专业知识,其次是风险规避知识和 IT 知识。调研中,四家企业都强调要重视客户反馈的需求点或建议,客户反映的市场需求非常重要,是企业努力改进服务的方向。这与呼叫中心作为面向客户的窗口所应承担的工作职责相符,即及时获取客户及市场需求信息。

在企业的日常经营管理中,每一个行业都会存在风险,只是在金融行业,尤其是在 2008 年世界金融危机爆发之后,对风险管理及控制的重视程度更为加深。在快递行业,同样需要密切关注国际间的局势和动荡,减少因各国的政治和外交风险而影响该国的海关及港口的相关制度,从而对国际快递业务造成的冲击和影响。

业务专业知识则是企业持续运作的基础,现阶段服务业较多采用统一的操作系统,方便、高效地为客户提供查询及业务办理服务。目前,对呼叫中心员工主要通过培训上岗方法进行专业知识的积累,并在其日常工作过程中,不断进行业务培训和案例共享。培训的重点在于要让员工具备提供服务的业务操作技能,同时也要让员工强化客户服务的技巧和礼仪。其中,营销培训就是要让员工掌握与客户沟通过程中的有效方式。

本章研究主要针对的是知识转移主体的行为变化,因此选用知识转移机会、知识转移动机和知识转移能力来刻画员工知识转移行为的影响因素。被访谈者对知识转移各影响因素的重要性认识如表 4.7 所示。

表 4.7　呼叫中心知识转移的机会、动机和能力

影响因素	D 电信	Z 快递	J 银行	X 证券
知识转移机会	＋＋＋	＋＋	＋	＋＋＋
知识转移动机	＋＋	＋＋＋	＋＋＋	＋＋＋
知识转移能力	＋＋	＋＋＋	＋＋＋	＋＋＋
对上述三因素重要性认知的总体结果	基本同意	同意	基本同意	同意

注:"＋"数量代表重要性程度高低。

具体地说,在判断 J 银行的知识转移机会时,Q 行长提到:"我们银行的客服,对专业知识的要求是很高的,客户的一般问题,我们的客服人员都能第一时间就回复。所以,客服人员与其他部门间的配合机会相对其他电信等行业来说可能少一些。但是一旦有需要其他部门配合的情况发生,我们客服会在线与相关部门联系,沟通好处理办法,然后直接告诉在线等着的客户我们的处理方式或对策。"因此,作者判断银行的知识转移机会相对较少,只给出一个"＋"。

再如,对 Z 快递的知识转移动机,C 主管表示:"我们部门间的沟通,除了主要由呼叫中心往后面的部门传递外,后面部门也会积极主动地往前传递各自的信息。因为对快递行业来说,时间就是成本,部门间配合的高效率,是可以转化成企业绩效的。所以大家都会很主动,做到第一时间(转移知识)。"

又如,对 D 电信知识转移能力的判断,Z 主管提到:"万一碰到我们客服人员解决不了的问题,我们就会转到投诉处理部门去处理,因为他们的专业能力

更高。所以我们是一层一层有人支撑处理的。我们的呼叫中心平台就是负责大量的柜台工作的，所以我们的服务处理能力必须相当完备。"

4.3.3 知识转移绩效

呼叫中心集中建立的最初目的是为了方便客户，提高客户服务效率，降低服务成本。具体来说，就是凡是不用面对面服务客户的，就集中到后台，实现流水线作业。业务的融合和协同有条不紊地分别在前后台同时进行。最终的目的是通过集中作业，逐步实现各项作业的标准化，使客户无论在何时、何地都能得到完全标准化的综合服务。通过将各个分公司、营业网点的客服人员全都集中到一起，有效地降低了经营成本，实现规模效应。同时，也能对风险进行有效管控，降低系统性风险。因此，在本章的研究中，我们使用呼叫中心及相关部门的运作绩效和服务绩效作为各部门间知识转移绩效的指标。

整体来看，D电信、J银行和X证券对呼叫中心的运作和服务绩效的总体认识比较清楚；Z快递对呼叫中心的运作和服务绩效的总体认识清楚。呼叫中心工作顺畅的关键就是各部门对工作中各类知识的高熟悉程度。企业声誉可以通过客户对呼叫中心的满意程度来衡量；员工满意度可以在访谈过程中了解；前后台知识存量可以通过对员工的培训次数和培训强度间接了解。各种知识都是为了让呼叫中心与各部门能更好地配合衔接，做好服务工作。四家调研企业对各指标的认识深度见表4.8。

表 4.8 呼叫中心知识转移绩效

转移绩效	构成特征	D电信	Z快递	J银行	X证券
运作绩效	企业声誉	＋＋＋	＋＋＋	＋＋	＋＋
	员工满意度	＋＋	＋＋＋	＋＋＋	＋＋＋
	流程创新	＋＋	＋＋	/	/
服务绩效	成员承诺	＋＋	＋＋＋	＋＋	＋＋
	前后台知识存量	＋＋＋	＋＋	＋＋	＋＋＋
	效率改进	＋＋	＋＋＋	＋＋＋	＋＋＋
总体效果		比较清楚	清楚	比较清楚	比较清楚

注："＋"数量表示清晰度程度。

在具体各指标的评分上，由于各案例的调研对象一般只有一人，为最大限度地减少评分的主观性所带来的结果误差，我们对各指标的打分都是依据调研的Word版访谈记录中对方透露的信息反复分析进行的。如对D电信的流程创新，G主管表示："我们的呼叫中心是承接了整个浙江省的客户业务量的,所以虽然成立了这么长时间,但是在工作中发现工作流程设置不太合理的情况还是很多的,所以我们会不断听取客户的意见,然后不断完善我们的流程。"

再如,对 Z 快递的前后台知识存量,C 主管表示:"我们的知识信息更新是需要非常及时的,因为晚收到一分钟,可能就会产生好几笔客户快件收件取件的成本;另一方面,我们的后台人员的工作是需要对整个工作流程有一个非常清晰、明确的认识的,需要非常强大的知识基础和沟通技能,所以这就需要我们在做前端服务的时候积累足够丰富的经验。"

4.3.4 社会资本与知识转移的关系

在初始概念模型中,本章假设社会资本特性与员工知识转移机会、动机及能力间是存在显著的正向影响关系的。表 4.9 描述了社会资本的每个维度与员工知识转移关系的总体情形。虽然社会资本与知识转移的关系基本得到证实,但是并不像设想的那样简单、显著。为了能清楚地说明案例中出现的某些结论与最初设想的差异,我们进一步对案例得到的结果进行详细分析。

表 4.9 呼叫中心社会资本与知识转移的关系

社会资本	构成特征	知识转移机会	知识转移动机	知识转移能力
结构维度	网络结构	Z 快递 D 电信 J 银行 X 证券	Z 快递 D 电信 J 银行 X 证券	Z 快递 D 电信 J 银行 X 证券
	网络密度	Z 快递 D 电信 J 银行	Z 快递	Z 快递 D 电信 J 银行
关系维度	信任	Z 快递 D 电信 J 银行 X 证券	Z 快递 D 电信 X 证券	Z 快递
	规范	Z 快递 X 证券	Z 快递 J 银行 X 证券	Z 快递 D 电信 J 银行 X 证券

续表

社会资本	构成特征	知识转移机会	知识转移动机	知识转移能力
认知维度	共同目标	Z快递 D电信 J银行 X证券	Z快递 D电信 J银行 X证券	Z快递 D电信 J银行 X证券
	共享价值观	Z快递 D电信 J银行 X证券	Z快递 D电信 J银行 X证券	Z快递 D电信 J银行 X证券

1. 结构维度——知识转移机会

结构维度是关于网络中各种联系的总和，是一部门向外部获取信息、知识和资源的管道和路径。组织对外建立的关系越多，其网络连结度就越高，即获取信息、知识和资源的管道就越多（Nahapiet，Ghoshal，1998）。我们主要从网络维度和网络密度来测量结构维度。

四家调研企业对呼叫中心与其后续服务部门间的工作联系都有非常明确且畅通的规定，呼叫中心的客服人员直接与相关部门的负责人联系，进行工作情况的传达和沟通，其中会涉及知识的转移，这些都是网络结构设定的知识转移机会。在具体的沟通过程中，Z快递和D电信的部门间会通过"工单系统为主、电话和会议形式为辅"的方式进行沟通。而同属于金融业的J银行和X证券则主要通过电话方式进行工作交流，其中J银行会辅以工单、会议形式进行联系，但不专门以会议形式联系。这差异主要是由于D电信和Z快递的呼叫中心承担的业务种类较多，故其规模较大，运作也较成熟。而J银行和X证券已形成电话沟通的操作习惯，进行工作传递和交流，只是受其部门发展规模的限制，部门间的会议沟通情况较少。综合来看，较丰富的沟通方式，有助于增加联结的密度。

由此得到如下命题：

命题1：呼叫中心的结构维度高，可以提高呼叫中心服务传递过程中员工的知识转移机会。

命题1a：呼叫中心的网络结构高，可以提高呼叫中心服务传递过程中员工的知识转移机会。

命题1b：呼叫中心的网络密度高，可以提高呼叫中心服务传递过程中员工的知识转移机会。

2. 结构维度——知识转移动机

Broekhuis等（2009）的研究发现，通过对金融业大后台的集中，前台可以实现提供顾客化服务、增值服务的优势;后台也可以实现服务提供的高效率、专业化和集中化,并且通过规模经济效应,可以根据工作量对前后台员工的工作进行灵活安排,从而有效利用资源。不仅实现整体效益的提升,员工也因为有广泛的工作而提高了其工作满意度。在前后台分离的运作模式下,明确完善的部门间联结关系,是及时完成业务流程、确保呼叫中心运作顺畅的基础,因此各部门有较高动力进行各类问题的分析和沟通,努力尽快完成任务。但受访的两家金融企业呼叫中心受规模的限制,其进行沟通的渠道和频次并不高,因此除 Z 快递外,其余三家企业的结构密度符合程度不高。

Z 快递除日常的工作汇报外,各作业中心主管会主动到呼叫中心查看其运作,了解呼叫中心的最新动态,保障各作业中心工作流程的及时更新。

D 电信各部门需要以呼叫中心的数据统计作为其阶段性的工作总结的依据,且呼叫中心能有效汇总客户反馈的信息。因此,公司内部有较强的知识转移主动性。

J 银行和 X 证券注重实效性,电话的直接方式更能提高部门间协调的效率,大家也已形成工作的主动性,能自觉而不拖延地完成任务,部门间进行知识转移的动力较强。

由此得到如下命题:

命题2:呼叫中心的结构维度高,可以提高呼叫中心服务传递过程中员工的知识转移动机。

命题2a:呼叫中心的网络结构高,可以提高呼叫中心服务传递过程中员工的知识转移动机。

命题2b:呼叫中心的网络密度高,可以提高呼叫中心服务传递过程中员工的知识转移动机。

3.结构维度——知识转移能力

Metters 和 Vargas(2000)提出的四种前后台分离情境与运营策略中,就有一种高分离程度且强调服务的类型:员工都是专家、分离的基本目的是支持前台工作。因此,必须保证提供便利的服务,确保质量的一致性,这就需要前后台之间保持密切联系,具备较强的沟通能力,也即较强的知识转移能力。

呼叫中心内部细分出的数据分析、质检等部门,能高效专业地为呼叫中心座席人员提供第一手的分析数据和资料,帮助其更好地应对客户的电话咨询和业务服务。

Z 快递集中后的呼叫中心是按由 Z 快递老员工亲自定下的服务标准及要求运作的。因此,完全符合 Z 快递的客服工作规律,能抓住快递行业的特征,部门间的沟通衔接有序、高效,其成熟的运作也为公司节省了大量时间,提升了整个公司的运作效率。

D电信的统计数据有助于座席人员了解客户问题的重点和难点，有助于客服更好地掌握向客户解释和沟通的知识，选择更有效的沟通方式。

J银行在实际操作中，虽然需要与其他部门进行配合的情况较少，但一旦有联系的需要，这种紧密的组织结构确保了相互间沟通渠道的畅通。

X证券注重实效性的企业文化和特征，使得各部门间进行工作衔接的主动性很高。在不断的合作中，彼此增进了解，培养默契，形成良性循环，因此部门间进行知识转移的能力较强。

由此得到如下命题：

命题3：呼叫中心的结构维度高，可以提高呼叫中心服务传递过程中员工的知识转移能力。

命题3a：呼叫中心的网络结构高，可以提高呼叫中心服务传递过程中员工的知识转移能力。

命题3b：呼叫中心的网络密度高，可以提高呼叫中心服务传递过程中员工的知识转移能力。

4. 关系维度——知识转移机会

关系维度则是关于网络存在的质量（Nahapiet，Ghoshal，1998）。我们主要从信任和规范两个方面来衡量对知识转移的影响。

Z快递作为外企，更注重员工间的团队建设，也花费较多时间、精力组织员工间的活动，包括年会、团队活动和具有特色的相亲大会，通过这些活动增进员工间的接触和相互了解。并且，在工作中保证24小时能联系到相应负责人，确保第一时间处理客户问题。

D电信各职能部门间的连通性，确保了工作的链接畅通，也有利于发展信任和合作，减轻了各部门间知识交流和共享的障碍，增加了知识转移的机会。

J银行和X证券的客服规模较小，在日常工作中，部门间员工的工作主动性较强，因此部门间的知识转移机会较多。

由此得到如下命题：

命题4：呼叫中心的关系维度高，可以提高呼叫中心服务传递过程中员工的知识转移机会。

命题4a：呼叫中心的信任程度高，可以提高呼叫中心服务传递过程中员工的知识转移机会。

命题4b：呼叫中心的规范程度高，可以提高呼叫中心服务传递过程中员工的知识转移机会。

5. 关系维度——知识转移动机

关系维度的本质是信任程度。合作伙伴间进行知识转移，来自于社会方面的动机就是来源于对诸如合作双方对互惠的预期(王三义等,2007)。良好的社会关系能构建知识输入方与知识接收方之间的特殊联系,企业内部的知识通过这种特殊的联结进行转移与分享会达到更好的效果。因此,关系维度水平在部门间的知识转移方面起到了重要的作用。四家企业关系维度水平较高,只是J银行在信任指标上的适用性相对较弱,经分析其原因是银行业操作的规范化占有更加重要的地位。

由此得到如下命题:

命题5:呼叫中心的关系维度高,可以提高呼叫中心服务传递过程中员工的知识转移动机。

命题5a:呼叫中心的信任程度高,可以提高呼叫中心服务传递过程中员工的知识转移动机。

命题5b:呼叫中心的规范程度高,可以提高呼叫中心服务传递过程中员工的知识转移动机。

6.关系维度——知识转移能力

合作双方的情感越密切,他们就越愿意投入更多的时间和努力去推动双方的合作行为;双方的合作越规范,也越能促进双方做进一步的合作与交流,从而在不断的交互接触中,提升知识转移的能力(Narda,2007)。四家企业的调研结果表明,企业更多的是靠规范来制约部门间的活动,包括其中的知识转移行为。Z快递主管注意针对员工的性格特征,有针对性地与其交流与沟通,以此来管理好呼叫中心团队。在各部门间,员工都能做到尽力为客户服务,员工具有较强的行动力,因而也具有较高的知识转移能力。D电信年轻团队的特征使得员工之间的关系较为密切,有利于工作信息、知识更新的及时传递。J银行与X证券较小的规模,更能保证部门间联系的规范性,确保各种沟通信息的及时性和准确性。

由此得到如下命题:

命题6:呼叫中心的关系维度高,可以提高呼叫中心服务传递过程中员工的知识转移能力。

命题6a:呼叫中心的信任程度高,可以提高呼叫中心服务传递过程中员工的知识转移能力。

命题6b:呼叫中心的规范程度高,可以提高呼叫中心服务传递过程中员工的知识转移能力。

7.认知维度——知识转移机会

认知维度是成员间达成的共识,有利于知识的传递和整合。关系维度和认知维度都是关于联系的质量,其不同之处在于关系维度是关于联系的情感的质量,而认知维度是关于联系的认知的质量(李燕华,宋福烨,2006)。

调研的四家企业都十分重视在呼叫中心团队内进行案例共享,共同分享座席工作经验,这是大家总结经验、深入转移工作知识和客户知识的重要机会。对一线座席人员的每日晨会和夕会,也是呼叫中心接受各部门信息反馈的重要机会,这在四家企业中具有较高的一致性。

由此得到如下命题:

命题 7:呼叫中心的认知维度高,可以提高呼叫中心服务传递过程中员工的知识转移机会。

命题 7a:呼叫中心的目标一致性高,可以提高呼叫中心服务传递过程中员工的知识转移机会。

命题 7b:呼叫中心的价值观共享程度高,可以提高呼叫中心服务传递过程中员工的知识转移机会。

8.认知维度——知识转移动机

"共享的价值观"可以把合作组织中的不同成员结合在一起,共同的目标表示组织成员对组织任务和成果达成的一个共同的理解和方法的共享程度(付菁华,2009)。为了实现组织的目标,成员之间可能会分享知识,进行知识交流,促进知识的有效利用,以期最终达到共同的目标。这就形成了由认知带来的知识转移的动机。

快递公司的知识更新速度较快,因此业务知识、港口信息的变动需要及时通知呼叫中心及各作业部门。而另一方面,Z 快递的行业领导者地位较好地激励了员工的工作热情和对企业的认同感及归属感,因此 Z 快递内部进行知识转移的动机较强。D 电信员工明白自己对客户在线指导的准确性和及时性,能有效减少接线部门上门办理的工作量,提高公司运作效率,降低人力上门成本。J 银行和 X 证券的呼叫中心因为金融业的高风险性,也需要强化员工对业务知识的储备,确保信息咨询和业务办理的准确性。金融业合规性的要求,也促使两家企业对员工有较高的工作知识储备要求和专业性的标准。

由此得到如下命题:

命题 8:呼叫中心的认知维度高,可以提高呼叫中心服务传递过程中员工的知识转移动机。

命题 8a:呼叫中心的目标一致性高,可以提高呼叫中心服务传递过程中员工的知识转移动机。

命题 8b:呼叫中心的价值观共享程度高,可以提高呼叫中心服务传递过程中员工的知识转移动机。

9.认知维度——知识转移能力

周建(2006)在整合了 Szulanski(2000)、Nonaka 和 Takeuchi(1995)等人的

研究后认为,同一组织中不同部门间的知识转移,本质即是实现个人知识向组织知识的升华,是知识转移主体的扩大,使该知识成为该组织日常运作的一种规范或习惯。而这一整合阶段也需要经过三个步骤:需要对有价值和需要转移的知识进行识别;通过人员轮换、员工培训等方式由知识源向知识接受者传授知识;知识接受者通过"干中学",加深对知识的理解,最终实现满意的绩效,并掌握新知识。

在呼叫中心的日常运作中,针对员工最常用的培训和强化方式是案例共享。把服务和服务过程存在问题的服务录音与所有座席分享,共同探讨最优的处理方式。在共享中,实现个人知识向团队知识的转化,实现知识的转移。

具体到四个案例企业,Z快递十分明确客户是公司利润的来源,而自己工作职责的履行是赢得客户和为企业创造价值的根本,因此,Z快递员工具备较高的知识技能,也具备及时沟通的动力和能力。D电信的人员流动性很大,只有认为自己胜任工作的员工才会选择留下,而也只有符合公司要求,适应企业文化的员工才能留在公司。因此,员工的专业知识及进行部门间配合和知识转移的能力较强。J银行和X证券对员工的专业知识储备有较高要求,对员工的工作经验及风险意识也有较高要求。因此,金融企业整体的部门间专业性以及部门间工作联系中知识转移的能力较强。

由此得到如下命题:

命题9:呼叫中心的认知维度高,可以提高呼叫中心服务传递过程中员工的知识转移能力。

命题9a:呼叫中心的目标一致性高,可以提高呼叫中心服务传递过程中员工的知识转移能力。

命题9b:呼叫中心的价值观共享程度高,可以提高呼叫中心服务传递过程中员工的知识转移能力。

4.3.5 知识转移与绩效的关系

如前文所述,本章主要用知识转移机会、知识转移动机和知识转移能力,来代表员工进行知识转移行为的要素。即员工知识转移机会越多,员工转移的知识越多;员工转移知识的动机越高,员工转移的知识越多;员工知识转移的能力越高,员工转移的知识越多。研究中得到,转移的知识同服务运作的指标之间的关系,如表4.10所示。

表 4.10　呼叫中心知识转移与绩效关系（按知识种类分）

知识种类	企业声誉	员工满意度	成员承诺	前后台知识获得	效率改进
市场需求知识	D 电信 Z 快递 J 银行 X 证券	D 电信 Z 快递 J 银行 X 证券	Z 快递 J 银行 X 证券	D 电信 Z 快递 J 银行 X 证券	D 电信 Z 快递 J 银行 X 证券
风险规避知识	J 银行 X 证券	/	/	J 银行 X 证券	J 银行 X 证券
专业知识	D 电信 Z 快递 J 银行 X 证券	D 电信 Z 快递 J 银行 X 证券	/	D 电信 Z 快递 J 银行 X 证券	D 电信 Z 快递 J 银行 X 证券
IT 知识	D 电信 Z 快递 J 银行 X 证券	/	/	D 电信 Z 快递 J 银行 X 证券	D 电信 Z 快递 J 银行 X 证券

注："/"表示调研对象认为这一部分的关系不存在。

　　我们进一步归纳出知识转移及其绩效之间的关系如表 4.11 所示。在最初的概念模型中,假定社会资本对知识转移及其效果存在正向因果关系,实际的案例调研也证实了这种关系。只是不同维度对知识转移的影响程度不同,不同行业对知识转移的影响程度也不相同。从整体而言,知识转移机会、动机、能力及效果关系基本一致,并呈正向影响关系。

表 4.11　呼叫中心知识转移与绩效关系（总括）

变　　量	D 电信	Z 快递	J 银行	X 证券
知识转移机会	高	高	较高	较高
知识转移动机	较高	高	高	高
知识转移能力	高	高	高	高
知识转移	高	高	较高	较高
服务及运作绩效	高	高	高	较高

4.3.6　综合模型和讨论

　　综合模型仍如图 4.1 所示。总结了本章在呼叫中心及其联系部门间知识转移的关系,四家企业的结果总体一致。只是在具体的细化指标上,印证程度略有差异。资料表明,呼叫中心及部门间配合工作中需要多种知识,组织的有效运作依靠的就是这些知识的不断转移。

通过对四个案例的分析比较,我们可以看出处于不同行业,其呼叫中心承担的工作重点会有所不同,因此在结构维度上存在差异。通信行业和快递行业的呼叫中心更多的是以业务办理为主,而以信息咨询为辅;而在金融业的银行和证券公司,呼叫中心则是以承接咨询服务为主,而以业务办理为辅。这是因为像通信行业的呼叫中心平台,成立的最初目的就是以最低的成本承接客户服务,同时保证客户的服务质量,其工作的进行需要凭借客户的手机号码/座机号码等。而快递行业呼叫中心的集中,除为减少运营成本外,还是为了能以统一规范的专业化服务,做好客户的取派件记录工作,有效协调派件员的工作,其业务处理需要凭借客户的快递单号。

而金融业呼叫中心的建立,除为树立统一良好的企业形象外,更多的是承担客户疑问的咨询和软件下载、安装的在线指导等工作。银行业的业务办理,因为考虑到银行业的高风险性,因此大部分业务都需要客户本人到营业网点办理,并签字确认。而对证券公司而言,一般性的呼入电话主要是炒股软件的问题咨询,而具体到股票操作和选股等专业性问题,则会有专门的股票顾问来解答。

在部门间联系的具体方式上,四家企业之间也存在一定的差异。其中,D电信和Z快递以工单联系为主,电话和会议沟通为辅;而J银行和X证券以电话沟通为主,工单、会议方式为辅。这一差异产生的原因:一是不同企业呼叫中心承担的主要业务不同造成的,D电信和Z快递需要单证为线索,记录用户的信息和需求,进行部门间的衔接。二是金融业企业长期形成的部门间配合的主动性的操作习惯。各部门都能主动承担并及时解决问题,甚至可以不需要工单流系统的记录和监督。当然,在访谈中,我们也发现不能排除受访谈的金融企业规模因素的限制,以目前的电话量和业务水平尚不需要用工单流系统来操作和规范,随着金融企业的不断发展壮大,会逐渐建立起工单流系统来协调部门间的配合。

而在传统的会议方式上,受访的四个呼叫中心都没有将其作为主要的沟通方式。究其原因,可能是因为呼叫中心的工作大多是流程化、规范化的操作,因此不需要频繁的会议方式来进行商讨和协调。在访谈中了解到,相对而言,D电信需要利用会议方式进行探讨的情况较多,原因是D电信的电话线路或宽带出现问题所涉及的用户面积和规模可大可小。在出现大面积的故障时,必须由呼叫中心、接线部门等各相关部门的负责人坐在一起,查找问题原因,并详细商讨责任承担和财务费用等问题。而其余三家企业的呼叫中心则基本上没有这样大规模的故障或问题。值得注意的是，金融行业的两家调研企业较少采用会议的方式也有可能是由于，调研的银行和证券公司的呼叫中心都还处于发展的初级阶段，没有形成自己的独立部门，而只是以团队的形式依附在别的部门下运作。因此，呼叫中心能够遇到的客户问题还较有限，在遇到问题的情况下，也容易直接上报给主管部门，而非直接由呼叫中心来进行处理。

值得注意的是，在案例的比较中，我们发现四家企业现有的对呼叫中心工作的绩效考核上存在较大的差异。在快递和通信行业，对呼叫中心的绩效考核有较成熟的测量指标，且指标的要求也较高。如 Z 快递呼叫中心的接线率就被要求在 98％以上，在响应速度上，也要求在电话铃响三声之内必须接起电话，否则就算没有达标。但是在金融行业，指标条款相对较少，考核要求也要低不少。如 J 银行要求员工的接线率保持在 90％以上就可以，对电话铃声的响应速度则没有要求。因此，员工在工作中的目标导向就存在差异。通信、快递行业以最短时间完成电话为目标，而银行证券行业则以花费较多时间完成软件安装、升级等各项费时的服务任务为主，这就对客户在服务感知上产生差异。

4.4　结论和启示

从上述分析和探讨可以看出，为保证客户问题处理的及时性，四家调研企业的呼叫中心与后续部门间的配合与衔接都较为紧密。通过将社会资本按照结构维度、关系维度和认知维度划分，更细致地比较出四家调研企业在知识转移绩效上的差异，并比较其对企业服务和运作绩效的影响程度。四家企业在进行知识转移的方式方法和频率上存在差异，在绩效的衡量指标上也存在一定的差异性，进而在各因果关系上存在差异。本章得到的具体研究结论总结如下：

第一，对作为服务前台部门的呼叫中心而言，其收集的客户信息和服务需求知识必须以显性知识的方式表达出来并传递出去，只有这样才能更好地为后台部门的后续服务活动做充分的准备和支撑。同时，后台服务支撑部门及时向呼叫中心做好服务情况的汇报，则是呼叫中心及时向客户反馈请求、处理进度的保证。因此，呼叫中心的工作，所依靠的最重要的知识类型就是显性知识。也因此，亟须对服务行业最重要的服务经验和技能进行组织内部门间的培训和共享，只有这样才能确保员工掌握足够专业的服务技能，为客户提供更专业、高效的服务。

第二，前后台部门间的高结构维度促进和保障了员工间的知识转移。部门间的高网络强度增加了员工间进行知识转移的机会,促进了员工间进行知识转移的动力,并且强化了员工间进行知识转移的能力。

第三,虽然各呼叫中心进行部门间联系的方式存在差异,但总体来看,四家调研企业都会采用工单流、电话、会议、邮件等方式进行部门间的沟通,频繁的沟通频率也增加了沟通手段的丰富性,结构维度的网络密度也因此较高。其中Z快递的部门间电话、会议等方式的沟通最为多样化,因而也增加了部门间知识转移的机会,各作业中心主管经常会主动去呼叫中心参观学习,沟通渠道的多元化也增加了员工间进行沟通联系进而产生知识转移行为的动力。这些都促进了知识转移能力的不断提升。

第四,在日常的业务衔接上,后续部门的工作都是基于呼叫中心前台工作的基础之上的,前台客服人员在向客户进行问题处理的回复或回访时,也是建立在后台部门的问题处理情况的基础上的。因此,双方的合作动力都是建立在基于能力的信任基础之上。其中,在 X 证券和 J 银行的调研中,我们发现其员工的主动性更强,都能做到在第一时间处理客户问题或将问题转给后台部门解决,而无须以工单等凭证形式作为依据和凭证。因此,J 银行和 X证券在知识转移速度和效率上最高。由此,得出信任关系有助于增加知识转移的机会,提高员工的知识转移意愿。同时,随着部门间拓展等团队活动的不断开展,员工间彼此信任关系的增进,部门间的知识转移能力也会不断积累和增长。

第五,在具体业务的操作过程中,前后台部门间交往主要受到公司规章制度等规范的约束。标准化的操作减少了工作传递过程中的障碍,增加了知识转移的机会,也提高了员工间进行知识转移的动力,同时也促进了知识转移能力的提升。在规范化方面,金融行业的两家调研企业表现出更强的合规性。

第六,在呼叫中心内部高频率的培训、会议及部门间组织的培训的共同带动下,呼叫中心形成了以客户为中心的团队氛围,服务话语、服务理念都能体现出呼叫中心的客户服务意识。因此呼叫中心均能形成一致的工作氛围和价值导向。部门内案例共享的做法大大增加了员工间进行知识交换和转移的机会;对服务工作进行服务速度、回访时间、客户满意度等服务指标的评分也激发了员工间进行知识转移的动力;通过培训学习得来的知识,再经由知识接收者在"干中学"中不断积累和巩固,就形成了呼叫中心进行知识转移的能力。在所调研的四家企业中,都十分强调呼叫中心的培训。而快递行业和通信行业在面向客户的服务时的要求为"快速而准确",而在银行证券行业的客服服务,则更倾向于"细致且耐心"。这就给呼叫中心的培训带来了一些差异。

对任何管理学问题的研究都不能离开实践工作的支持，同时，研究也必须对实践工作有指导意义，本章也不例外。本章研究可以为我国集中建设呼叫中心的企业提供如下一些启示。

第一，明确了在呼叫中心运作过程中所涉及的知识种类，强调了它们对企业的日常工作所起到的重要作用。在具体的运作中，客户的需求知识、服务的专业知识和技能是呼叫中心在工作过程中最重要的知识，IT知识和风险规避知识紧随其后。作为面对客户进行服务的窗口——前台部门，呼叫中心主要承担的是在线了解客户需求，并及时做出处理及意见的收集工作。因此，呼叫中心是企业运营和发展的重要职能部门。在呼叫中心的日常工作运营及管理中，需要加强对各类知识的管理，更强化对座席员工的培训工作。

第二，多角度看待社会资本的作用。社会资本涵盖了企业运作的大部分内容，从组织的部门划分，到企业的文化、人员的凝聚力归属感，再到对员工的培训、目标的一致性和价值观的形成，是一个综合性的思考框架。本章的研究认为，对结构维度的构建是为了保持企业运作通道的畅通，使工作得以顺利展开。但是要实现高效率和高准确度，则更多的是需要依靠人与人之间良好的信任关系和组织规章制度的约束；同时还需要对员工进行高强度的培训，不断提升其服务的技能，并对各合作部的工作有一定的了解。这就需要管理者向员工进行相关知识的灌输，并让员工产生愿意多主动承担工作的主动性，让客户真正感受到以客户为主导。这也需要管理者在员工间多进行有效的激励，促使员工更多地进行知识转移。

第三，运用更多的奖励措施，鼓励员工相互沟通和进行知识转移。呼叫中心部门是人员流动性较大的部门，如何降低人员流动性，保证企业运作的高效和有序，是呼叫中心负责人需要面对和解决的一大问题。在X证券和J公司，因为员工对呼叫中心的福利待遇较为满意，再加上部分人员拥有的是企业的正式编制，这是这两家金融企业呼叫中心人员工作满意度较高的原因。而在Z快递和D电信，由于一线的座席人员都是以外聘方式引进，因而人员的流动性就相对较大，需要部门主管进行积极探索，寻找更为有效的管理和激励方式，了解并满足员工的多种需求，从而提升员工的工作满意程度，使他们更愿意留在公司工作。

5　服务组织间前后台知识转移[①]

在知识经济的时代下,知识在企业竞争力中扮演着重要角色。Spender 和 Grant(1996)指出,21 世纪被企业视为最重要的战略资源是知识。全球化换来了全球的市场之外,也带给企业世界上任何一个角落中都可能出现的竞争对手。顾客变得越来越挑剔,合作伙伴利益冲突不止,很多现状让企业感知到认识外部知识的压力。为了管理内部知识,更为了吸收外部知识,企业为知识管理配置了更多的资源,进行了更多的尝试与实践。但是知识的模糊性、抽象化使得知识在转移过程中面临着诸多难题,另外跨越个体、团队、组织的知识转移因为利益双方的博弈也使得传递过程问题颇多,总之,企业知识管理在实践上面临困境。

20 世纪 90 年代以来,信息技术以及相关的顾客接触技术得到了飞速发展。金融行业为首的服务业带动了以前后台分离为核心的运营变革。21 世纪以来,各行业前后台更是出现了一种新的现象。一些企业出于对企业成本或其他因素的考虑将自己前台的呼叫中心外包出去,也有一些企业将订单处理之类的客户信息外包给其他企业统筹处理。这样,前后台的情况就更加复杂。前台知识尤其属于隐性知识部分在跨越企业界面时更不易传递给后台企业。因此,为了维持企业竞争力,企业需要不断探索前台后台组织间知识如何进行顺利转移,一方面更好地感知客户需求,提高市场敏感度,另一方面与合作伙伴间更好地进行知识传递,提高企业竞争力。

[①]　本章根据以下论文扩充改写:李靖华、沈夏燕:《服务业前后台组织间知识转移机制——基于社会交换理论》,《创新与创业管理(第 9 辑)》,清华大学出版社 2013 年版,第 107—118 页。

在理论研究上，国内外对企业间知识转移的研究多是放在供应链、战略联盟、企业内部这些情境下，以前后台为知识转移研究视角的文献很少，基于前后台处于不同企业间的情况更是没有。社会交换理论深入到认知、行为，更加深刻的剖析其中关系及结构，是一个分析知识转移的有用工具。而国内外对企业间知识转移的研究多数是从组织学习、社会资本等理论出发的，本章希望通过全新的视角——社会交换理论，来剖析前后台企业间这种特殊情况下知识转移的方式，以提高该类企业知识转移绩效。

5.1 理论基础和研究框架

5.1.1 社会交换理论

社会交换理论产生于 20 世纪 50 年代末的美国。它的学术渊源可以追溯到功利主义思想，现代的社会交换理论是功利主义经济学、功能人类学和行为学的混合物（亚伯拉罕，1983）。社会交换一般是指人们在交往中根据对于报偿或"互惠"的期望可以做出和得到物质的或无形的帮助的相互作用（尤哈拉，1990）。从经济学领域引出之后，该理论在社会学领域得到蓬勃发展，被社会学家用于解释个体、群体的社会行为和社会结构。随后管理学者也开始注意到该理论，并有不少通过该理论解释企业内部个体和群体行为的尝试。

社会交换区别于经济交换，主要体现在两个方面（尤哈拉，1990）。第一，社会学家假定，在任何东西的给予和报偿之间，交换者形成并发展了义务、信任和合作。因此，与交换的物质结构本身相比，社会交换理论家对互惠的义务往往更有兴趣。第二，经济交换中人是相对比较简单的"经济人"，社会交换中人被赋予了更多的社会复杂性。除了简单的一次交换，交换过程中很多内容是不能具化和量化的。不等值的交换在社会交往中之所以能够实现，是因为我们忽视了非物质的交换内容。乔治·拉美尔（1950）认为，感激可以看作是一种补充物。在人与人的社会交换中如此，在群体间的社会交换亦如此。不同的是，群体如企业间的社会交换，感激就是商业信用。界定和区分经济交换与社会交换的一个重要意义在于，信任仅仅产生于社会交换中（Blau，1977）。

社会交换理论是研究组织与员工关系的一个重要视角。Banard（1983）最早用社会交换理论思想去解释员工与组织的关系，他认为个人的贡献是由组织投入引起的。March 和 Simon（1958）将此关系定义为"组织对员工的投入与员工对组织的贡献之间的社会交换关系"。刘小平（2005）基于社会交换理论提出了员工组织承诺的形成模型。组织承诺是建立在社会交换的基础上的,员工只有感受到来自组织的支持才可能形成承诺,员工会把自己与企业在各方面能否取得一致、是否受到公平对待、自己的处境与各种标准相比,这些均被看作是企业是否对员工支持(刘小平,2005)。基于该模型,刘效广和王艳平提出了组织公平感不仅通过组织支持感这个中介因子影响组织承诺,也直接对组织承诺有正向影响(刘效广,王艳平,2008)。

在研究员工与组织的关系中,学者通常将企业看作是一种具有人性化行为的实体,其中企业代理人或者上级领导作为企业代表,他与员工的交流沟通显得非常重要。所以社会交换在组织中存在着两种关系:一种在员工与组织之间,一种在员工与直接主管之间。Guest(1998)分析了作为组织代理人的管理方在员工—组织关系形成中的作用。洪雁和王瑞旭(2011)以社会交换理论为视角研究伦理型领导作用机制。宝贡敏和钱源源(2011)运用交换理论中的互助行为研究了忠诚度对互助行为的影响。

相对于员工—组织、员工—领导的社会交换,组织与组织之间的社会交换研究比较缺乏。社会交换理论强调了人类的理性、相对利益的衡量、互惠的交换模式,它由行为主义的观点切入,从单个企业的行动结果来审视组织间合作网络的决策与行为过程,并对影响组织间关系的社会行为作出解释(李元旭,黄平,2010)。可以说,社会交换适宜用来分析组织间关系。在社会交换的经典之作《社会生活中的交换与权力》中,彼得·布劳在借鉴和评判霍曼斯的社会交换理论基础上,曾提出社会交换的一系列原则。其中最重要的是互惠原则和公正原则。组织间的社会互动,本就是一种理性的、计算得失的资源交换(Kern,Willcocks,2002)。

社会交换理论也被用来解释组织知识的形成和管理。社会交换视角下的组织支持感对组织隐性知识起中介作用(李超平,鲍春梅,2011)。企业内个体对组织预期的互惠关系,对企业员工的知识分享行为影响显著(王长河,2010)。员工—组织的交换关系对企业内部知识管理起着非常重要的作用。社会交换理论也能很好地解释企业间的关系。余以胜(2010)提出,基于产业集群内部主体之间的知识转移行为,很大程度上就是一种互惠的行为,因为集群创新主体之间存在着知识互补和知识互惠。在国际服务外包中,成功的社会交换过程降低了机会主义行为,有利于信任的产生;企业间良好的信任有利于知识共享和互相学习,有利于创新(李元旭,黄平,2010)。

5.1.2 概念模型

前后台分离早已经不仅仅是企业内的概念,前后台的范围都在变化,越来越广,并且早已出现了跨越企业的倾向。这种具有现实意义的情境成为分析知识转移很好的研究视角。

基础理论为案例研究提供指导性框架,明确研究方向,并指导数据收集和分析(Yin,1994)。从文献综述中,可以发现社会交换和知识转移存在一定的关系。同时,在前后台跨组织分离情境下也对知识转移产生影响。本章的初始模型如图 5.1 所示。

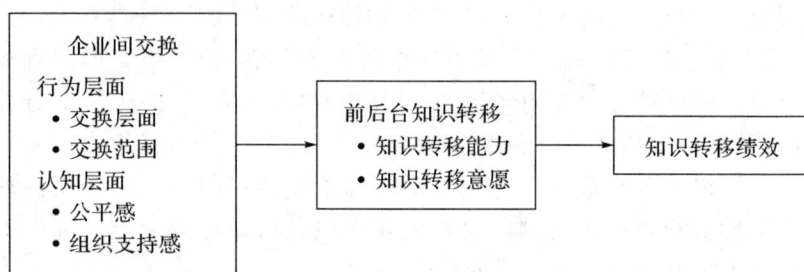

图 5.1　前后台企业间知识转移的初始概念模型

企业间交换关系主要从行动和认知角度出发。行动角度主要有两个维度——沟通频率和交换范围。沟通频率侧重于相互沟通的密度,交换范围侧重于沟通深度。这两者都要考虑企业间沟通方式的影响。认知角度也有两个维度——公平感和组织支持感。公平感突出企业感知的收益和成本的对比,其中包含了权利比较。组织支持感度则主要表现在互惠承诺上。对组织间知识转移绩效的测量有定量和定性的,以及基于主观或客观的判断,本章以新服务开发、流程创新等作为知识转移的绩效(见表 5.1)。

表 5.1　前后台企业间知识转移的研究变量

方　面	变量名称	定　义	主要来源
企业间社会交换	组织支持感	员工对组织如何看待他的贡献并关心其利益的一种直觉和看法,是员工感受到的企业对其工作的支持	李超平,鲍春梅,2011
	公平感	员工对所在组织的公正性的判断。公平感反映了员工对自己投入和产出的比较,投入包括努力、经验、教育、能力等,产出包括薪酬、提升和认可等的接收意愿	刘效广,王艳平,2008
前后台知识转移主体	转移意愿	包括知识源的传递意愿及接受者	Gupta, Govindarajan, 2000
	转移能力	包括知识源的传递能力及接受者的吸收能力	Szulanski,2000

续表

方　面	变量名称	定　义	主要来源
知识转移绩效	新服务开发	组织进行新服务开发期望得到的结果	Storey,Kelly,2001；李靖华,庞学卿,2011
	流程创新	技术活动或生产活动中的操作程序、方式方法和规则体系的创新	Storey,Kelly,2001

5.2　方法论和案例背景

5.2.1　方法论

本章仍采用案例研究方法对初始模型进行探索。另外,从案例研究的功能来看,其最重要的用途就是用来解释现实生活中各种因素之间存在的复杂联系,因为这些联系通常是实验和调查无法解释的(Smith,1990)。从这一点来看,在所处的复杂现实背景下,案例研究成为一个重要且强大的研究方法。从本章的理论框架可以看出,我们研究的是从社会交换理论来看前后台在企业间分离情境下的知识转移机制问题,即对其知识转移逻辑关系的分析,因此采取了探索性多案例研究。

案例研究需要遵从复制法则。在选择案例时,主要考虑以下几点:首先希望将研究范围限制在浙江省,这样可以避免不同地域所导致的社会经济环境差异等对结果的影响。其次,由于地理的便捷性,在杭州地区选取了四家不同服务行业的公司,通过不同行业的比较帮助归纳模型的适应性和广泛应用性。我们在访谈了多家相关企业后,综合上述因素,所有当事人都同意接受采访的企业,最终优先成为研究对象。最终选择了四个案例,分别是 Y 电信、S 外包、G 钢材贸易和 T 房产销售。这些案例是符合基本条件的逐项复制,四个案例跨越了四个不同的具体服务业,但是都符合前后台企业间搭建的基础。

本章在文献梳理的基础上,形成了初步的理论框架;接着,根据框架中的一些变量和关系,设计了访谈提纲。针对四家不同企业,对访谈提纲进行局部的变动,以此为基础对四家企业的员工进行半结构式深度访谈。每次的访谈时间基本上都控制在一个小时到两个小时之间,以免造成被访谈者的疲倦心理。在征求被访谈者意见的基础上,访谈被录音,以方便后期的内容转录和编码。这四个案例的访谈都是在 2011 年 12 月至 2012 年 9 月之间进行的,一共访问了 7 名工作人员。表 5.2 中列出了每名访问者的基本信息,包括时间、地点、访谈人物及其基本信息，为了保护受访者的隐私做了匿名处理。

表 5.2 前后台企业间知识转移的访谈基本信息

时　间	地　点	访谈人物	被访者基本信息
2011-12-12 14:30—16:00	浙江工商大学教工路校区科研楼	L 经理	Y 电信部门经理
2012-02-29 13:30—15:30	杭州西湖科技园西园七路 8 号	L 经理	Y 电信部门经理
2012-06-15 13:30—15:00	杭州滨江区华美达酒店一楼	J 总监	Y 电信酒店业务中心华东大区总监
2011-12-11 9:30—10:10	浙江工商大学教工路校区科研楼	L 经理	S 外包运营部门管理人员
2012-03-17 9:30—10:40	浙江工商大学教工路校区科研楼	L 经理	S 外包运营部门管理人员
2012-04-29 10:30—11:40	浙江工商大学教工路校区科研楼	L 经理	S 外包运营部门管理人员
2012-08-10 14:00—16:30	杭州 G 钢材贸易办公室	S 经理 C 经理	G 钢材贸易的采购人员 G 钢材贸易的市场经理
2012-09-19 13:30—15:00	杭州下沙保利售楼处	H 经理 X 经理	T 房产销售策划部门经理

5.2.2　Y 电信业务背景

　　Y 电信的企业背景信息见本书第 3 章，本章以其 12580 信息服务平台为例研究组织间知识转移。在移动通信服务领域，客户也衍生出其他的商务需求，如更便捷地预订机票和酒店等。为了更好地满足客户多方面的需求，Y 电信开拓了某信息平台业务。该业务是一个综合信息服务平台，以电话拨号的形式帮助用户更便捷地获得所需信息，以促成用户与商户之间交易活动。该平台提供的各类信息包括酒店、医院挂号、餐饮、机票、电影票等，覆盖了各类生活需求和商务需求。该业务于 2007 年启动，对于 Y 电信来说，这是一个快速成长和完善的过程，不仅需要企业更灵敏地感受顾客需求，还需要不断探索业务运营模式，创新业务流程。据统计，2009 年的业务使用量已经达到了 3000 万次/年。

　　在市场开始普遍接受这种方式的同时，来自网络和通信运营商的竞争日趋激烈，尤其是来自网络平台的压力。从数据来看，作为最重要利润来源的酒店预订和机票预订，Y 电信和其某主要电信运营商竞争对手分别占据了 6.28% 和 11.30% 的市场份额。另外两个网络平台对手（携程和艺龙）却分别占据着全国市场份额的 54.49% 和 27.93%。因此，如何面对网络平台，培养企业核心竞争力是 Y 电信的工作重点之一,更加灵敏地获取市场需求、不断进行业务流程创新则是企业成功的关键。

　　Y 电信是一家规模巨大、资产雄厚的央企,其分公司遍布了中国各地。这样庞大的公司需要清晰的组织结构支持。Y 电信的组织结构与我国的行政划分相对应。也就是说,Y 电信将全国作为一个集团公司也就是母公司,各个省和各个城市有分公司,并在各个城镇建立办公地点。全面的布点方便了为人们提供更优质的服务。作为第三方技术支持的无限讯奇公司是 Y 电信信息平台业务独家合作伙伴。Y 电信将该业务的绝大部分工作外包给该公司,无限讯奇负责日常的业务运作,开发和建设 Y 电信信息平台业务核心系统、内容采编与发布、广告销售、用户拓展与服务等运营工作。

　　具体从职能上讲,不同部门担负着不同的责任。Y 电信总部由项目经理牵头,与相关部门人员组成日常管理工作小组。Y 电信设有业务管理专职人员,负责协调浙江全省酒店签约、区域性推广活动等的组织;由营销管理人员策划组织在全省和区域性的营销推广活动。支撑合作伙伴无限讯奇成立了专门负责商旅业务支撑的子公司,设有相关职能部门;在全国设立东北、华北、华东、华南、西南、西北、华中七大区,各大区设有大区总监;在各省设有办事处,负责与属地省 Y 电信子公司的沟通和工作衔接。如图 5.2 中所示,无限讯奇成立大区呼叫中心,针对用户的呼入做出回应,依据需要进行呼出。另外,无限讯奇的各地办事处负责与地方酒店等协商合作,而 Y 电信负责协调管理与市场促销活动。

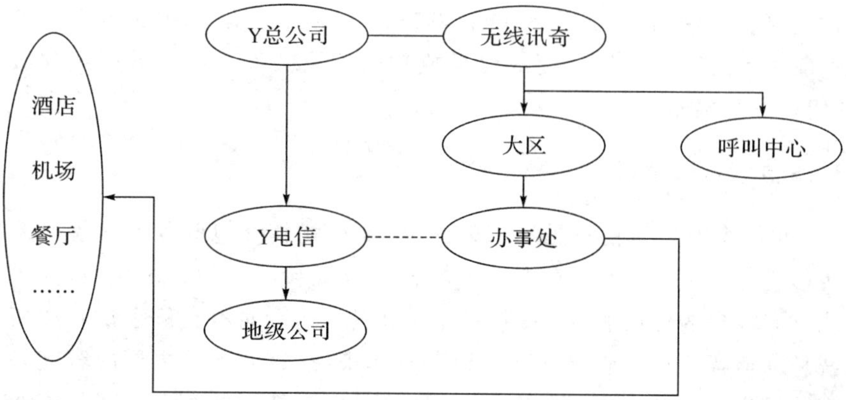

图 5.2　Y 电信与无限讯奇的分工合作

资料来源:林小永. 中国 Y 电信酒店预订业务运营策略分析——基于企业资源基础观. 浙江工商大学 MBA 学位论文,2011.

顾客接触是服务生产的主要特征之一(Chase,1981)。在该信息平台业务案例中,无限讯奇和 Y 电信作为该业务的一个组织整体,是直接与顾客进行接触的前台,而酒店、餐饮、机票中心等商务伙伴就是服务的后台组织。当接收到用户电话预订时,企业间前后台之间的衔接主要有三种形式:人与人直接沟通、单方建立共享平台、系统直接对接。第一种情况时,当业务员接收到顾客要求时,由公司相关人员直接到商户那边或者通过电话、传真来进行具体商业活动,这种情况随着信息化程度的提高变得越来越少。第二种情况,则是指 Y 电信信息平台在网络上建立一个共享系统,日常工作中双方都会实时将信息登记进去。当用户预订时,工作人员就进入共享系统查找相关信息,然后商户也会实时关注预订情况并更新服务资源信息。第 3 种情况则是直接进行系统对接,这要求双方采用统一规范的网络和业务系统,这对企业成本是个巨大的考验,而且 Y 电信面对众多的商户,也不可能与所有的商户都做到统一。因此,现在采用最为广泛的第二种形式,与第一种相比更为高效,比第三种又更为安全和低成本。

前后台交流必然离不开人际沟通,这种沟通主要出现在商谈初期。不同于企业内的前后台,企业间的沟通一开始都只站在自身利益角度,争取利益最大化。另外,Y 电信与商户之间也存在市场业务员日常沟通,针对市场情况进行讨论,协商顾客的反馈意见。在长期的沟通交流中,企业间、人际间一般会增进信任。当然针对不合作的态度和行为,合作关系的破裂也是时有发生的。

因此现实情况是,当前台获得客户预订信息的时候,一般通过计算机登录到共享平台中获取信息,并进行预订行为。同时酒店会实时通过网络更新房间信息,查看预订情况。当前台操作后,商户作为后台确认过,那么这个预订才算成功。前后台的紧密合作是促成交易成功的重要条件。从服务产生到服务销售,任何一方都离不开另一方。

5.2.3 S 外包业务背景

S 外包的企业背景信息见本书第 3 章,本章就其外包业务实施展开跨组织知识转移研究。S 外包由于众多数量的客户资源和庞大的公司规模,为了更有针对地支撑客户的优质服务,采用项目制组织结构。而本案例采访对象所在的部门就是承担客户订单管理的项目组。具体来说,该业务的主要内容就是把订单内容录入到工作系统中,而这些订单主要是以邮件形式存在。伴随着业务开展,需要对客户的产品和服务逐渐加深认识,这样也能逐步减少通常会出现的各类管理问题和操作问题。另外,该服务还要与客户产品的使用者——用户有良好的沟通,回答用户的疑问、解决用户的难题。

第一,S 外包与合作单位在合作初期就会建立一个共享平台。这个平台支撑着公司间各种信息交流,如图 5.3 所示。客户公司将自己的公司信息、要求等挂在平台上。S 外包每日将工作汇报到共享平台,也会将各种建议和反馈等登记到平台上。此外,每天相互之间不仅有邮件的交流,也会进行电话沟通,充分了解项目的进展情况,以便指导并监督。

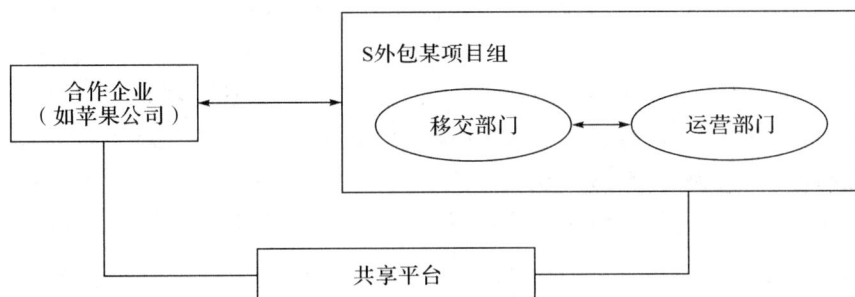

图 5.3　S 外包与客户企业的合作模式

第二,前后台之间的项目交接是决定后期工作能否顺利的重要因素。S 外包建立了自己的项目移交程序。这一程序跨越了 S 外包的两个部门——运营部门和移管部门。由于客户大多来自国外,因此项目转移的工作需要运营部门和移管部门各派员工前往客户公司当地进行。转移所需的时间根据项目大小而各不相同。简单的项目大概需要 3 个月左右,复杂的项目有可能需要半年到一年的时间。公司针对项目需要选择和安排符合条件的移管部门员工和运营部门员工共同前往,双方担任了不同的职能角色。

移管部门员工在项目转移过程中的主要工作有:针对要完成的工作任务向客户了解需要从事该项目人员的技能和知识要求,并将这一要求传达给公司人事部门,再通过人事部门的协助招聘到符合客户要求的人才;人才到位后,需要对这些员工进行一系列的培训(包括语言培训),如工作软件程序的培训、与工作相关知识的培训;制订项目转移计划,包括项目转移时间表、负责人、具体工作及会议安排等;在运营部门员工到达客户公司进行业务培训的时候监督培训进程、培训效果、培训反馈等,起到沟通桥梁的作用;审批培训资料并要求客户审阅与最后批准;监督运营部门员工完成在客户公司的培训后,在本公司进行内部培训;在项目试运营阶段考察项目运营成效并及时为客户提供反馈;在项目转移完成时确保所有相关合同、培训资料、书面材料等完整地移交给运营部门。

运营部门员工在项目转移过程中的主要工作有:参加客户培训前的相关业务培训;参加在客户公司进行的工作内容培训,练习并通过培训后测评;自学培训资料;把学到的知识再教给本公司同部门的员工。有一些特殊的时候,如需要补充培训而且培训的时间要求非常短,则也会采取远距离电话培训的方式进行,从而免去对客户造成的不必要的差旅费成本。

当前后台分隔遥远且跨越组织时,分部门的移交方式有利于人员高效配置,运营部门更有效率地进行项目实施工作,同时照顾了运营部门对项目的认知,避免了直接由移管部门交给运营部门的沟通不良问题。

第三,S外包采取的是项目制的管理方式,每项业务交由相关项目组负责。在合同谈妥之后,就由该项目组选人、培训、组织项目实施。该项目组团队成员主要包括了管理者、监督者、团队领导和基层员工,分工合作完成业务任务。以订单管理项目组为例,与S外包项目团队对接的也是客户企业的一个团队。其中,管理者进行综合的协调和组织工作,平时他与S外包项目组的管理者有对应的沟通机制,解决相对应的沟通问题和质量问题等。另外,团队中也有专家人员与团队领导相对接,他们之间点对点沟通辅助更加高效地解决下级的操作问题。当然基层人员本身也会与对面人员有相对应的联系,以解决较小的实际操作中出现的问题。针对同一等级不能讨论出结果,或者解决冲突的情况下,该问题就会被呈递到上级,让上级间去相互磋商沟通,提出双方都能接受的解决方案。通常来说,上级有更多资源调配的权利、更全面的视野,这些都是问题沟通解决的基础(见图5.4)。

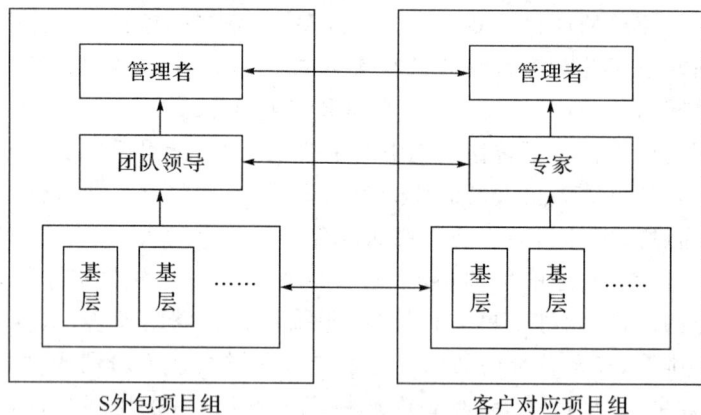

图 5.4　S 外包前台项目组与后台项目组的沟通方式

第四,S外包将客户的前台工作承担了过来,担任了客户公司的前台组织。而前后台由于地理距离和组织边界等原因,知识转移就面临了很大的障碍。S外包为了更有效率地完成外包工作,需要充分地了解客户的要求,并拥有完成任务的相应能力。培训就非常重要。在S外包的案例中,培训工作很大部分由客户公司来承担,负责让员工了解熟悉客户公司的产品、订单内容等信息,也要了解网络系统和订单管理软件的使用,同时需要培训的还有相关人员的管理能力、沟通能力和技术能力。

5.2.4　G钢铁贸易业务背景

　　G钢铁贸易公司的企业背景信息见本书第3章。钢铁厂作为钢铁产品的生产者,经销商是钢铁产品的流通者,他们共同为钢铁产品终端客户服务。那么,两者共同服务于终端客户,所以他们都属于钢铁产品的产品利益分配者。经销商的存在是社会分工的结果。现在钢铁企业尽管也会有自己的销售渠道,但是大部分的钢铁企业在很大程度上仍以经销商这个销售渠道为主。钢铁企业的自身销售最重要的是与当地政府或大型国企、央企长期以来的密切合作。而对经销商而言,现在他们已经承担了最主要的销售工作,与市场上的大量建造公司、物资公司等合作。这些经销商才是钢铁企业深入市场的触角。

　　与制造业不同,顾客一般要参与到服务产生的过程中。因此,顾客接触是服务的重要特征。根据Chase(1981)对顾客接触的定义"顾客(必须是身体)是否直接出现在服务当中",我们可以区分出前台与后台。与G钢材贸易合作的钢铁企业也并非只有一家,但是究其业务量和合作关系来说,中天公司是其合作最紧密的一家。而且现在G钢材贸易已经成为中天钢铁一级销售代理公司。图5.5为G钢材贸易和中天钢铁合作的前后台模式。

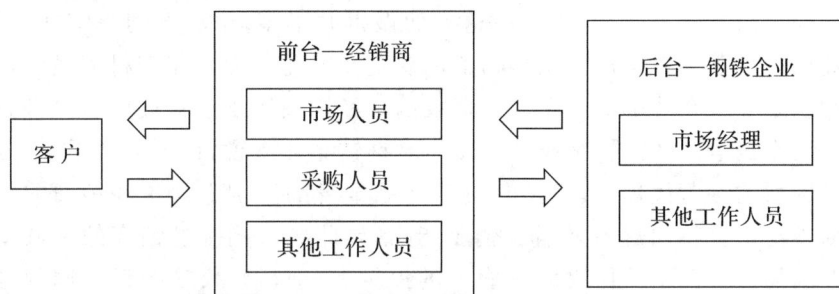

图5.5　G钢材经销的跨组织前后台合作模式

　　G钢铁贸易属于销售代理公司,由经销商负责前台的销售,而钢铁企业则提供后台的一些辅助功能。其信息交换模式以及主要责任承担者不需要项目制。钢材经销商的市场人员要负责多家不同钢铁企业的钢铁产品。但是该公司长久以来的经验表明,企业的销售重点是中天钢铁的产品,与客户交流时甚至默认了就是中天钢铁的钢材。

　　从前台来看,G钢材贸易与对方有紧密联系的人员主要是市场人员和采购人员。而担任后台的钢铁企业(中天钢铁)与G钢材贸易有密切联系的是相关市场负责人，并长期由该人员负责。在 G 钢材贸易公司内部进行信息交流最主要的方式是 QQ 群，依赖这种方式可以及时地在内部进行交流。另外 G 钢材贸易与中天钢铁联系也依赖 QQ 群，其中包括市场人员和采购人员以及中天钢铁的市场负责人。实际上，G 钢材贸易坐落于杭州运河钢材市场，而各个钢铁企业在此地都有自己的办事处，因此实际的来往也是颇为频繁。每天，市场人员与市场经理经常会讨论市场情况，分析钢铁产品的价格趋势。采购人员也需要及时更新库存量，向钢铁企业进货。如果遇到特别情况，也会一起进行讨论，希望能够找出解决方案。

经销商与钢铁企业的矛盾也一直存在。经销商重视的是当期收益的短期性销售行为；钢铁企业则有自己的产品规划和市场目标。经销商的短期行为可能与其产品规划和市场目标存在不一致。另外，市场存在风险，企业都要规避风险。为了保全自己的利益，企业会将自己的风险转嫁给对方，而不是共担风险和合作防御风险。如钢铁公司的产品质量、技术水平等属于商业信息，而促销努力、用户信息则是经销商的商业信息，双方一般会选择不向对方透露这些信息。即如大多数钢铁企业将产品卖给经销商后，就不能掌握经销商具体的销售情况了。

对终端的服务接受者来说，直接的服务提供者是经销商，经销商代表着钢铁企业的形象。为了提高服务质量、市场形象，钢铁企业需要对经销商进行规范和辅导。而实际上，钢铁企业在这方面做得并不多，市场上同一钢铁企业的经销商往往良莠不齐。这样就影响了钢铁企业的竞争力。在钢材流通中，经销商和钢铁企业存在着渠道冲突。大多数钢材经销商属于兼营性质，他们同时销售多个具有竞争关系钢铁企业的产品。对钢铁企业来说，也不会授予某个经销商在某区域的专营代理权。这样，钢铁产品本身的区别引导了经销商的销售，经销商本身不会特别营销某钢铁企业产品，如此又影响了经销商的忠诚度，影响企业间的信任关系。作为同一服务的提供者，前后台仅是担任不同的分工，要提供完整的服务需要双方的配合，尽量克服合作模式存在的缺陷。

现在越来越多的企业开始注重知识管理，G 钢材贸易也是如此。一方面企业注重员工培训，G 钢材贸易会针对不同员工的不同需求，进行培训工作，旨在提高员工的专业素质。另外，企业对内部知识共享和经验交流也非常注重。如果某部门开发了更加高效工作的工具包或者模板，就会分享出来，让整个企业得到工作效率的提高。还有，企业有周会，每周一上午大家会坐下来共同讨论市场或者最近发生的事情。这样有助于培养企业内部人员的和谐关系，商议中往往也会提出创新性想法。对于经销商来说，产品价格非常重要，所以公司的市场人员和一些老员工对市场都有自己的见解，这些见解通常在周会中被提出来,帮助企业确定这周或者更长久的市场走向和价格趋势。企业在公司内部的共享系统内会存入一些信息,帮助员工便捷获取所需材料。企业内和谐的人际关系也帮助了人员日常生活中更广泛的交流。

　　G 钢材贸易与中天钢铁的合作关系已经持续了很长时间,双方一直都有密切的联系。尽管没有跨越企业的信息系统,但是在中天钢铁与 G 钢材贸易的友好合作下,双方员工都会相互来往。中天钢铁的人员与 G 钢材贸易已经颇为熟悉,尤其是市场相关负责人。该负责人基本上每天都会来 G 钢材贸易了解情况,与 G 钢材贸易的员工主要是市场人员沟通,一方面获取该天的销售情况,另一方面也是想与 G 钢材贸易的员工共同讨论市场动向,以便更合理地规划自己的产品和营销方案。G 钢材贸易员工也是借由这些沟通来更加了解市场。双方的来往也不仅仅建立在工作上,现在企业员工也会有私人交流沟通。尤其是 G 钢材贸易的总经理与中天钢铁的管理人员也有私人联系,通常会在一起聚餐讨论,然后将信息带回到 G 钢材贸易,以便更准确地指导销售行为。

5.2.5　T 房产销售业务背景

　　T 房产销售的企业背景信息见本书第 3 章。在房地产领域,一些开发商为了更加集中精力在自己专长的工作中,倾向于将自己的销售业务外包出去。与此同时,一些开发商也会建立自己的房产销售公司。这些开发商为了更快更多地卖房,往往同时依靠市场中专业的房产代理商和自己的房产销售部门。T 房产销售是一家业务丰富的房产服务提供商,成立于 1998 年。该公司不断完善管理机制,经成立商业事业部、研发中心、产品部,而后又成立区域事业部和大客户事业部等,完善公司结构,加强了企业运营效率。目前 T 房产销售在全国范围内与很多开发商建立了长期的合作关系。[①] 在 T 房产销售的案例中,服务提供过程的前台和后台如图 5.6 所示。

　　T 房产销售的组织结构主要采用项目负责制,参与项目的人员主要分为两部分,一部分是市场销售员,负责驻扎在楼盘进行销售,另一部分是市场策划员,负责进行市场分析调研,给开发商提出最符合企业文化与市场情况的建议。从开发商角度来说,楼盘项目主要的参与者是现场管理员和市场策划员。这些现场管理员要负责对 T 房产销售的市场销售人员进行管理,辅导其成功地与顾

---

　　① 为了更好将房产销售出去,房产开发商会在该地区寻找合适的代理商。以保利开发商在杭州下沙开发的底盘为例,保利公司已经在下沙地区有玫瑰湾、东湾、江语海、湾天地等多个楼盘,这些楼盘的销售都有 T 房产销售的参与。保利与 T 房产销售的合作从 2007 年开始,当时的保利当地楼盘销售由 T 房产销售独家代理。后期伴随着保利的快速增长,也建立了自己的销售公司,但是一直保持着和 T 房产销售的合作关系。

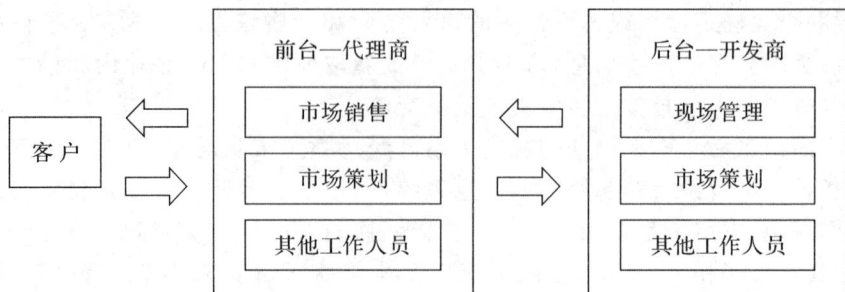

图 5.6　T 房产销售的跨组织前后台运作模式

客进行沟通。而开发商的市场策划员与代理商的市场策划员都怀着更快更多销售的目标为销售活动进行整体性的构思,只是分工不同。开发商的市场策划员要承担与媒体、广告商、园林等多方单位的协调工作,同时与代理商也一直保持良好的沟通,讨论对方给出的建议意见,并对其进行管理指导。最终楼盘是否销售成功来源于双方的共同努力。

此外,开发商与代理商作为具有前后台关系的合作伙伴,双方的利益来源不同。开发商的利益来源于更高价格更多数量的销售,他们负责所有的营销费用与工程成本,所以他们对成本的概念认识更深,对价格有底线要求。从代理商来看,他们的利益来自于基于销售总金额的代理费,公司的成本主要来自于人力成本,与工程成本和营销费用无关。因此,双方对销售目的认识也不完全相同。另一方面,双方的市场策划员所做工作也不尽相同。代理商的市场策划员需要去市场进行实地了解,对市场情况有更现实的认识,而开发商的市场策划员需要与多方协调,但是对市场的具体情况没有代理商的策划人员清晰,更多的是基于本公司内部进行考虑。因此,双方也会存在矛盾。

T 房产销售注重企业内部经验交流和知识共享,成立了知识管理部。该部门负责建设了知识管理平台并推广使用,负责开发帮助员工提高工作效率的工具包、模型模板、专题知识模块。此外,知识管理部还与培训团队合作,完成专业培训课件开发。平台中集合公司所有业务成果,提供公司内部成果分享机制,提升公司整体业务实力。T 房产销售知识管理平台拥有强大的搜索功能,可快速便捷地寻找到参考报告,为拓展业务和提升实力提供支持。

实际上,该知识管理平台为公司专业化服务的形成提供了很大的帮助。该平台的功能可以概括为下面几个方面:①分类梳理了 8 大业务,分项管理公司业务成果;②定时上传报告,及时反映业务成果,形成有效参考模板和案例;③迅速、便捷和及时了解市场、公司和开发商动态,形成一体化反应机制;④设有评价和答疑功能,评点报告优劣,资源共享,信息互通;⑤设有加精功能,推动内部良性竞争。

T房产销售的数据系统集研究报告、电子地图、图表程序、数据统计、现场图片、开发商信息、余量等十一项功能于一体,提供专业的数据查询界面和人性化的图形查询界面。具体来说,该系统中的数据内容主要有:①8类研究报告,所有文档都可以下载,方便使用;②电子地图显示楼盘位置、基本信息、项目报表、行政区报表、板块报表等信息;③图表程序包括13种图表输出结果;④成交明细可以通过楼盘、板块、环线、物业类型、区县等条件,可选择6大输出方式,供应明细与成交明细选择相似,通过楼盘、板块、环线、物业类型、区县等条件,可选择6大输出方式;⑤现场照片通过以楼盘、建筑风格、图片类别等查询条件,可显示出项目的现场照片;⑥开发商信息:查询所需开发商的开发项目、法人、地址、注册资本等信息;⑦楼盘资料:查询楼盘的基本信息,包括总套数及可售套数的统计。

5.2.6 背景比较

由于四个案例是服务业内不同行业选取的企业,因此,表5.3从企业性质、成立时间、经营区域、所属行业、收入来源五个方面进行了简单的比较。这四家公司尽管都属于服务业,但是行业类型还是区别很大,公司背景差别也很明显。首先,Y电信是我国突出的国企,S外包是印度的跨国公司,这两家企业规模大,子公司众多,而G钢材贸易和T房产销售则是两家私营单位。其次,企业的成立时间影响了企业的业务发展成熟度,这几家企业成立都在2000年左右。所属行业亦有区别。最后,企业的经营范围也差异较大。Y电信以通信服务为主,后又衍生出了很多类型的增值服务,如彩铃、彩信等,市场覆盖全中国;S外包以软件外包为主,业务还包括财务管理外包、咨询服务等;G钢材贸易的业务集中,主要销售钢材类产品;T房产销售主营业务是房产销售,但是也拓展到了房地产咨询服务。

表5.3 前后台企业间知识转移案例企业

比较项	Y电信	S外包	G钢材贸易	T房产销售
企业性质	国有	外资	私有	私有
成立时间	2000	2003	2004	1998
主要经营区域	全国	发达国家	浙江	经济较发达城市
所属行业	通信行业	服务外包	钢材行业	房产行业
主要收入来源	通信业务及衍生的增值服务	软件外包、财务管理等多种形式服务外包	钢铁销售代理	房产销售代理、房地产咨询业务

针对前后台企业间分离的具体情况,表5.4又从业务本身、企业间合作模式等方面对四家企业进行了比较分析。可以看出,前两个案例属于知识密集型产业,而后两者则不是。四家企业尽管都属于前台组织,但是与它们合作的后台组织差异巨大,Y电信信息服务平台包括订餐、订票等多种预约业务,与其合作的单位或是机场等国有大型企业,或是酒店、餐厅等小型企业;S外包合作的企业都是跨国大公司,跨越了各种行业;G钢材贸易和T房产销售尽管不止与一家企业合作,但是合作企业的类型唯一。最后,企业间的合作模式差别不同,企业间的紧密程度也呈现差异化。S外包属于服务外包的关系,它与合作企业的关系最紧密;G钢材贸易与T房产销售同属于委托代理,但是前者的合作单位更为单一,所以相对而言具有比较紧密的合作关系;四个案例中关系最不紧密的是Y电信。

表 5.4　前后台企业间知识转移的业务比较

公　司	Y电信	S外包	G钢材贸易	T房产销售
业　务	12580信息平台	订单管理	钢材销售代理	房产销售代理
业务性质	知识密集型	知识密集型	非知识密集型	非知识密集型
前后台属性	前台	前台	前台	前台
后台企业	酒店、机场、餐厅、铁道部等大小型企业	IT、金融、航空等各类国际大公司	钢铁企业	房产开发商
主要交流方式	网络信息传递平台、电话、会议、邮件等	网络信息传递平台、电话、电话会议、邮件等	面谈、电话、QQ等	会议、面谈、QQ等
合作模式	战略合作伙伴	服务外包	委托代理	委托代理

5.3　跨案例分析

5.3.1　前后台知识转移

不同行业背景,企业间的合作模式不同,企业需要的知识类型不同,实际交流中知识的转移也呈现差异化。依据访谈和调研结果,归纳如表5.5所示,可以看出,四个案例的知识类型既有交叉又有区别。转移的主要知识类型有市场需求知识、竞争者知识、产品知识、管理方法、工作方法和技巧等,涵盖了多个层次和类型。实际上,在Y电信的案例中,尤为显著的是用户的新需求以及宏观市场分析。钢材销售的案例中得到有效转移的主要知识是市场信息以及其他钢铁企业的动态。T房产销售案例中增加了管理方法和工作技巧方面的知识。同时,在S外包的案例中,管理方法和工作技巧的知识也得到了有效转移,但是由于业务本身的特性,市场知识和竞争者知识在案例中基本上没有传递。

表5.5　前后台企业间知识转移的内容

转移的知识	Y电信	S外包	G钢材贸易	T房产销售
市场需求知识	非常多	/	非常多	非常多
竞争者知识	较多	/	非常多	多
产品知识	多	多	/	较多
管理方法	/	非常多	/	多
工作方法和技巧	/	非常多	/	非常多

注:知识转移的丰富程度分为三个层级:较多、多、非常多;"/"表示在调研中没有获取支持。

四家企业的合作模式有各自的特色,Y电信与合作伙伴的合作属于战略合作的范畴,G钢材贸易和T房产销售则是委托代理的合作关系,S外包则是采用服务外包的合作方式。依据这些合作方式的概念以及实际访谈的结果,可以将这家企业按照合作密切程度进行排列,从高到低依次是:S外包、T房产销售、G钢材贸易、Y电信。结合合作紧密程度,在观察知识转移的内容可以分析出:企业间关系越紧密,知识转移更偏向于管理方法和工作方法等抽象知识。

5.3.2　企业间社会交换

"社会交换"这个术语一般是指人们在交往中根据报偿和"互惠"期望可以做出和得到物质的或无形的帮助的相互作用(尤哈拉,1990)。"经济组织"只关注经济契约,基于过去的获得的帮助和对别人应尽的义务视而不见。而实际上,企业间的合作往往不是一次就结束的,历史的交换关系增强了双方的关系连接。而且企业间每次交换也不可能做到完全平等的利益分成,也就是说,企业间存在社会交换。

企业间社会交换基于"互惠"的基础。根据互惠原则,企业间的合作要想提高绩效,就需要给予对对方的支持;根据公正原则,组织之间的合作基础应该是在公平规范的基础上的。公平感和企业间支持正好反映了这两个方面的内容。根据调研和访谈结果,表5.6对四个案例中公平感的感知和相互支持的具体行为进行了归纳总结。可以看出,企业由于规模和双方的依赖程度不同,要做到完全公平的交易是不可能的，Y电信的合作单位非常多样化，在面对铁路和机场等资源垄断型企业时，Y电信的议价能力减弱；相反，如果面对酒店和餐厅等企业时，就有相对较高的公平感。S外包由于较为依赖合作企业，因此对方有时也会提出一些不合理要求，这些要求也会降低公平感。钢铁企业一般都比较强势，G钢材贸易则相对弱势。同样，与房地产开发企业相比，T房产销售处于弱势地位，事实上，房地产开发企业相对姿态比较高，趋于命令式口吻。

表5.6 前后台企业间知识转移中的社会交换

社会交换	Y电信	S外包	G钢材贸易	T房产销售
公平感感知	资源垄断程度	不合理要求	企业强势地位	企业强势态度
相互支持行为表现	客户回访	优秀员工评选、参观、不合理要求沟通机制	风险共担、组织旅游	旅游活动、额外奖励

从相互支持的行为来看，Y电信与合作伙伴是战略合作伙伴关系，双方相对的关系较弱，支持行为表现不明显。从反面来看，企业间的约束相对更多，Y电信会定期采用客户回访的方式了解合作企业信息的真实性，判断合作企业的诚信。房产销售代理的支持行为主要表现在组织集体活动上，给予对方销售人员额外的奖励，促进销售。这种激励制度往往会得到很好的激励效果。针对钢铁市场的巨大风险，钢铁企业对经销商的支持主要体现在风险共担上，降低经销商的风险。双方在友好的合作关系下也会组织集体旅游等，促进双方关系发展。S外包与合作企业往往已经经历了长久的合作关系，而且替换合作伙伴的成本较高，企业间的关系非常紧密。合作企业会针对该项目员工进行优秀员工评选来激励S外包员工的积极性，也会组织员工来海外参观企业本部，针对不合理要求也会双方探讨解决，不会一意孤行。

由以上可知，企业间存在着不公平感，为了企业间合作的推动，企业也会采用各自的支持方式来加强企业间合作关系。

5.3.3 知识转移绩效

服务业前后台分离在知识密集型企业内尤其是银行行业得到了广泛的应用。随着经济发展，企业开始挖掘企业间前后台模式的商机，如Y电信信息服务平台为客户提供综合信息，帮助用户便捷的获取信息。另外，从企业间前后台分离的视角观察，关注顾客接触对前台企业的影响，以及后台企业为前台企业的支持功能。

知识转移是两个个体或组织之间，接受方从转移源获取知识的过程。知识转移就是知识从知识主体到知识客体之间流动转移的过程。在不同情境下,知识转移的绩效反映在不同的方面。根据访谈资料、公开出版的文档资料及其内部刊物,在这四个案例中,实际上企业间知识转移的绩效有各自偏重,具体情况如表5.7所示。

表5.7　前后台企业间知识转移绩效

案例企业	新服务开发	流程创新	销售绩效	用户满意度
Y电信	＋＋＋	/	＋	＋＋
S外包	/	＋＋＋	/	＋
G钢材贸易	/	/	＋＋＋	＋
T房产销售	/	/	＋＋＋	＋
典型访谈引文	"平台方对酒店方提出一些中肯的意见,增加一些附加服务。比如入住水果;然后是延时退房,比方说是十二点钟的,酒店的特惠活动允许延时到两点钟、五点钟退房;还有一种午夜特惠,比方说到午夜12点以后折扣非常低,两折三折都会有。这些附加服务往往对用户来说更加有体会,有感触。"(Y电信L经理)	"有时候他外包给我们做,他们会建议这个流程可能不需要,你有一个更简便的流程,之前那个流程要花很多钱,现在这个流程简便了不用花这么多钱,对他来说也是节省。外包一个是人工费比较低,一个是比较专业。"(S外包L经理)	"通常情况就是这样的。企业给我们分担点风险,市场上和这家钢铁公司打交道的就越多。我们与中天就是这样,他们给我们更好的政策,我们也会和他们有更好的关系,我们肯定在实际的销售中更突出针对他们的产品啊。"(G钢材贸易S经理)	/

注:"＋"数量表示联系紧密程度,"/"表示企业未表现出这方面的影响。

可以看出,处于不同行业的前后台企业间的运作模式具有各自的知识转移目标,其实际效果也呈现多样化。Y电信注重新服务开发,这也是由于该行业的竞争情况日益突出,用户需求变化呈现多样化引起的。S外包与合作企业的工作内容通常都是固定的,新服务开发不是企业发展的重点,企业的主要目标是降低企业成本,因此S外包注重流程创新,通过流程改善来降低企业成本。G钢材贸易和T房产销售与合作企业的合作都是基于销售目标,利益来源从销售中获取,因此这两家企业重要的是创造较高的销售业绩。总结这四个案例,用户满意度都在一定程度上反映了知识转移的绩效。

5.3.4 社会交换与前后台知识转移的关系

在初始概念模型中,本章假定了企业间交换范围和交换深度与知识转移存在着明显的正向影响关系。研究发现,实际的影响作用虽然成立,但并不像设想的那样简单。

1. 交换深度——知识转移能力

交换深度反映了企业间在交流过程中由浅入深的变化,企业间相互认识的深度。本研究中,交换深度动态表现为合作初期到合作成熟期的变化,同时受到企业间沟通频率的影响。

(1)Y电信

Y电信也在更新商户,增加有市场竞争力的企业,以及删除一些不诚信、违反市场规范的企业。新商户刚加入的时候,产生激烈冲突的可能性最大。从知识角度思考,双方企业在合作初期知识的重叠比较小,双方不能很好地理解对方的想法。伴随着后期越来越多的接触,冲突也就逐渐变少。这些冲突会阻碍知识转移能力。

(2)S外包

调研中同样了解到S外包中国在合同订立之初,往往会产生强烈的沟通问题。情况之所以发生,是由于对相互之间并没有一个认识的基础。企业都站在自己的立场上看问题,对同一问题的看法就会相距甚远。随着沟通次数的增多,对公司层面和个人层面的信息都有所了解,有利于后期交流的顺利进行。

(3)T房产销售

T房产销售依赖网络工具QQ群和面谈的方式与房产开发商沟通。建立长久的合作关系使得企业间沟通矛盾并不突出,碰到的冲突主要是由于工作效果不如意或者现实中出现问题。当项目建立之初,如果双方不能针对该项目有一个共同的认知,出现矛盾概率较大。另外,企业间的面对面交流也很频繁,有周会,如有问题也可以及时联系。

(4)G钢材贸易

钢铁企业和经销商的联系主要还是在于定期和不定期的面谈以及QQ联系。与新的钢铁企业建立联系之初,由于经销商对产品认识不足、钢铁企业对经销商服务程序不了解等原因,往往会产生比较大的沟通问题。随后随着信息沟通频率增多,企业间知识转移意愿增强,实际的知识转移增多。

由此得到如下命题:

命题1:企业间交换深度增加,可以提高前后台企业间知识转移能力。

命题1a:交换深度增加,企业间知识共享提高,有利于减少企业间冲突。

2.交换范围——知识转移意愿＋能力

交换范围指双方企业交流由工作内容转移到非工作内容。本研究中发现，企业间存在人际交往，人与人的关系由工作关系拓展到朋友关系，交换范围的变化会影响知识转移。

(1)Y电信

Y电信与商户的市场人员进行沟通时，同一位市场人员长期维护着某一个商户，该人员逐渐地会从合作伙伴的角色变成更紧密的朋友角色。交流的内容包含了工作也会包含个人生活。私人关系有利于双方的信任建立，增加沟通，良好的沟通态度就帮助了更有效的知识转移。相互之间的认识越清晰，知识的模糊性也就越低，因此就更有利于知识转移。

(2)S外包

S外包的合作关系是长期的，合作过程逐渐熟悉的过程。人际交往有利于双方对彼此的认识，这两点都降低了知识的模糊性，帮助更有效的知识转移。建立起友谊的员工通常沟通更频繁，从而加强了企业间知识流动。相互认识的个体能够更熟悉地掌握对方话语的重点、有效信息，促进了沟通的效率。

(3)T房产销售

从不熟悉到熟悉，到后来，就会建立起朋友关系，个人间相互帮助也会越来越多。这时工作人员看问题的立场就不一样，一开始从公司的角度看待，完全站在公司利益的一面考虑事情；到了后期就会给予朋友的关怀。当沟通已经跨越了简单的工作内容达到了生活沟通时，必然地带动了双方之间的信任关系，因此双方会倾向于更友好的沟通，良好的沟通态度就帮助了更有效的知识转移。

(4)G钢材贸易

G钢材贸易是私营企业，比较注重企业间关系和人情的建立。在逐渐认识之后，工作人员也会从简单的工作关系到建立私下的朋友关系。不同于工作上的联系，私下的联系能够加深双方的认识，建立双方的信任，减少沟通中的冲突。当朋友之间合作时，双方既已经建立了信任关系，加强了彼此的认识后，也有利于知识转移中降低知识的模糊性，同样有利于知识转移。

由此得到如下命题：

命题2：企业间交换范围更广，可以促进前后台企业间知识转移意愿。

命题2a：企业间交换范围更广，企业间更加信任，这样就增加了知识转移可能性。

命题3：企业间交换范围更广，可以提高前后台企业间知识转移能力。

命题3a：企业间交换范围更广，企业间知识的模糊性减弱，有利于知识转移。

3. 公平感——知识转移意愿

基于互惠原则，企业在合作中会有一个期待报酬。公平感就是将自己的付出与所获进行的一种比较。企业间合作没有办法做到绝对的公平。由于企业存在规模等方面的差距，所以企业间会有强弱势之分。强弱势企业在合作中会有不同的行为准则，强势企业可能为了谋取自己的利益而损害对方的利益。

(1)Y 电信

Y 电信的合作单位跨越很多领域，有些企业具有垄断资源，有些企业处于完全竞争市场中。那些具有垄断资源的企业在合作中就更为强势，且对合作中的利益分成更有议价权。但是企业过于强势，会降低合作的态度，影响知识转移意愿。

(2)S 外包

S 外包是外包的接包方，而且在激烈的同行竞争和客户企业的强势地位下，往往必须忍受不公平的待遇。如当业务量有了变化或者其他情况下，企业客户也会提出不合理要求。不合理要求降低了双方的信任关系，带来负面情绪。

(3)T 房产销售

房产开发商通常觉得自己是被服务一方，对 T 房产销售要求严格，沟通中惯用命令口吻，这种态度降低了 T 房产销售感知的公平。盛世凌人的态度会降低双方的信任，带来很多负面的情绪。在工作态度和工作热情上的负面情绪，降低了企业间知识转移的意愿，影响了知识转移效果。

(4)G 钢材贸易

钢铁企业规模巨大，对某家经销商的依赖比起经销商对其的依赖较小，因此在企业谈判中处于强势地位。双方出现问题，要忍气吞声的就往往是经销商，如果经济利益出现矛盾时，吃亏的也多是经销商。长此以往，企业间信任无疑就会减弱，沟通意愿降低。

由此得到如下命题：

命题 4：公平感减弱，企业间知识转移的意愿也会降低。

命题 4a：不合理要求、不合理的利益分配、强势的态度，都会降低企业对公平感的认知。

4. 支持行为——知识转移意愿

(1)Y 电信

Y 电信与企业间的合作模式倾向于松散型合作，其支持行为不明显。但是从反面来看，企业间的约束确实存在，比如对客户的回访、行业诚信机制等。因此，监督行为越明显，企业间支持越弱。与支持行为相反，这些行为减弱了企业间的信任关系,增加了企业间的负面情绪,从而影响知识转移意愿。

（2）S 外包

S 外包与合作单位是长久的合作关系,企业间的信任相对稳固。合作单位会给予企业一些支持。具体的行为有优秀员工评选这类激励措施,有企业参观、培训等,这些行为增强了企业间交流,加强了相互的信任关系,从而给知识转移增加了更多可能性,加强了知识转移意愿。

（3）T 房产销售

T 房产销售承担的是房产销售代理业务,由于 T 房产销售较高的业绩,在行业内获得了不错的声誉,企业间的合作也很稳定。房产开发商给予 T 房产销售的支持有额外奖励机制和集体旅游。奖励制度对销售员工的激励效果是非常明显的,带动了销售团队的工作积极性。集体旅游带来更多的交流机会,同时促进了企业间关系,有利于企业间知识转移。

（4）G 钢材贸易

经销商对风险的控制能力薄弱,钢铁企业采用风险共担的方式有效地减轻了经销商的风险,加强了企业间的合作意愿,对合作企业的工作情绪带来正面影响。为了推动企业间的友好合作,企业也会组织集体旅游,活动促进了工作人员的交流,加强了企业间信任关系,增强了企业间知识转移意愿。

由此得到如下命题:

命题 5:企业间支持越多,企业间知识转移意愿就越强。

命题 5a:组织间相互的支持行为,有利于提高企业间相互支持水平。

命题 5b:企业间组织支持感越高,企业间信任关系越高,企业员工工作积极性越强。

5.3.5 调节变量对前后台知识转移的影响

1. 企业信息化程度

从 Y 电信的案例中了解到,企业信息化程度对企业间前后台知识转移起到调节作用。当合作双方的企业信息化程度较高,都能支持建立一个 IT 连接方案的时候,就会提高企业间的交流水平,从而对企业间的知识转移效果产生积极影响。

但是企业信息化程度在其他案例中并没有体现出来。经过分析认为,很多企业间的合作会建立知识交流平台、知识共享平台,但是由于网络信息传递工具的发展,越来越多的企业倾向于利用 QQ 群或者其他免费的交流平台进行知识转移。这些方式已经能够满足基本的交流目的。所以,企业信息化程度作为调节变量对知识转移的影响是不完全得到肯定的。

2. 企业战略规划

Y 电信的案例,反映了企业的战略规划对企业间合作会产生影响。由于酒店等商户可以选择 Y 电信平台来进行市场拓展,而且可以取得不错的效果,但是很多具有自己营销渠道的企业则希望加强自己的市场掌握能力。这时候企业战略就起到了调节作用,企业如何平衡自主市场和渠道商市场。

在其他三个案例中,企业战略规划也没有明显的体现。经过分析认为,Y 电信和它的企业客户面临着同一个市场,所以随着 Y 电信的发展,实际上会减弱企业客户自身的市场。而在 S 外包案例中,前者不具有市场方面的开拓能力。另外,钢材销售代理中,钢铁企业和经销商面对的是不一样的市场,所以对企业自身的市场不会产生影响。综上所述,企业战略规划作为调节变量对知识转移的影响也是不能得到支持的。

3. 企业文化

轻松或者严肃的企业文化影响了企业对知识的开放程度。组织间文化差异越小,其知识转移的效率越高(Scheleglmilch,2003)。在 G 钢材贸易和 T 房产销售的案例中,企业文化作为调节变量对企业间前后台知识转移起到了重要的影响。而在 S 外包的案例中,国家文化也起到了调节作用。分析认为,国家文化因素也是通过具体的企业文化来对企业间知识转移施加影响的。

由此得到如下命题:

命题 6：企业文化对前后台企业间知识转移起到了调节作用。

命题 6a：企业信息化程度对前后台企业间知识转移的调节作用并不存在。

命题 6b：企业战略规划对前后台企业间知识转移的调节作用并不存在。

5.3.6 前后台企业间知识转移的综合模型

在前文的归纳总结下得到了综合模型,如图 5.7 所示。企业间的交换行为

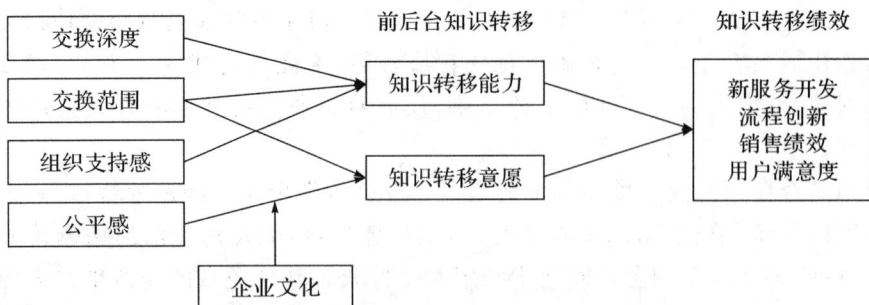

图 5.7 前后台企业间知识转移的综合模型

可以体现在交换深度和交换范围上,交换深度对知识转移能力有正面影响关系,而交换范围对知识转移能力和知识转移意愿起到正面影响关系。通过具体分析企业公平感来源和相互支持行为,本章得到了公平感与知识转移意愿的正向关系,组织支持感与知识转移意愿的正向关系。资料表明,前后台在企业间分离的情境下,知识转移能力和意愿最终体现的知识转移绩效主要有新服务开发绩效、流程创新绩效、销售绩效和用户满意度。总体上,知识转移能力的提高和知识转移意愿的加强,有助于企业间知识转移的有效性。

5.4 结论和启示

本章研究了前后台组织间分离情境下的企业间的知识转移机制。我们以社会交换理论作为视角,分析了社会理论中公平感和相互支持两个要素对知识转移的影响。首先,企业间的信息交流从浅到深,从工作到非工作,这个过程中对知识转移能力和知识转移意愿有一定程度的影响。通常情况下,企业间在最初的交流时双方知识重叠小,知识距离大,对于问题的认识差异大,冲突发生的概率更大。私人关系的建立,加强了企业间的信任,知识转移的可能性更大,知识间模糊性也更低,从而对知识转移的能力和知识转移意愿产生影响。

其次,公平感影响了员工的工作积极性,对知识转移意愿有一定程度的影响。但是,企业间由于规模、依赖程度不同,所以企业间难以存在绝对的公平,企业会在利益分配、沟通表达过程中展示强势态度。企业间为了更好的合作效果也会给对方一些支持行为,比如参观、旅游、奖金等。这些行为对于员工的工作积极性有很大的推动作用。一定程度上,这种方式也弥补了公平感缺失的负面作用。

再次,不同企业内的前后台分离,跨越组织边界的前后台合作使之面对了不同企业在文化、利益、思考方式等多个方面的差异,这些差异影响了企业间知识转移的绩效。为了克服这些困难,企业间更应该加深相互间的认识,推动知识距离的缩小。

然后,不同行业内企业间前后台合作模式是不同的。这些松散度不同的合作模式对企业间知识转移的内容有一定的影响。在案例中,企业间知识转移内容也存在着较大区别。合作关系稳固、联系更紧密的企业在传递的知识上更趋于抽象的管理方法和工作技巧上。另外,企业间前后台关系让企业在行业信息汲取方面更充分,有助于企业在竞争中保持优势。

最后,企业间合作的不同模式也使得最后展现的知识转移绩效有不同的表现。在前后台组织间分离的情境下，这些表现主要体现在新服务开发、流程创新、销售绩效以及用户满意度这些指标上。

有效的理论研究脱离不了事实，有意义的理论研究同样也需要能对现实管理有一定的指导意义。本章的研究为该情境下知识转移提供了如下指导。

第一，文中通过四家企业的比较研究，观察到不同企业由于信任不同，知识转移的内容也呈现了一定的区别。越是亲密的企业关系，更容易传递一些抽象的、潜在的管理方法或工作方法。而前后台情境下，企业间都有着各自不同的工作伙伴，尤其在像销售代理类的前后台合作中，这些隐性知识通常是行业内的优秀管理办法，因此，对于企业提高行业内竞争水平有一定帮助。所以，前台组织与后台组织应该尽力拉近关系，争取行业内的优质知识。

第二，前后台在企业间分离时，企业为提供同一服务而合作，但因为分工不同而面临差异。由于分工不同，企业间的成本和盈利结构都面临着差异，所以冲突时有发生。T房产销售的案例凸显了企业间对成本认识的不同带来的冲突。另外，员工之间的私人友好关系有利于减弱这些冲突，主要还是由于脱离了工作本身，人与人之间的人际沟通可以更好地拉近相互的距离，有利于信任的培养。因此在实际工作中，双方的认识不仅仅基于工作本身，也应该让对方了解自己的思考方式。

第三，通过公平感和组织支持的认识可以改变企业间的知识转移绩效。企业间的不公平行为会带来员工的消极、抵抗情绪，从而对企业间知识转移产生副作用。而企业间的支持行为可以更好地拉近距离，带来更多的沟通，激励了员工的工作积极性，促进企业间知识转移。因此，现实生活中，要注意改善企业间的人际关系，创造一个和谐融洽的氛围，这对于提升组织间的知识转移过程有一定帮助。另外，企业对对方员工的支持，如组织旅游、奖金激励等活动，对于刺激员工工作的积极性有很大效果。

第四，企业文化是企业在不断发展过程中产生的，具有路径依赖性。但是轻松或严肃的企业文化对于企业的知识开放程度有一定影响。通常上下级低等的权威等级和更轻松的工作要求，这样的企业文化对于知识的开放程度更高。对于企业来说，在选择合作伙伴的时候如果倾向于这种类型的企业对于后面组织之间的知识转移会有更好的效果。

6　新服务开发的前后台管理①

6.1　文献综述和理论框架

6.1.1　服务业中的前后台

现代服务运作中,通常按照与客户的接触情况,将组织结构分为前台和后台业务系统。前台主要承担客户接触活动,而后台主要对非实时和非交易性业务进行标准化和专业化处理(Metters,Vargas,2000;Safizadeh,*et al*.,2003)。如银行营业网点存款处理的历史发展过程就是一个前后台分离的例子。以前,当客户到银行兑支票的时候,银行出纳要进行项目检查,核准存款总额,并且要开收据,接下来,在停歇时间或关门后,银行工作人员把支票和存款单按存款金额进行编号。对于另一种交易形式——由出票签发的支票,分行的工作人员或出纳则按客户名分类,并对照支票开银行存款支付报告书,每月将支付报告书寄给客户。停止支付和透支等项目修改的程序也是由分行完成的,但是现在许多银行的分行只进行项目检查和开收据工作了,甚至核准支票总额也集中执行了。最早提出前后台分离的是Thompson(1967),他认为一个组织如果能把该组织的技术内核部分与外部干扰分离开来,必然能取得高效率。主张将工业设计

---

①　本章根据作者以下论文改写:Li Jing Hua, Huang Qiubo. The front/back office configuration in new service development. *International Journal of Services Technology and Management*,2012,18(3/4):184-203.

原则引入服务业的 Levitt(1972;1976)，也持有类似观点，鼓励管理者进行前后台分离以便将生产线方法应用到服务系统中。Chase(1978)继承和发展这一思想，认为服务系统的前后台应该从空间位置上和人员上都区分开来，以进行有针对性的设计。如金融后台业务及相关概念的界定，是指与金融机构直接经营活动（称前台业务）相对分离，并为前台业务提供服务和支撑的功能模块和业务部门，如数据中心、清算中心、银行卡中心、研发中心、呼叫中心、灾备中心、培训中心等（王力，2007）。

但是，Zomerdijk 和 Vries(2007)认为传统的前台和后台的划分只是笼统地将服务系统从物理或地理属性上进行了分离，把物理意义上的服务系统和具体服务活动及服务人员实行了"一刀切"的截然分离。通过金融业的案例分析，他们认为在新时期信息技术和顾客接触形式改变的条件下，一个分离的前后台服务系统并不意味着前台工作一定要由"前台"人员承担或后台工作一定交给后台人员，也不说明前台和后台一定要从地理角度上严格分离。他们认为如果存在下面四种情况要则可确定为前台：①服务和生产显然不可分；②营销利益通过与顾客接触来获得；③原则上避免与顾客接触，但实际上必须有；④通过去除后续的工作来提高服务提供的速度和效率。因此，他们提出在服务系统设计中要进行三种决策，以决定服务系统的前后台分离基本模式：①顾客接触决策，即确定在服务提供过程中，顾客接触发生在哪个阶段；②分离决策，即决定在服务提供过程中，哪些活动应该互相分离；③群组决策，即决定参与这个过程的员工应该如何组合在一起，可能是前后台员工分别各属不同的组，也可能处在同一组。

对前后台分离的原因，可以总结为三个：效率、员工的性格类型和质量的一致性(Metters,2003)。分离可以从许多方面提升效率，首先在生产任务与客户没有联系的情况下，生产可以相当平稳地进行，但客户的要求却会潜在地干扰这些任务。其次，当员工重复不断地执行少量的任务时，他会在完成这些任务时变得高度熟练和有效率。再次，这些被分离的、专门化的任务可以集中完成并形成规模经济。高联系程度的工作和低联系程度的工作应该分开，还因为这两种类型的工作要求员工具有不同的技能和性格倾向：公共关系和人际关系归在高联系程度的工作类型，技术和分析归在低联系程度的工作类型；质量的一致性要求每天的服务都一样，要求程序的结果具有可靠性，当一项复杂的工作被分离成不同的简单任务时，一个人只用完成一项任务，这项任务的不一致性就降低了。

根据研究目的的不同，前后台运作的类型有不同的分法。通过结合前后台分离与运营策略，可以把前后台分离的情形分为四个类型（Metters,Vargas,

2000）。①成本导向（分离程度高、强调成本）。以自动化代替劳动力，前台的职责也包括大量的后台工作以避免闲置，其他所有后台工作都被分离出来。②廉价便利（分离程度低、强调成本）。建立数量众多的小型服务网点，增强客户服务获得的便利性，网点包含了前台服务和后台工作，只提供有限的服务。网点服务点员工少，却要求能处理多项业务。③聚焦的专业化（分离程度高、强调服务）。员工都是专家，分离的基本目的是支持前台工作，即提供便利的服务和确保质量的一致性，前后台保持密切联系。④优质服务（分离程度低、强调服务）。提供价格高昂的特殊服务，提高灵活度和速度，关系定位，工作分离最小化。陈觉和郝云宏梳理了前后台分离的理论演进，从他们的研究中可以清晰地看到前后台分离从实现单一效率目标考虑直到后期多种目标的综合权衡（陈觉，郝云宏，2009）。

可见，界面理论的发展，为 NSD 组织的研究提供了路径。即可以将服务开发的组织认为是集成了外部资源和内部资源的一个集成地带。而这一地带的抽象性，使得研究具有一定困难。事实上，运作上的组织划分本身就是研发活动得以展开的现实前提，前后台的组织场景应该可以运用到新服务开发的研究中来。

6.1.2　新服务开发组织

新服务开发的组织模式呈现多样化的特点。基于研发活动的正式性和企业内参与度，服务创新组织模式分为研发部门主导的工业研发模式、业务部门主导的服务专业模式、战略和管理部门主导的有组织的战略创新模式、员工主导的"工匠"模式，以及核心企业主导的网络模式等（Barcet, *et al.*, 1987; Gallouj, Weinstein, 1997; Sundbo, 1997）。不同企业内部存在特殊的创新组织形态，该类组织形态是服务企业内部的基本运作单元（Mills, *et al.*, 1983）。这种分析与实际情况非常符合，但过于关注多样化的现实，而不是服务企业的基本共通特点。因此缺乏一个较为一般化的创新组织分析框架。

新服务开发的组织应该包含内嵌于 KIBS(Knowledge-Intensive Business)企业网络或企业组织之中的正式创新职能组织单位或者非正式的亚组织单位（魏江，王铜安，2009）。长期以来，人们对新服务开发的研究较多依赖于团队这一组织场景，如跨职能团队。Larson 和 Gobeli(1988)认为，项目团队是产品和服务开发的终极结构模型，他们区分了 5 种不同的模型：职能型、职能矩阵型、平衡矩阵型、项目矩阵型和项目团队型。也有人称之为风险分散组织单元，即为产品和服务开发提供"避风港"的地方，由来自于母体组织既有职能部门的员工组成（Block, Macmillan, 1995）。Nonaka 和 Takeuchi(1986)则更是认为，组织自身就是一个大的创新团队。他们提出，组织的创新过程是在三个层次之间的互动中完成的。他们将这种组织称为超文本组织。全球化和技术进步驱使组织将产品开发组织的边界由传统的合作型设置向分散式甚至是虚拟式变革（Montoya，et al.，2009）。此外，越来越多的人意识到，NSD 中存在一般化组织，并由此开发了"非正式组织"（Pinto，Pinto，1990）、"小世界"（Fleming，Marx，2009；Markovits，et al.，2005）、"虚拟团队"（Montoya，et al.，2009）、"界面"（Beverland，2005）等研究，为我们全面认识新服务开发提供了丰富的基础。进一步分析这两个方面的研究，可知无论是以团队还是非团队形式开展新服务开发活动，都存在着两个基本活动面，即与外部接触的界面和内部开发界面。这类似于服务运作中的前台和后台的概念。因此，借鉴前后台的概念，可以将两种形式的新服务开发组织综合起来考虑，使得新服务开发组织可以一般化。

6.1.3　新服务开发和界面理论

界面（interface）最早是在自然科学领域中被提出来的。界面是指两个或多个不同物相之间的分界面，如气/水界面。因为界面的概念能够用于说明要素和要素之间的连接关系，而被引入到社会科学领域的研究中。社会学研究中认为界面是系统相关单元之间的交互，是单元之间接触方式和机制的总和（吴涛等，2003）。

创新研究中界面理论应用也早已有之。最初，创新界面的研究主要是不同部门和环节间的衔接，如创新主体间界面：创新企业与供应商、客户之间的联系处；与研发相关的企业活动间的界面，如市场营销、R&D、生产制造之间的界面；以及研发活动本身不同阶段间的界面，如研究、开发、工艺等创新活动之间的衔接（郭斌等，1998）。刘新梅和徐丰伟（2005）率先在组织的创新活动中也应用界面概念来分析，认为创新活动中的部门之间的相互交流、交互作用及协调就是界面上的活动。魏江（2009）通过边界渗透性、组织自我管理性、相互依赖性三个抽象特征描述知识密集型服务创新的界面。

NSD 是关系组织外部需求和内部能力的活动。组织内部和外部之间的边界是描述 NSD 的关键位置，采用界面指代 NSD 组织是可行的。但是如何去描述 NSD 的创新界面呢？Cooper 等（1994）等人关注到，新服务开发过程中存在需求和开发之间的"门径（stage-gate）"，即新服务开发过程中存在由外而内的不同层次，就像进入一个房子的一道道门一样。在此基础上，吴涛等（2003）发展了界面理论在企业管理中的内涵，将其应用到管理集成理论，形成了管理界面。他们认为各价值实体（加工、检验、物流）的联系，并非是二元的，而是在同一界面上集成了相关价值实体之间的活动与联系。管理界面中分为两个层次，一个是对外的，一个是对内的。前者集成了组织内部要素，而后者集成了内部要素所依托的介质，如市场信息、物流实体等。这等于将企业的研发活动所依托的组织，统一为内部和外部之间某一界面上的活动。这里所说的两个界面就像服务运作中前后台的概念一样。由此，我们大胆设想，借鉴服务运作的前后台概念具象化 NSD 的创新界面。因为，服务运作的前台（如柜台、市场销售人员等）就处于 NSD 的对外的界面，而服务运作的后台（如数据中心）就处于 NSD 的对内的界面，所以只要抓住 NSD 的前台与后台之间的交互活动，就能描述 NSD 的界面状态，也就能够更好地认识 NSD。

总而言之，NSD 组织结构的研究陷入了多样性泥潭。界面理论为我们以一个一般法的组织模型研究 NSD 组织提供了工具。然后，NSD 的界面始终是一个黑箱。借鉴服务运作中的前后台概念，可以帮助我们打开 NSD 界面这个黑箱。

6.1.4 理论框架

那么，NSD 中前台和后台交互形式是怎样的呢？这取决于前台和后台的结构。传统的前台和后台的划分只是笼统地将服务系统从物理或地理属性上进行了分离，把物理意义上的服务系统和具体服务活动及服务人员实行了"一刀切"的截然分离。这样理解前台和后台太偏狭。在新时期信息技术和顾客接触形式改变的背景下，一个分离的前后台服务系统并不意味着前台工作一定要由"前台"人员承担或后台工作一定交给后台人员，也不说明前台和后台一定要从物理或地理角度严格分离。Zomerdijk 和 de Vrles（2007）、Broekhuis 等（2009）都认为是否和客户接触这一标准是区分前台和后台的关键判断因素。这似乎有了进步，但是仍旧局限于客户这一对象。事实上，任何活动的外部组织都不止对象一个人，还包括双方所处的环境。所以除了客户之外，只要与外部环境发生信息传递、物质交换等交互活动的位置都应该被界定为前台。

NSD 是一项特殊的服务。其基本流程包括三个阶段：概念阶段、发展阶段、引入阶段。每个阶段都涉及组织内部和组织外部环境的相关活动。这些活动就主要发生在组织内部和组织外部之间的界面上。而承担开发职能的主要是开发方组织的人员。外部组织往往只是概念的提供者甚至是不清楚概念的一般客户。而承担这些开发活动的组织人员，按照其分工不同，大致可以分为两类——面向需求的市场组和面向技术实现的技术组，我们把前者称为新服务开发的前台，后者称为新服务开发的后台。因此可以说，新服务开发主要是前台和后台之间的交互活动。本章将 NSD 的前台定义为承担与客户、政府等外部环境主体之间的信息传递、物质交换等交互活动的组织内的技术设备和人员。后台是指不直接和外部环境接触的组织内的技术设备和人员。这一定义强调两点：前台的接触对象是外部环境中的所有主体；前台的形式不局限于有意识的人员，还包括能提供信息的技术设备，如自助服务设备。表 6.1 是 NSD 的前台和后台的示例。

表 6.1　新服务开发的前后台示例

前后台	主　体	承担活动
前台	总经理 柜台人员 呼叫中心 市场推广人员 自助服务设备 职能部门（如银行卡部） 调研人员（团队）	搜集信息，宣传产品 搜集信息，销售和宣传产品，接受咨询 接受咨询，宣传产品 宣传产品，传授知识，反馈信息 销售产品，接受查询 搜集信息 搜集信息
后台	数据中心 清算中心 银行卡中心 研发中心 灾备中心 培训中心	财务管理 风险汇报 监控及管理 战略发展规划 人员培训 信息维护

资料来源：根据以下文献整理：Chase R B，Hayes R H. Beefing up operations in service firms. *MIT Sloan Management Review*，1991，33(1)：17-28；王力. 金融产业前后台业务分离的新趋势研究. 财贸经济，2007(7)：19—23.

　　传统的观点认为组织外部结构决定组织内部行为和绩效。如魏江和胡胜蓉（2007）对 KIBS 创新中组织和组织之间的互动界面做了研究，分析了两个组织之间的创新互动情况。根据两个组织之间关系的不同，将互动界面分为咨询式、联盟式和销售式三类。而越来越多的研究关注组织内部的主动性行为对创新活动的关键影响作用。创新研究中的组织学派认为创新的绩效根源于承担创新活动的"团队"或者"非正式团队"的组织网络特征。

　　本章提出的新服务开发前后台管理理论框架如图 6.1 所示。根据新服务开发的单元组织职能分工，将新服务开发界面中的不同主体归为前台或者后台。依据文献研究提炼出创新界面结构的两个重要衡量维度——结构维度和关系维度。结构维度指新服务开发组织单元前后台设置的集中和分离的程度。关系维度是指前后台之间的互动频率和接触深度等。后者用开发组织单元前后台之间的互动强度、前后台成员之间的相互信任关系来体现。

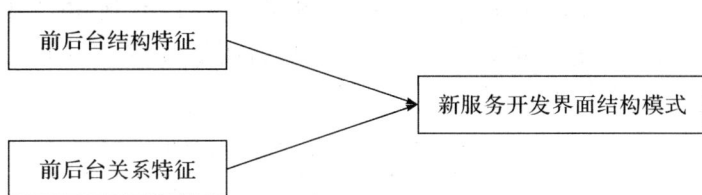

图 6.1　新服务开发前后台管理理论框架

6.2　方法论和案例背景

6.2.1　方法论

　　本章采用探索性案例研究。我们将研究分为两个阶段。第一阶段为实验性研究。在前期文献研究的基础上大致选定了研究的范畴、调查对象,形成了研究的概念框架。并通过农村信用联社的实验性案例研究,对文献研究的结果进行修正,确定研究的概念框架和操作化测量手段。第二阶段为探索性案例研究。第二阶段的研究,选取四家城市商业银行的多项新服务开发项目,按照第一阶段实验性案例研究确定的概念框架和操作性测量手段,形成访谈提纲,并据此进行深入访谈,展开探索性案例研究。

　　本阶段的研究选择了四家区域性银行。其中三家是城市商业银行,一家是农村商业银行。在选择案例时主要从以下方面考虑:首先,把研究范围限定在浙江省,一方面因为浙江省的区域性商业银行业务开发水平居全国前列,另一方面可以尽量避免因为地域不同所导致的社会环境不同对结果产生不可控制的影响;其次,案例银行均为成立时间超过十年的企业,案例银行的组织文化基本成型,方便本章对商业银行组织文化的研究;最后,基于研究工作能否顺利实施的考虑,我们也是基于方便原则选取了这四家案例银行。每家至少有两名员工配合访谈。所以,最终确定 T 银行、M 银行、U 银行、浙江农村信用合作社为研究对象。

　　Yin 提出案例研究中有六种证据来源,包括文献、档案记录、访谈、直接观察、参与性观察和实物证据。这样,就能相互印证,形成证据三角形。本章主要采用文献研究、访谈和档案记录收集研究需要的资料。根据访谈提纲,我们对来自四家案例银行的管理人员和普通员工进行深入的访谈。每次访谈的时间基本持续一个半小时到两个小时。如果被访人员不反对,我们会对访谈过程进行录音。所有的访谈均在 2010 年 5 月到 2011 年 4 月进行,具体的访谈资料来源见表 6.2。此外,我们对各家案例银行分别收集了 40 页到 60 页不等的档案资料,来源包括案例银行网站、案例银行年报、新闻报道、公开出版的研究报告以及访谈中索取的案例银行杂志报纸等内部刊物。

表 6.2　新服务开发前后台管理的访谈基本信息

案例银行	访谈时间	访谈地点	被访者信息
T 银行	2010-11-30	台州 T 银行总行	创业发展部经理 董事会秘书办 市场部经理
M 银行	2010-12-01	温岭 M 银行总行	董事会办公室主任 网银部主任 银行卡部主任
U 银行	2011-04-27	杭州 U 银行总行	联合银行调统部总经理 技术项目合作部副主任

6.2.2　案例背景

1.创业通贷款

　　T 银行情况简介见本书第 3 章。创业通贷款是 T 银行为处在创业发展阶段的个体经营户、小企业提供的一项贷款服务。它以服务小企业、"三农"为重点,针对创业初期、创业成长期客户融资难问题,采用信贷技术,将信贷产品融入创业项目中去,给客户提供资金支持。由于存贷不挂钩、准入门槛低、审批快捷并提供相关创业咨询服务,自 2008 年投放市场以来,创业通贷款获得了广大初创型、成长型小企业和个体经营户以及有志于创业但苦于没有资金的创业者的青睐。创业通贷款在推出不到一年时间里就被中国银行业协会评为第二届服务小企业及"三农"双十佳的金融产品,并且在 2009 年年底时为 T 银行带来近 1/3 的总利润。对创业通贷款初步整理资料见表 6.3。为了能够更加了解 T 银行的创业通贷款情况,作者以贷款者的身份向 T 银行总部服务人员进行了电话咨询,基本情况见表 6.4。

表 6.3　T 银行创业通基本情况

特　征	具体内容
概况	创业通贷款是 T 银行针对创业期的个体经营户、小企业所提供的一项免抵押担保、免存款贡献、低门槛、高效率的融资服务
产品优势和特点	1.无须抵押担保,无须存款贡献,准入门槛低; 2.手续灵活简便,贷款审批高效,资金到位快

特　征	具体内容
申办流程	1.客户向 T 提交创业通贷款书面申请书及相关资料； 2.T 银行根据《浙江 T 商业银行贷款业务操作规程》和相关规定进行贷款调查、审查、审批； 3.T 银行与借款人签订借款合同,办理贷款发放手续
使用范围	1.处于创业启动期,缺少项目启动资金的小企业或个体经营户； 2.处于创业发展期,缺少短期流动资金的小企业或个体经营户

资料来源:根据 T 银行网站等资料整理

表 6.4　创业通贷款电话调查

贷款者(研究人员)	T 客服人员
请问,T 银行是不是有一个创业通贷款？我是一名在杭州的毕业大学生,想创业但缺少资金,申请创业通贷款的流程是什么？	第一步,你先到 T 银行杭州分行开户；接着找客户经理提出贷款申请,同时需要你提供为你担保的一家资质良好的企业；然后客户经理会对为你担保的企业进行资质调查；在调查后的三个工作日后进行回复
贷款的利息多高？会不会比其他一些贷款高？	创业通贷款的月利率是一分
贷款期限具体是多久？可不可以根据我们的资质延长一些时间？	我们的贷款期限一般是 3~6 个月
贷款额度最高是多少？	这个我们没有硬性规定,要依据你的担保企业资质情况和客户经理的沟通情况来定
贷款款项如何拿到？是否一定要打入 T 银行账户？	不一定,这个需要根据客户经理沟通,没有规定说必须打到 T 银行账户

2.丰收借记卡

U 银行情况简介见本书第 3 章。丰收借记卡是由各县(市、区)农信联社、农合行、农商行委托浙江省农村信用社联合社申请,供委托单位发行使用的统一品牌的借记卡,向符合条件的持卡人提供人民币、外币的支付结算和综合理财服务。丰收借记卡按发行对象不同,分为单位卡和个人卡；按卡片介质不同,分为磁条卡、纯芯片卡和芯片磁条复合卡；按是否配存折,分为有折卡和无折卡。办理丰收借记卡无须提供担保,可持本人有效身份证件(居民身份证、军人证、外籍人士凭护照等)到浙江省农村信用社(合作银行)各营业网点申领,填妥《丰收卡申请表》等相关申请资料后,可即时开卡、领卡,首次办理不收取工本费。持丰收借记卡可在浙江省农村信用社所有联网营业网点、ATM 上存取现金、查询余额、办理转账等,可在全国带有银联标识的销售终端(POS)上刷卡消费。丰收借记卡基本情况如表 6.5 所示。

表 6.5　U 银行丰收借记卡基本情况

项　目	内　容
业务特点	功能多；费用优惠；使用范围广；支持农民工银行卡特色服务
业务流程	客户可持有效身份证件到浙江省农信机构各营业网点申领，填妥资料后，可即时开卡、领卡
使用范围	营业网点；ATM；POS

3. 技术贷款

技术贷款(个人经营性贷款)是 T 银行对符合条件的个体工商户、小型私营企业业主(或控股股东、实际控制人)和其他自然人发放的，用以支持其生产经营及其他合理性投资需求的人民币贷款业务。在一定程度上类似于中小企业贷款，其业务经营管理的复杂程度更高。其初步整理资料见表 6.6。

表 6.6　T 银行技术贷款基本情况

项　目	内　容
业务特色	贷款额度高；贷款期限长；担保方式多；具备循环贷款功能
申办流程	客户向银行提交贷款书面申请书及相关基础资料； 银行根据业务操作规程和相关规定进行贷款调查审查审批； 银行与借款人签订借款合同，办理贷款发放手续
适用对象	生产经营正常、资金往来频繁以及偶发性、季节性资金需求明显，并拥有一定存款积数的客户

4. 易通卡

"易通卡"是 T 银行 2012 年推出的一种专门的信用卡，专为企业融资而设计，给予持卡人一定信用额度。在此额度内，企业可以随时透支使用资金，并可以随时还款以节省利息。通过信用卡的模式，企业可以多次透支，免除贷款手续，而传统的贷款则需每次都申请，每次走一个完整的贷款流程。易通卡分为三星卡、四星卡、五星卡，只要企业资质优异，"易通卡"在额度上会比一般信用卡更具优势。此外，易通卡还能为持卡人节省很多费用，无论是消费透支还是取现透支，持卡人均可以享受最低还款额度待遇，减少逾期后滞纳金的支出。此外，该卡透支取现的手续费为零，其透支还款期限最长可达到 58 天。

5. 支付宝卡通

M 银行情况简介见本书第 3 章。"支付宝卡通"是支付宝与各银行联合推出的一项网上支付服务。开通支付宝卡通就可直接在网上付款，不再需要开通网上银行，同时还享受支付宝提供的"先验货，再付款"的担保服务。一个账户可以申请多个支付宝卡通，还可以在支付宝网站上查询银行卡中的余额。M 银行的支付宝卡通业务 2010 年 1 月 1 日正式上线,客户可以通过柜面或个人专业版网银签约,将 M 借记卡和支付宝账户绑定,就可以享受快捷的支付体验,M银行支付宝卡通业务的推出,提升了银行卡的附加值,使客户得到更快捷、更全面的服务。M 银行支付宝卡通基本情况如表 6.7 所示。

表 6.7　M 银行支付宝卡通基本情况

项　目	内　容
特点	方便快捷;操作简单;安全可靠
开办流程	携带本人有效身份证和 M 银行借记卡到银行营业网点填写支付宝业务申请表,申请开通支付宝卡通业务;如借记卡已开通网上银行专业版,就可以直接登录网上银行进行签约

6. 网银

网上银行又称网络银行、在线银行,是指银行利用 Internet 技术,通过 Internet 向客户提供开户、查询、对账、行内转账、跨行转账、信贷、网上证券、投资理财等传统服务项目,使客户可以足不出户就能够安全便捷地管理活期和定期存款、支票、信用卡及个人投资等。[①] 网上银行业务不仅仅是传统银行产品简单从网上的转移,其他服务方式和内涵发生了一定的变化,而且由于信息技术的应用,也产生了一些全新的业务品种。网银基本情况如表 6.8 所示。

表 6.8　网银基本情况

项　目	内　容
特点	全面实现无纸化交易;服务方便、快捷、高效、可靠;经营成本低廉;简单易用
开办条件	如果已在银行机构开立个人结算账户且账户状态为正常的,均可申请成为个人网上银行注册客户
开通流程	大众版:登录银行官网,在网上自助注册后开通 专业版:携本人身份证、借/贷记卡前往银行营业网点办理柜台签约,登录官网下载证书后开通

---

　　① 网上银行包括两个层次的含义,一个是机构概念,指通过信息网络开办业务的银行;另一个是业务概念,指银行通过信息网络提供的金融服务,在日常生活中,更多的是第二层次的概念。网上银行是在 Internet 上的虚拟银行柜台,又被称作"3A"银行,因为它不受时间、空间限制,能够在任何时间(anytime)、任何地点(anywhere)、以任何方式(anyway)为客户提供金融服务。

6.2.3 背景比较

表 6.9 从总资产、分支机构数、不良贷款水平等方面对三家案例银行和浙江农村信用合作社进行了比较。可以看出，三家银行的总资产规模相差不大，U银行比其他两家之和略多，但都是典型的中小银行。市场定位较为接近，其他指标也无明显差异。不过，U 银行是农村商业银行，T 银行和 M 银行是城市商业银行，这对两家银行的新服务开发具有重要影响。

在访谈过程中，以被访者熟悉的、最能体现其银行新服务开发的业务为谈论的载体。这确保了所获资料的真实性。另外，三家银行都定位于中小企业，本章所选创业通、技术贷款、易通卡、支付宝卡通、丰收借记卡、网银六个产品都属于轻型金融服务产品（小额贷款、银行卡等），与其市场定位也是相符的。六项新服务之间的比较见表 6.10。

表 6.9 新服务开发前后台管理的受访银行

项　　目	T 银行	M 银行	U 银行	浙江农村信用合作社
成立年份	1993	1988	2011	2004
2010 年总资产（百万元）	36.7	32.6	89.1	10970
市场定位	小企业成长伙伴	中小企业、个体经营户、城乡居民	服务于"三农"、社区、中小企业	农村地区中小企业
分支机构数	45	28	33	4105
不良贷款水平(%)	0.44	0.69	0.65	1.27

表 6.10 新服务开发前后台管理的调研项目

银　　行	项　　目	推出时间	业务属性	业务特征
T 银行	创业通	2007	贷款	无抵押贷款
	技术贷款	2009	贷款	知识产权抵押贷款
	易通卡	2009	银行卡	循环借贷
M 银行	支付宝卡通	2006	银行卡	电子商务支付
U 银行	丰收借记卡	2008	银行卡	一系列银行卡
农村信用联社	网银	2009	网银	网上业务支持

6.3　探索性跨案例分析

　　研究的第一阶段是对浙江农信联社的试验性案例研究。通过访谈，我们得到了一些基本发现。一些渐进性 NSD 项目没有成立开发团队。而有些 NSD 项目虽然成立了团队，但是团队成员并非在同一办公室工作，只是通过间歇的会议沟通。组织结构不仅仅是指硬件方面，如个体、小组、团队和部门等，还包括软件方面，如组织主体要素之间的关系（Bunge，1985）。我们在前后台集中度和前后台关系度两个维度下进一步确定了五项测量指标。

　　衡量前后台集中度有两个较为重要的指标。小组成员有时不在一个地方办公，而且具有较低的团队意识。而有时候，虽然不在一个地方办公，但是团队意识很强（Kossler，Prestridge，2003）。因此本章采用物理距离和名义距离两个指标，来测量前后台的集中程度。物理距离主要描述研发小组工作时的物理距离，如是否在一起办公。名义距离，主要指示了是否成立了一个正式的组织，该组织是否被冠以一个名称，开发中是否存在明确分工。我们在农信社调研过程中发现几种不同的新服务开发项目呈现出不同的组织模式。如有的项目是具有一个正式团队名称。但是这个团队是一个横向项目组，从原有组织的条线部门中抽调的人员，负责新服务开发的一些工作，而该人员的办公仍旧在自己办公室。此外，实验性调研发现，有的项目团队的人员不存在明确的职能分工，所有人员都负责市场信息搜集以及具体开发工作，即无法区分前后台。

　　就前后台关系维度，我们经过文献研究和实验性案例调研基本确立了三项指标。知识经济中组织结构中的相互关系和相互信任越来越重要（Wang，Pervaiz，2003）。互动性是指两个及以上主体之间的连接和协作活动，用密度和频率来衡量（Homans，1974）。鉴于服务的特性，NSD 需要高度互动，而且不同的 NSD 项目需要不同水平的互动（魏江等，2009）。因此，本章以互动频率来描述前后台之间的互动关系。第二项指标是前后台之间的相互信任程度。创新和创造行为需要技能和知识的整合。团队中的多样化程度对团队的开发活动会起到负面的影响（Iansiti，1993；Leonard，Sensiper，1998；Thieme，*et al*.，2003）。团队的异质性主要与成员的受教育程度多样性相关（Milliken，Martins，1996；Barczak，Wilemon，2003）。因此，知识一致性被用作第三个描述前后台关系的指标。

6.3.1　结构特征分析

　　第二阶段的探索性案例调研中，在对受访的 6 类新服务开发项目分析的基础上，我们发现了不同项目在开发过程中前后台设置上的差异。表 6.11 中，第一行代表了来自第二阶段三家银行的不同的创新项目。

表 6.11　新服务开发中的前后台结构特征

比较项	创业通	技术贷款	易通卡	支付宝卡通	丰收借记卡	常规业务
设置开发小组	是	是	是	是	是	否
前后台一起办公	是	是	否	否	否	否
前后台人员分工	否	否	是	是	是	是
结构集中程度	＋＋＋＋	＋＋＋＋	＋＋	＋	＋＋	／

注："＋"的数目代表了新服务开发中前后台集成的程度，最高是"＋＋＋"，最低是"／"。

　　创业通和技术贷款是比较特殊的一类新服务开发项目。这两个项目的开发过程中，都成立了专门的部门，而且部门的成员都是在一个办公室办公，部门的成员在项目开发的主要阶段是没有分工的，即所有成员都要参与与市场的接触，同时还要在技术上协调并参与到具体的开发环节工作。易通卡和丰收借记卡两个项目是比较典型的开发模式，成立一个负责牵头的部门，由其整合负责市场端的前台工作人员以及服务技术实现的各部门人员的工作。也就是说，虽然成立了一个开发部门，但是部门的人员来自不同的条线，承担不同的工作。而支付宝卡通是比较特殊的一类项目，开发过程由来自两个公司的力量完成，一方提供技术标准，而另一方负责技术实现。四家银行的修正性新服务项目具有一致的特点，没有固定的部门，前台随时把需求反馈到后台，后台经过授权以后独立完成。

　　T 银行的创业通和技术贷款 NSD 界面的集中程度最高。T 银行还成立了正式的开发团队，所有的团队成员都只为项目工作。银行给他们安排了固定的办公地点，并且所有的成员在项目开发的早期都没有分工。换言之，项目开发的早期，所有的成员承担了应该由后台人员承担的开发活动，同时还承担了应由前台人员承担的市场活动。

　　易通卡和丰收借记卡是一般 NSD 项目。这种 NSD 项目会成立一个开发小组，小组的成员来自银行既有的部门，即意味着所有的小组成员不仅要参与新服务开发的工作，还要承担所在部门的应做的工作。换句话说，他们在常规工作之外承担了附加的 NSD 工作。结果是，这样的 NSD 项目中的成员不在一个地方办公。他们在自己原有部门的位置上工作，做与他们的常规工作相似的 NSD 中的部分工作。为了让来自不同部门的成员顺畅工作，银行授权一个团队负责人，负责协调两部分工作——市场端的工作和技术端的工作。

　　支付宝卡通是特殊的 NSD 项目。尽管大部分开发工作跟 NSD 项目相似，但团队组成很特殊。这个团队是由来自两个公司的成员组成。一部分成员来自银行,他们负责主要的开发工作。而另一部分成员来自另外一个公司,他们主要负责提供技术概念。通常这个技术概念已经在其他银行成功实现了。

6.3.2　关系特征分析

除了界面结构上的差异之外,界面内部在关系维度上也有差异。表 6.12 显示了受访的 5 个 NSD 项目在前后台关系上的差异。关系维度是通过三个指标测量的,分别是互动频率、互信程度和知识一致性。为了更清晰地描述关系上的差异,我们按照 NSD 的不同阶段进行描述,即概念阶段、开发阶段和引入阶段。

表 6.12　新服务开发中的前后台关系特征

NSD 阶段	比较项目	创业通	技术贷款	易通卡	支付宝	丰收借记卡
概念阶段	互动频率	＋＋＋	＋＋＋	＋	＋＋	＋
	知识一致性	＋＋＋	＋＋＋	＋	＋＋＋	＋
	相互信任	＋＋＋	＋＋＋	＋	＋＋	＋
开发阶段	互动频率	＋＋＋	＋＋＋	＋＋	＋＋	＋＋
	知识一致性	＋＋	＋＋＋	＋	＋＋＋	＋
	相互信任	＋＋＋	＋＋＋	＋	＋＋	＋
引入阶段	互动频率	＋＋＋	＋＋＋	＋＋	＋＋	＋＋
	知识一致性	＋＋＋	＋＋	＋＋	＋	＋＋
	相互信任	＋＋＋	＋＋	＋	＋＋	＋
关系维度总体评价		＋＋＋	＋＋＋	＋	＋＋	＋

注:"＋"的数量表示维度的强度,数量越多,程度越大。

创业通和技术贷款两个项目的开发过程中,所有成员既需要参与市场的接触,同时还要在技术上协调并参与到具体的开发环节工作。因为同时承担了前台和后台的工作,所以在其概念阶段,前后台之间的交互是程度最高的。虽然到了开发后期以及市场引入期,由于工作量的增加,引入了一些既有部门的员工协助开发,但是即使这样,这些人员的工作还是在项目组成员的亲密合作之下完成的。由于前后台的知识转移是同一群人完成的,所以市场知识和后台技术开发知识之间是完全相互信任的。而且他们所掌握的知识也是相同的,既有市场知识,也有技术知识。两者之间的匹配也较好。

易通卡和丰收借记卡两个项目具有后台驱动的特点。项目开发过程中,开发小组固定,且后台人员居多。由于这类项目往往有较为成熟的其他银行产品可以借鉴,所以 NSD 的概念由后台发起,而非来自市场一线需求。因此这一阶段前后台的互动很少,相互间没有建立相互信任感,对于产品的认识没有一致性。当新服务开发需要征询市场需求的意见时,往往由后台人员向既有条线部门提出要求,进行市场信息收集,此时前后台之间互动开始增加。但是由于是后台推动前台的活动,前台缺乏主动参与感,前后台之间的一致性和相互信任感仍不高。引入期,前台将产品推向市场的时候,需要借助前台的力量,此时,前后台之间的互动继续增加,而且相互开始就市场和产品的知识达到较详细的交流,一致性有所提高。

支付宝卡通开发中,概念形成和开发阶段由银行和另外一个公司互派人员合作开发。来自两个公司的人员组成一个实际上的开发小组,但是在任何一个公司都是没有正式命名这个小组。小组的双方人员都是以技术人员为主,一致性很高。由于开发工作是对来自于外部公司的技术标准化较明确的产品进行本地化实现,在概念阶段和开发阶段中,双方人员之间就产品的技术标准、产品所依赖的双方信息系统的对接等问题展开了充分的交流。但是,由于是来自于两个公司的人员,相互之间的信任感较弱。到引入阶段,主要工作由银行承担,银行原有的市场部门参与了该阶段工作,此时,前后台之间的一致性下降,相互交流也有所减弱。

银行业更多的服务开发项目是对现有产品的修正性开发,如增加额度、改变申请条件等。这种 NSD 活动基本上不成立特定的开发小组,而是依托银行原有服务运作的前后台完成。概念阶段,往往由一线服务单元发现新需求,将其形成文件,交由上层组织进行讨论。上层组织如果讨论通过,就交由后台对应职能岗位实施。完成修改后,后台人员向前台人员作必要的交代。可见,这种 NSD 基本是在银行原有的前台形成意见,后台做出响应。前台和后台之间除了前台对需求信息的传递以及后台响应的结果之外,基本无其他交互。而且,不同需求都会有不同职能岗位做出响应。

6.3.3 综合分析

综合以上两维度的分析,得到四种 NSD 界面类型。图 6.2 显示了分类结果。横轴代表了 NSD 界面的结构特征,描述了前后台的集中程度。纵轴代表了 NSD 界面内部的关系特征,描述了前后台的亲密程度。

类型Ⅰ和类型Ⅳ是两个极端。类型Ⅰ的前后台完全分离,相互连接很弱。类型Ⅳ的前后台完全融合,没有前台和后台的分化。类型Ⅱ和类型Ⅲ是中间状态。不同点是,类型Ⅲ虽然没有正式成立团队,但是前后台却关系紧密。而类型Ⅱ却正相反。

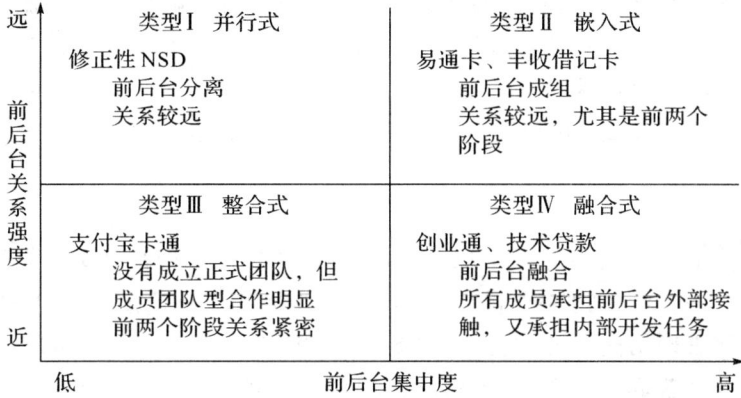

图 6.2 案例研究中的前后台结构

基于两个维度,得到了四种前后台结构。深入分析,可以更详细地描述这四种类型。图 6.3 显示了分类学结果。类型Ⅰ为平衡式,类型Ⅱ为嵌入式,类型Ⅲ为螯合式,类型Ⅳ为融合式。

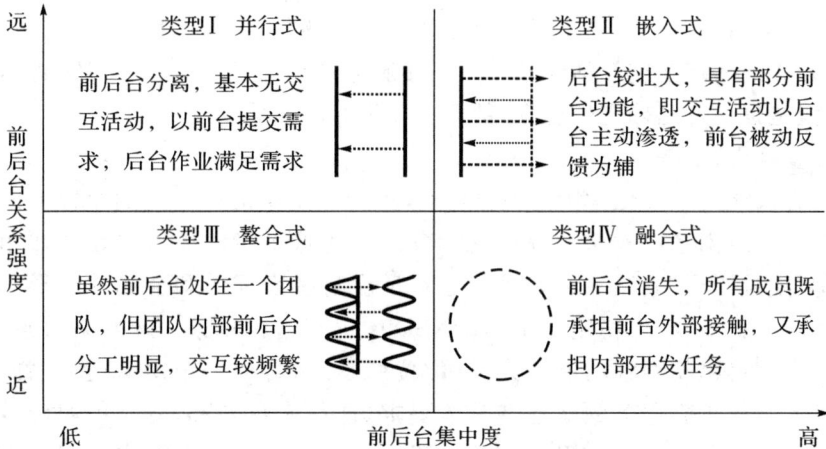

图 6.3 前后台结构的分类学结果

1. 并行式

并行是指 NSD 的前后台匹配的状态。并行是最简单的 NSD 所处的界面内部的交互方式。这种形式下,外部环境的需求通过前台渗透到组织内部,又被传递到对口的后台位点。这个位点释放能力或作出细微调整即能满足新需求。这一状态的主要特点是:①开发活动的前台和后台分离。通常并行式下NSD 的前后台和组织其他服务的前后台一致。比如在银行修正性 NSD 中,前台为银行服务的柜台人员,而具体实施改进措施的是对应的后台部门。②前台和后台基本无交互活动,有的只是前台传导需求,后台响应。③新服务的创新性很小。这种形式下只能够进行需求明确、知识和能力需求较低的 NSD。④需求和提供之间的对偶性要求较高。某一需求往往在"要素特点","运行流程"等方面需要始终保持着"并列"与"承接"的对偶关系的位点响应(郝云宏,陈觉,2010)

2. 嵌入式

在社会学领域,嵌入性(embeddedness)通常是指某种社会关系镶嵌于其他社会关系之中。例如,当人们倾向于从一个社会圈子获得某些东西的时候,他们的行为就表现出嵌入性的特征。NSD 中当自组织内部产生主动开发意愿,需要向组织外部获取信息和资源时,后台就表现出嵌入性。后台主动伸入组织表面获取信息。或者,后台推动前台,使前台嵌入到外部环境中,主动搜集信息和资源,前台将信息和资源反馈给后台。这一状态的主要特点是:①开发活动后台的触角嵌入到了外部环境中,前台和后台区分不明显。开发环节工作是由前后台双重职能的人承担的。②前台和后台之间交互活动不多。但因为引入阶段出现较明显的前后台划分,后台为前台传授产品相关知识,并由前台将这些知识随同产品一起引入到市场以及在此过程中的信息反馈,所以相比并行式而言,嵌入式某些环节交互活动较多。③新服务的创新性较小。虽然不再是修正性的,但是也往往是确定性较强,甚至有模仿的新产品。

3. 螯合式

螯合(chelate)是化学中的概念,指多齿配体携带的两个或两个以上配位原子与一个金属离子形成螯合环的化学反应。比喻多齿配体像螃蟹一样用两只大钳把"配位原子"紧紧夹住。虽然这种反应将多齿配体和金属原子形成了一个整体——螯合物,但稳定性不高。NSD 中也有这种现象。开发某项服务(金属原子)的时候,将两种功能的人员(配位原子)组合成一个团队(螯合物)。其中一种人员提供新服务的概念和具体要求(往往来自外部,复杂但明确),而另外一种人员则负责技术开发。这个过程中外部要求和内部能力之间会出现脱节甚至冲突,需要双方人员在交互活动中解决。这种状态的特点是:①在外部看来,前台和后台合并成一个整体,但是内部仍然存在前台和后台分工。②交互活动频繁,因为涉及较为复杂和多样化的知识转移。③这种形式下的新服务创新性往往较强。

4. 融合式

前台和后台相互融合,无法区分谁是前台谁是后台。从而形成全新的知识转移机制和资源整合范式。组织和外部环境的联系空前频繁,催生了两者之间的共同价值。组织和外部环境相互依赖,相互补充,出现知识要素的融合,形成一个以能力和关系为基础的共生系统,推动了组织和外部环境的共同进步。就像由于生存需要,两种或多种生物之间按照某种模式互相依存和相互作用地生活在一起,形成共同生存,协同进化的关系一样。此时 NSD 所处的界面就像生物体间的共生界面。这一状态的特点是:①前台和后台无法区分。前台和后台形成一个团体,成员既是前台又是后台。②交互活动空前频繁。③对能力要求较高。界面上的活动能力具备的时候才能发挥企业内部创新能力与其外部优势的联合效应。

6.4　讨论和总结

对于本章有两点需要说明。第一点是关于研究方法的。本章采用了 5 个指标来描述前后台结构。其中物理距离和名义距离可能有点难于理解。事实上,创新团队成员之间的距离不仅仅是物理上的,还在于心理上的。有些时候,成员不在同一个房间里,甚至不在同一个建筑里,但是他们自我认同为一个团队,认为自己是团队的一分子。他们都将创新开发活动认为是很重要的,在创新工作中投入很多。这样,我们可以说,他们物理意义上是远的,但是心理距离上是近的。本章中将这种心理距离成为名义距离。通常,一个创新团队有高层领导的密切关注时,团队的成立更具官方性。此时,成员更倾向于认同自己是团队的一员,因此名义距离会更近。本章中的物理距离主要是按照 NSD 成员是否在同一地点办公来衡量的。

第二点是关于本章的研究结果的。我们的研究可能还是关注于团队层面。而在本章开篇的时候,我们就提出 NSD 的研究过多的关注于团队层面,而对组织层面和个体层面缺少关注。而我们正是希望通过前后台来统一 NSD 的研究层面。不管是何种类型的 NSD 项目,有一点是相同的,即开发活动是通过前后台互动实施的。当我们把前后台放到一起的时候,前后台就更像是团队的两个部分,或者说是组织两个部分。事实上,当我们换到个体角度时,可以看到前后台就完全融合了。因此可以说,通过前后台视角来看 NSD 活动是一个可行的视角。不过,确实需要一个在三个层面 NSD 研究的回顾,以推进这个领域的研究。

我们有一些新的发现。访谈的四家银行的规模相似,但他们选择了不同的方式来开发新服务。这可能是与组织的属性(如组织文化等)相关。T 银行的创业通是很特殊的项目,其竞争者曾试图复制这项服务产品,但是失败了。根据受访者所说，这是因为想要复制这个产品的银行缺少相关"文化土壤"。这提醒我们，决定前后台结构的因素是多元化的，这些因素可能是内部的，如授权水平、组织文化、员工能力、合作者关系等，也可能是外部的，如项目需求定义、知识复杂性、多样性程度等。

新服务的成功开发，会反过来影响组织的服务传递系统。例如，M银行支付宝项目极大地帮助他们实现了零售服务的优化。客户开始渐渐使用这项服务，结果导致网上银行部门和服务渐渐增加。探究新服务会给组织带来哪些影响，是一个很有趣的话题。

NSD单元组织结构似乎与其创新绩效是有联系的。本章中我们指出，不同的开发组织结构对应了不同水平的创新结果。但是结构对创新绩效的影响机制尚不清楚。新服务开发结构对创新绩效的影响，更进一步，新服务开发对整个组织的绩效影响都值得深入研究。一些受访者也一再谈及这些方面。对此，我们可以从知识转移的角度考虑其中的机理。

7　新服务开发引入阶段前后台知识转移[①]

　　金融作为现代经济的核心,对国民经济起着重要的作用。近年来,作为我国金融业主体的商业银行,其自身的综合实力和竞争能力得到不断提升,但竞争也越来越激烈。随着 2010 年农行完成上市,五大国有商业银行已全部完成股改并上市,发展进入了新的阶段,活力不断增强、规模优势不断巩固;股份制银行以其先进的理念、灵活的市场手段和快速的反应,正向二三线城市加速扩张,积极打造自身特色;外资银行进一步扩大布局,与中资银行展开激烈争夺。而以城市商业银行、农村商业(合作)银行为代表的中小银行面对越来越大的生存和发展压力,在市场细分的前提下不断进行高质量的新服务开发,正成为积极发展的共识之一。

　　就新服务的开发而言,企业新服务开发工作的绩效越来越取决于企业知识管理的有效性。从本质上讲,企业新服务开发过程就是企业创造、获取、吸收、转移和应用知识的过程。因此,能否做好新服务开发过程中的知识转移工作,直接关系到企业新服务开发的绩效乃至成败。但目前在新服务开发过程中,存在简单照搬照抄国外、不能有效识别顾客需求、不能较好推介新服务、进而成功率较低等问题,严重制约着相关产业的发展。这在很大程度上与服务企业组织结构的设置特点及其对新服务开发的影响有关,即前后台组织运作模式。

---

　　① 本章根据以下论文改写得到:李靖华、马鑫:《新服务开发引入阶段前后台知识转移机制研究——以中小银行为例》,《科研管理》2014 年第 3 期,第 43－50 页。

服务企业按照与客户的接触情况和利润贡献关系，通常将业务部门分为前台和后台业务系统。前台是负责业务拓展的、直接面对客户的部门和人员，为客户提供一站式、全方位的服务。后台提供业务和交易的处理和支持，以及共享服务。后台还通过分析宏观市场环境和内部资源的情况，制定各项业务发展政策和策略，为前台提供专业性的管理和指导，并进行风险控制。服务业前后台往往在劳动强度、人员素质、薪酬水平、组织文化等方面存在较大差异，导致沟通困难、知识流转不畅。

为此，很多服务企业设立了常规性的创意搜集计划和开展了新服务推介培训等活动。但这些正规化的管理措施往往难以对前后台间知识转移产生足够的影响，前后台知识隔阂依然严重。从而前台人员沉淀性的宝贵经验和隐性知识，难以转化为新服务开发的有效输入，而突击性的顾客调查效果不佳。与此同时，后台开发人员设计出来的服务产品，也容易成为顾客和前台人员都"难以理解"的失败之作。特别是，即便后台较好地开发出新服务，由于前后台部门间沟通不足、知识转移困难，前台人员也无法很好地推广新服务，导致新服务开发最终失败。因此，引入阶段对新服务开发的最后成功至关重要。虽然很多服务企业（比如银行）投入了极大的精力在新服务推广上，但是基本是把重点放在市场投放，而对人员培训等其他活动重视度不够。而正是这些活动对前后台知识转移产生重大影响，并最终对新服务开发的绩效产生了影响。

在学术界，尽管在营销界已经对新产品（服务）的引入进行了多方面研究，但更多侧重于组织与市场之间的信息传播，以及新产品引入策略的采用等方面。而对于此阶段组织内部的各种知识资源的运用，特别是服务企业内基于前后台之间的知识转移缺乏研究。因此本章将研究新服务开发引入阶段，聚焦于知识密集型服务业大力发展下的新服务开发引入阶段的前后台知识转移机制，试图打开这一阶段中前后台知识转移这一"黑箱"。

7.1　理论基础和研究框架

7.1.1　新产品（服务）开发的过程

既有文献关于新产品（服务）开发基本环节的描述有所差异，主要是由于各项实证研究所针对的具体行业不同（袁春晓，2004）。早期对新服务开发过程的研究建立于新产品开发（NPD）过程的基础上。对商业金融服务的新产品开发过程（新服务开发过程）的研究，正是将从新产品开发的经验转移到新服务开发中,借助了新产品开发过程的 13 个活动(步骤)(Scott,Edgett,1996)。Bowers (1989)提出了八阶段新服务开发模式,包括制定企业经营战略、制定新产品战略、新服务创意、概念构造与评估、商业分析、产品开发与测试、市场测试和商品化。Edvardsson(1997)将新服务开发过程描述为四个阶段:概念阶段、项目形成阶段、设计阶段和实施阶段。而 Zeithaml 和 Bitner(2000)划分了新服务开发的前期规划和后期实施两大阶段,分别又包括一系列具体活动。

对新服务开发的研究基本以研究金融服务业为主。袁春晓(2004)通过多个细分金融服务行业的比较,研究了我国金融业中 NSD 的一般过程。她参考 Scheuing 和 Johnson(1989)的"NSD 标准模式"和 Zeithaml 和 Bitner(2000)的观点,将整个 NSD 过程划分为早、中、后期三大阶段。其中,早期阶段包括服务创新战略表述、创意与概念构思、概念筛选、服务包构造和概念测试等环节;中期阶段包括商业分析、NSD 项目设立、建立项目绩效评价体系、服务质量标准确定、服务交付系统设计、新服务营销方案和 NSD 组织方案;而后期阶段包括服务商品测试与试销、营销测试、市场投放和项目后评估。根据金融行业的实证研究结果,最后提供了一个 9 环节的金融服务开发一般过程①。

同样以金融业为研究对象,魏江、陶颜(2006)将金融服务创新过程划分为三个阶段:概念阶段、发展阶段和引入阶段,其中概念阶段包括新服务创意产生、概念构造与开发、概念检验,发展阶段包括商业分析、服务运作设计、人员培训,引入阶段包括小规模测试、市场投放、跟踪改进。

而为了充分说明知识服务业中新服务开发的过程,王军红(2009)借鉴前人研究及知识服务业的特点,提出新服务开发的两阶段模式:检索阶段和实施阶段模式。这两阶段包含了创意的产生、筛选、评价、开发、测试和市场化等过程,且两阶段是紧密联系的,检索阶段为实施阶段做准备,而实施阶段又会对检索阶段的创意构思产生重大影响。

7.1.2 引入阶段

引入阶段主要是指新服务开发完成后至全面推向市场的一个阶段。但是不同研究者对其称法不同,也有不同的划分方法。例如,蔺雷、吴贵生(2008)提出的引入阶段包括两个步骤:全面投放市场和投放后评价。员工培训、小规模试运营等活动被归为设计阶段和试验阶段。魏江、陶颜(2006)认为引入阶段包括小规模测试、市场投放、跟踪改进。人员培训被归为发展阶段。服务管理学

---

① 其过程包括:战略分析、概念构思、项目成型、商业分析、服务运作设计、制订服务营销组合、市场测试、商业化和运行绩效评估。

者认为引入阶段(product launch)的主要活动包括流程系统检测、营销程序设计和检测、人员培训、服务检验和初步运行、营销检测、最大量投入及投入后复查(Fitzsimmons，Fitzsimmons，2003)。

人员培训是对新员工的招聘和现有员工的挑选，然后员工接受系统的培训和了解整个系统，同时企业对他们授予足够的权力，以使其更好地帮助顾客解决问题。服务检验和初步运行是一种实地测试，该步骤的服务检验局限在有限的范围内(蔺雷，吴贵生，2008)。这一阶段可以说是服务创新四维度模型①中的新的服务传递系统(Bilderbeek，et al.，1998)。服务传递系统维度主要指生产和传递新服务产品的组织。该维度侧重于服务企业的内部组织安排，即通过合适的组织安排、管理和协调，确保企业员工有效地完成工作，并开发和提供创新服务产品。服务传递系统维度的核心是强调现有的组织结构以及现有员工能力必须适应新服务开发的需要，如不适应，就要通过新的组织结构设计和员工能力的培训、提升促使创新顺利进行(蔺雷，吴贵生，2004)。

新产品引入的研究主要是解决引入内容(what)、时间(when)、地点(where)、原因(why)和方式(how)的问题。在新产品的开发流程中，新产品的引入往往需要最大的时间、金钱和物质资源的投入(Urban，Hauser，1993)。营销界有许多关于新产品引入的研究。一个方向是关于新产品引入策略的研究。例如，关于新产品引入策略与新产品绩效的关系(Hsieh，et al.，2007；Lee，O'Connor，2003)，新产品引入策略之间的联系(Hultink，et al.，1998)，对引入策略的影响因素(Hsieh，Tsai，2007)等。产品优势和新产品绩效的关系在先前的研究中已经被证实。Hsieh等(2008)研究了112家中国台湾地区的生物技术企业，发现市场导向和引入策略的熟练运用，的确对产品优势和新产品绩效的关系起调节作用。此外，不同新产品的引入策略往往是互相联系的，那就是说，为某一个可变的产品作出的决定，与在先前产品开发流程做出的决策相关。管理者产品引入的决策需要联系先前已作出的决定(Hultink，et al.，1998)。对于引入策略的影响因素，技术能力和社会资本这两大关键资源被证明。而且在市场增长率上升时，技术能力和新产品引入策略的正相关关系变弱(Hsieh，Tsai，2007)。

另一个方向是传播学对新产品引入的作用。例如，整合营销传播对高技术产品引入的作用(Winter，Sundqvist，2009)，信息、传播和新产品绩效的关系

---

① 服务创新的四维度模型是由 Bilderbeek、Hertog、Maeklund、Miles 于 1998 年提出的一个有关服务创新的整合模型，其中包含了四个关键维度(分别是新服务概念、新顾客界面、新传递系统、技术)，因此被称为"四维度模型"。

(Chen，*et al*.，2007)，以及引入前的信息预告对新产品成功的影响(Ku，*et al*.，2011；Schatzel，Calantone，2006)。市场传播对新产品的引入具有支持作用，而信息清晰度、信息一致性、传播的整合这三个变量，被认为对信息与绩效的关系起调节作用。其中，信息清晰度和传播的整合对信息与绩效的关系有正向调节作用，而信息一致性只影响信息和销售绩效的关系(Chen，*et al*.，2007)。

7.1.3 新产品(服务)开发知识转移研究

新产品开发是一个知识互动的过程，它既有有价值的产品的产出，也有知识的创造(Chung，Kim，2003)。其外部知识伙伴一般有顾客(Brockhoff，2003；Bonner，Walker，2004)和供应商(Wynstra，Pierick，2000；Croom，2001)。组织内部的知识转移和共享则主要通过不同个体在不同层级、不同团队、特别是不同部门间的活动展开。

新产品开发涉及的知识主要有管理知识、市场知识、技术知识，且上述知识在企业中具有很大的黏性(王毅，2005)，经常以隐性知识的形态存在，转移的难度较大(Cavusgil，*et al*.，2003；Pitt，MacVaugh，2008；余光胜，毛荐其，2007)。传统上新产品开发的研发/营销界面是知识转移的主要场景。研究表明，较高的环境不确定性和定位于领先技术/产品的战略对界面集成的要求较高(Gupta，*et al*.，1986；Song，Parry，1993)。

围绕新产品开发的阶段存在连续的知识流(Knudsen，2005)。刘鹏(2004)对知识密集型产业内新产品开发隐性知识转移总体过程及各阶段隐性知识主要转移方式和转移过程进行了分析。得出结论，新产品开发过程中隐性知识的转移离不开顾客和企业知识库，且隐性知识资源复杂程度和隐性知识吸收能力分别对隐性知识转移有负向和正向影响。陈晓君(2008)进一步分析了新产品开发概念生成阶段和测试改进阶段知识转移绩效的影响因素，以及任务特征对上述主效应的调节作用。得出结论，团队成员的个人学习能力、团队成员间的相互信任程度、团队成员的前期合作经验、知识的独立程度、团队成员间的沟通频度与知识转移绩效都呈正向关系。这些研究都涉及组织内企业高层、研发团队、营销人员、各职能部门，以及外部的供应商和顾客等。对于研发团队内部的知识转移，基于知识转移基础结构，疏礼兵(2006)归纳出知识内隐性、转移意愿、传授能力、关系信任、知识距离和吸收能力等影响因素。此外，企业新产品开发的知识资产积累(Linzalone，2008)及其测度(Lettice，*et al*.，2006)也很重要。

目前新服务开发的研究主要模仿新产品开发展开[①]，对知识管理的研究并不多。陶颜等（2007）基于金融服务创新的实践，分析了新服务开发过程中的知识转移。项目团队是转移的中心，相关的转移方包括内部的前台营销人员、企业高层及各职能部门，以及服务运作系统和知识库；外部转移方则有顾客、供应商、竞争对手等。新服务开发中对知识管理系统的运用，有利于价值的创造和新业务的扩展（Kridan，Goulding，2006）。

现有文献并无专门针对新服务开发引入阶段的知识转移的研究。虽然也有对整个新服务开发知识转移进行研究，其中分析了引入阶段（陶颜等，2007）。但更多的只是分析知识来源、转移方向，且更关注于顾客这一外部知识源，对组织内知识转移关注较少。

7.1.4 概念模型

从文献回顾可以得出，新服务开发引入阶段活动、前后台知识转移及新服务开发绩效之间确实存在一定的关系。本章以前人的研究为基础，建立的概念模型如图 7.1 所示。由文献可知，不论是知识间还是组织内知识转移，都不仅仅受到知识特性、知识源特性、接受者特性三个方面的影响，还特别地受到转移情境的影响。而转移情境因素，分个体关系、组织关系、组织结构、组织文化四方面。李靖华和庞学卿（2011）对城市商业银行组织文化、知识转移、新服务开发绩效之间的关系进行了研究，得出组织文化对知识转移有正向影响的结论。而关系信任也对组织内部知识转移有正向影响，这也得到了实证支持（疏礼兵，2006）。这就是两个调节变量的由来。

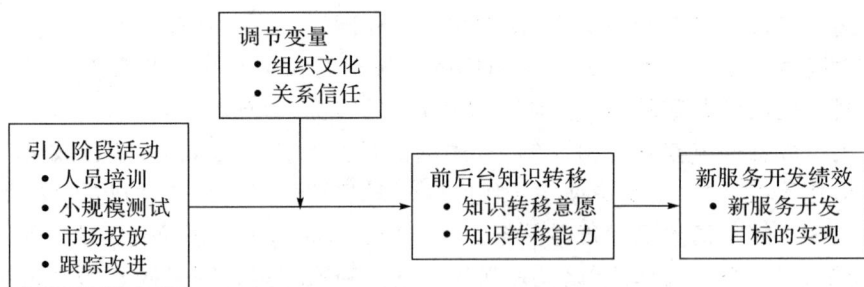

图 7.1 引入阶段前后台知识转移的概念框架

---

① 主要的研究主题有：动因、成败因素和绩效测评、过程、服务创新、服务设计、NSD 与NPD 比较，以及 IT 在服务业中的注入和经济全球化的影响等（袁春晓，2004）。

组织文化目前尚无统一的定义。其中影响最大的是 Schein(1984)的定义，他认为组织文化是特定组织在解决其外在适应性与内部整合的问题时，学得的一组基本假定，因为它们运作得很好，而被视为有效，因此传授给新成员，作为当遇到这些问题时，如何去知觉、思考及感觉的正确方法。

不同的组织文化会影响组织内员工交流通道的畅通，同时会对员工创新的积极性等造成重要影响。建设以知识为导向的组织文化，创造一种信任和开放的氛围，使得持续学习和共享知识的行为得到高度评价、重视和支持，有助于推动知识转移(伍晓玲，周明，2004)。de Long 和 Fahey(2000)认为，由于企业文化是员工价值观、信念的深层次反映，它深深地影响着企业员工知识选择的偏好以及知识获取的方式，进而影响着知识的创造、转移和分享。也就是说，企业文化会对知识在企业间的有效转移产生极大的影响。

此外，商业银行新服务开发的知识转移过程，是在团队与团队或者说人与人之间展开的。而在人际间要进行顺畅转移知识，必须有一定的相互信任。信任是个人愿意为特定对象承担风险的意愿，也是塑造让别人信任的一种方式(疏礼兵，2006)。组织内部成员间的关系信任，可以促进知识和信息的自由交换，提高员工参与知识转移和分享的意愿，追求共同的目标(Jones，George，1998)。一旦人们产生充分信任时，会自愿地分享知识和信息。具体地说，对知识转移方而言，没有对对方的信任，是不会愿意把自己获得的知识充分地转移给接收方。接收方如果没有对对方的信任，可能会消极地吸收甚至不吸收所转移的知识。即合作伙伴对彼此的信任程度对知识转移活动和转移效果有正向影响(Anderson，Narus，1990)。

因此，本章把组织文化、关系信任定为对新服务开发引入阶段前后台知识转移的调节变量。

概念模型中所有变量的定义如表 7.1 所示。其中，新服务开发引入阶段活动主要采用魏江和陶颜(2006)的定义。转移意愿采用 Gupta 和 Govindarajan(2000)的定义，转移能力采用 Szulanski(2000)的定义，新服务开发绩效主要采用 Storey 和 Kelly(2001)的定义。影响因素中的组织文化采用的是 Schein(1984)的定义，关系信任采用的是疏礼兵(2006)的定义。

表 7.1　引入阶段前后台知识转移的研究变量

方　面	变量名称	定　义	主要来源
引入阶段 活动	人员培训	新服务的开发人员或者培训部门向前台服务人员和营销人员进行理论传授和细节指导，所有服务员工都应该熟悉新服务的本质和它的运行细则	魏江,陶颜,2006；蔺雷,吴贵生,2008
	小规模测试	向预期的客户样本和企业员工提供新服务，观察他们在不同条件下对新服务的反应	魏江,陶颜,2006；蔺雷,吴贵生,2008
	市场投放	将新服务全方位地投向整个市场领域，实现新服务的商品化	魏江,陶颜,2006；蔺雷,吴贵生,2008
	跟踪改进	对新服务的绩效评估和长时间的跟踪改进	魏江,陶颜,2006；蔺雷,吴贵生,2008
前后台 知识转移	转移意愿	包括知识源的传递意愿及接受者的接收意愿	Gupta,Govindarajan,2000
	转移能力	包括知识源的传递能力及接受者的吸收能力	Szulanski,2000
新服务 开发绩效	新服务开发 目标的实现	组织进行新服务开发期望得到的结果	Storey,Kelly,2001；李靖华,庞学卿,2011
影响因素	组织文化	特定组织在适当处理外部环境和内部整合出现各种问题时，所发明、发现或发展起来的基本模式。这些模式如果运行良好，就会被认为是相当有效。因此被用作教导新成员观察、思考和感受有关问题的正确方式	Schein,1984
	关系信任	个人愿意为特定对象承担风险的意愿，也是塑造让别人信任的一种方式	疏礼兵,2006

7.2　方法论和案例背景

7.2.1　方法论

　　本章选择案例方法主要基于以下几点考虑：首先，把研究范围限制在浙江省的商业银行，这样就可以尽量避免因为地域不同所导致的社会经济环境不同对结果产生不可控制的影响。其次，由于本研究深入到新服务开发项目的细节问题，同时考虑到研究工作能否顺利实施，每个案例中至少需要两名员工可以配合我们的研究工作，因此，对于所有当事人都同意接受采访的中小商业银行，优先成为选择的研究对象。再一个考虑,城市商业银行、农村商业银行和农村合作银行是中小银行的典型代表,因此,在城市商业银行和农村商业银行各选取了一个典型银行,其中 T 银行是城市商业银行,U 银行是农村商业银行。

主要通过文献和访谈来收集数据。通过搜索两家中小商业银行网站上的资料、相关新闻报道及前人对中小商业银行的研究收集案例背景资料,在搜索、阅读过程中,也加深了对研究对象及其所在行业的了解。访谈是案例研究不可或缺的信息来源。访谈看上去不是结构固定的问与答,而只是有大致话题方向的访谈。换句话说,虽然会沿着一条连贯的线索提问,但在案例研究访谈中,实际发问仍然是变动的,而不是死板教条的(Rubin,1995)。在文献梳理的基础上,形成了初步的理论框架;接着,根据框架中的一些变量和关系,设计了访谈提纲;然后,对选中的两家中小商业银行中的员工进行半结构式深度访谈,每次访谈的持续时间基本上从半个小时到一个半小时。每次访谈前,作者都会征求被访者的意见,如果被访谈的人员不反对,会对每次访谈过程进行录音(最后只有一位受访者没有进行录音)。访谈结束后,还采取被采访者亲自查验的方法以确保访谈资料的准确性(Lincoln,Guba,1985)。

所有访谈在 2010 年 7 月到 2011 年 7 月间完成,一共访问了 6 名银行工作人员。表 7.2 列出了每次访谈的基本信息,包括时间、地点、访谈人物及其基本信息。为了保护受访者的隐私,本研究对所有的受访者都做了匿名处理,用字母代替。另外,在每次访谈前,都会根据上一次的访谈结果和新的资料、研究想法对访谈提纲进行适当调整。

表 7.2　引入阶段前后台知识转移的访谈基本信息

时　间	地　点	访谈人物	被访者基本信息
2010-11-30 14:00—15:35	台州 T 银行总行大厦七楼会议室	Z 秘书	T 银行董事会办公室秘书
2010-11-30 14:00—15:35	台州 T 银行总行大厦七楼会议室	W 经理	T 银行创业发展部经理
2010-11-30 14:00—15:35	台州 T 银行总行大厦七楼会议室	S 经理	T 银行市场管理部经理
2010-07-16 19:10—21:50	杭州两岸咖啡文教店	A 总经理	U 银行零售业务部副总经理
2011-04-27 9:00—10:30	杭州 U 银行总行	C 总经理	U 银行调统部总经理、技术项目合作部副主任
2011-07-07 9:50—10:25	杭州 U 银行总行	D 经理	U 银行金融同业部经理

7.2.2　U银行业务背景

1.U银行前后台设置

U银行企业背景见第3章,图7.2是U银行组织结构图。U银行实现了前后台分离的设置。其中,零售业务部、公司业务部及各分支行的临柜人员和营销人员组成了U银行的前台。而以人力资源部、调统部、计划财务部、市场营销部、法律合规部、风险管理部等为代表的职能部门组成了U银行的后台,详见图7.3。前台负责通过多种渠道为不同的客户提供多元化产品和服务组合,同时把信息向后台转移,后台则主要借助于实时、完整的管理信息系统,执行全行的财务管理、风险汇报、监控及管理、战略发展规划和绩效评估等工作,并为前台提供支持。

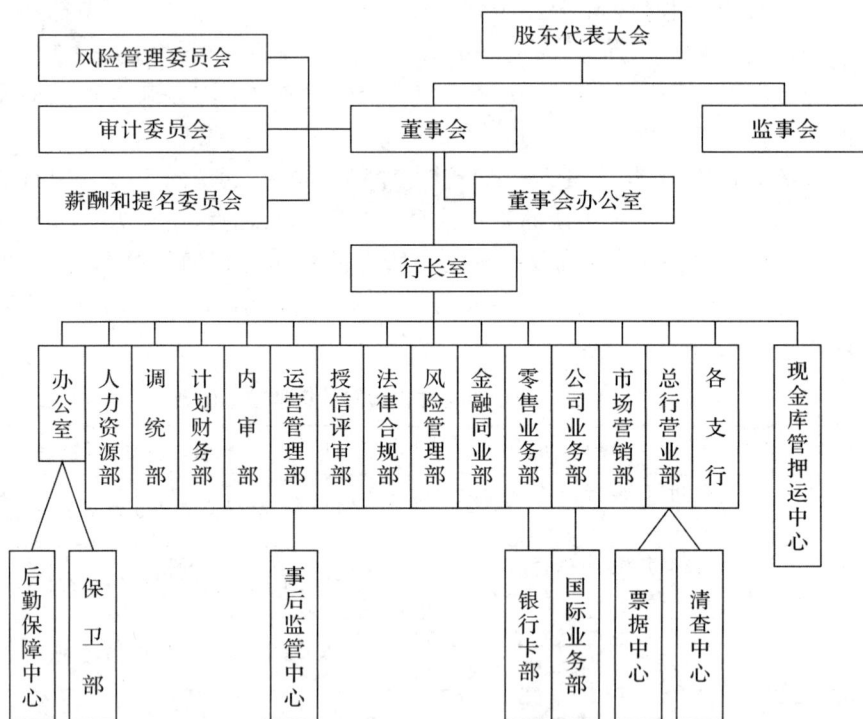

图 7.2　U银行组织结构

2.丰收贷记卡介绍

"丰收贷记卡"于2008年在杭州正式发行。它既有各家银行贷记卡共有的透支消费、取现等功能,又有着明显不同的功能——具有支农服务"一卡通"特色:它与农村创建"信用工程"相结合,根据借款人信用,核定贷记卡授信额度,

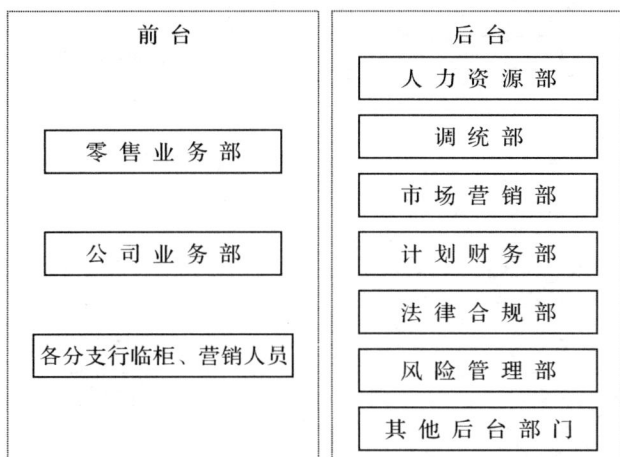

图 7.3　U银行前后台设置

最高 30 万元。一次授信，循环使用，有效期一般可达 2 年,省去了多次重复办理贷款手续。这可以解决农民生活、生产的暂时性、季节性资金短缺,也可以帮助培养信用意识和用卡习惯。丰收小额贷款卡贷款利息为正常贷款利息,而非信用卡的取现利息。丰收贷记卡的基本情况和收费标准如表 7.3 和表 7.4 所示。

表 7.3　丰收贷记卡基本情况介绍

相关条目	具体内容
产品功能	1. 多重功能,集于一体; 2. 增值服务,优先享受; 3. 优惠费用,贴心实惠; 4. 短信服务,安心用卡; 5. 刷卡消费,双重保障; 6. 热线服务,咨询无忧; 7. 还款简便,放心可靠
申请人条件	辖区内拥有良好信用、有预期还款来源的农户、居民、个人经营户和小企业主
申办流程	1. 申请;2. 审批;3. 签约
贷款用途	生产、经营、消费
贷款种类	信用、保证、抵押、质押等
贷款额度	根据借款人信用状况、资金实力等因素来确定
有效期限	额度有效期限最长可达 2 年

资料来源:根据银行网站等相关资料整理。

表 7.4　丰收贷记卡收费标准

收费项目	收费标准
年费	全部暂免
卡片工本费	全部暂免
重置密码费	全部暂免
本行 ATM 转账付出手续费	全部暂免
全球有银联标志 ATM 取现手续费	全部暂免
补制对账单手续费	全部暂免
调阅签购单手续费	全部暂免
挂失手续费	20 元
滞纳金	按最低还款额未还部分 5％收取,最低 1 元,最高 500 元
超限费	按超信用额度部分 5％收取,最低 1 元,最高 500 元

资料来源：根据 U 银行网站等相关资料整理。

　　丰收小额贷款卡授信要求高,要有正常的贷款授信,需要抵押、担保、保证等。严格授信、灵活方便使用。U 银行个人贷款截至 2011 年 3 月末,30 万元以下的贷款通过丰收小额贷款卡的占比已经接近 60％。

　　按照规定,丰收小额贷款卡本来是面向纯农业的生产需要的一种贷款。U 银行在推广中慢慢从纯农业向"三农"、个人经营发展,扩大了概念。在实际操作中,对有稳定职业的,比如政府公务员、事业单位职工等,有稳定收入的,企业高层经理等,也给予授信发放。

7.2.3　T 银行业务背景

　　T 银行企业背景见第 3 章,图 7.4 是 U 银行组织结构图。U 银行实现了前后台分离的设置。其中,市场管理部、专业团队(创业发展部下属团队)及各分支行的临柜人员和营销人员组成了 U 银行的前台。而以人力资源部、信息技术部、创业发展部、计划财务部、合规部、风险管理部等为代表的职能部门组成了 U 银行的后台,详见图 7.5。前台负责通过多种渠道为不同的客户提供多元化产品和服务组合,同时把信息向后台转移,后台则主要借助于实时、完整的管理信息系统执行全行的财务管理、风险汇报、监控及管理、战略发展规划和绩效评估等工作,并为前台提供支持。

　　创业通贷款的业务介绍见第 6 章。

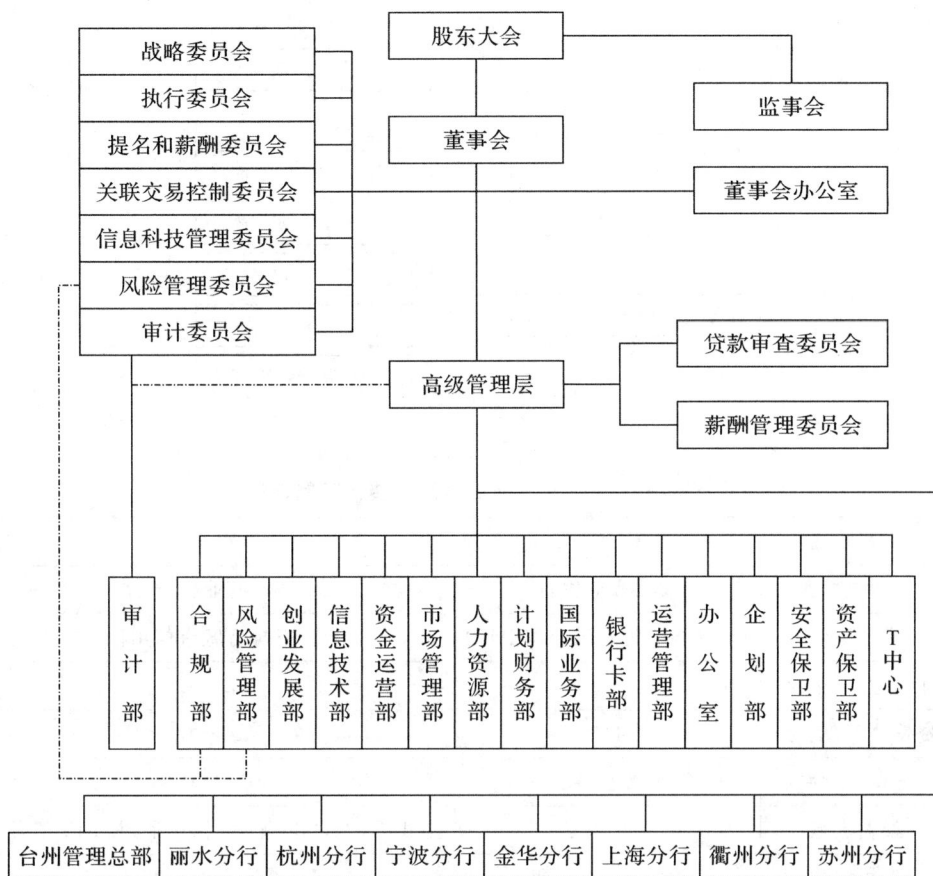

图 7.4 T 银行组织结构

7.2.4 背景比较

表 7.5 从总资产、经营区域等方面对两家案例银行进行了比较。可以看出,两家银行的总资产规模相差不大,是典型的中小银行。成立时间都不长,U银行相对短些。市场定位较为接近,其他指标也无明显差异。它们最大的不同点即是:U 银行是农村商业银行,T 银行是城市商业银行,这对两家银行的新服务开发具有重要影响。同时,农村商业银行和城市商业银行是中小银行的典型代表,这使本研究的结果具有代表性。

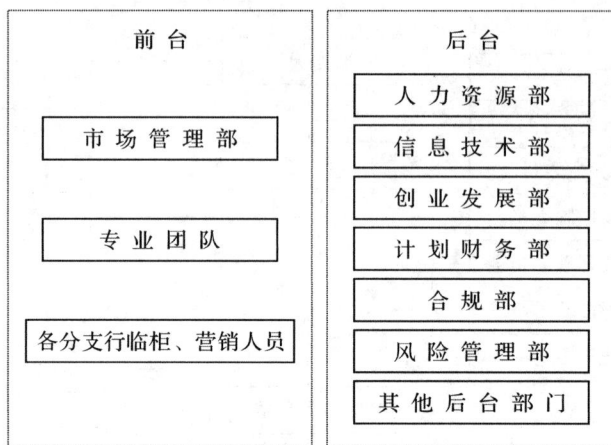

图7.5　T银行前后台设置

表7.5　引入阶段前后台知识转移案例银行

主要特征	U银行	T银行
性质	农村商业银行	城市商业银行
成立年份	2005（当时为农村合作银行）	1993（当时为城市信用社）
存款总额（亿元）	639	328
贷款总额（亿元）	445	213
不良贷款率	0.79%	0.44%
经营区域	杭州、嘉兴	杭州、宁波、台州、丽水、金华、衢州、上海、苏州
市场定位	个人、中小企业	小企业

注：数据截至2010年年末。

在访谈过程中，以被访者熟悉的、最能体现其银行新服务开发的业务开发过程为研究对象。由于被访者参与了本章所选业务的新服务开发过程（特别是引入阶段活动），不仅可以确保我们获取资料的有效性，还能使我们更为详细地了解引入阶段活动对前后台知识转移的影响。另外，U银行和T银行主要定位都是在中小企业，这也是大部分中小银行的共同定位，所以本章在研究时挑选了两家银行为中小企业服务的产品，分别为丰收贷记卡和创业通贷款。两项新服务之间的比较见表7.6。

表7.6　引入阶段前后台知识转移业务比较

特征	U银行	T银行
业务名称	丰收贷记卡	创业通

168

特　征	U 银行	T 银行
业务属性	小额贷款	贷款
业务特点	一次授信,循环贷款	无抵押担保;贷款期限:3～6 月
推出时间	2008	2008

资料来源:根据银行网站及相关资料整理。

7.3　跨案例分析

7.3.1　引入阶段活动

1.人员培训

所选的两家案例银行均有比较成熟的新服务开发引入阶段活动。包括的范围、活动大致相同。①在 U 银行,人员培训主要分为三个层次:一是总行对支行行长进行培训;二是总行对支行产品经理(业务经理)进行培训;三是支行产品经理对支行的客户经理和临柜人员进行培训。还有一种是总行对支行的定点培训,属于小规模培训。即总行对一些培训效果差的支行进行再培训。②在 T 银行,人员培训主要可以分为两种:一种是文化上的培训,一种是业务技能上的培训。对现有员工及新员工也有区分,针对现有员工更多的培训是关于新的产品(服务),对新员工则会进行系统培训,包括存在的产品及新开发的产品。

总的来讲,两家银行都非常重视人员培训。相对来讲,T 银行更加重视,还专门成立了 T 学院,对新入行的员工除了技能上的培训,还进行文化上传承上的培训,这是 T 银行的特色之一也是其竞争优势来源之一。相比之下,U 银行做得相对不足。

2.小规模测试

U 银行会在大规模推广前选择几家支行进行试点,选择的一个标准是首先提出客户需求的支行优先。试点成功的一个重要标准是规模(及金额)。试点时如果达不到一定的金额会另外再选择几家支行。

T 银行会在大规模推广前选择几家支行进行试点,一般首先选择市场成熟的地方,这样的地方对新产品具有较大的需求。以创业通贷款为例,刚开发完成后,先在台州玉环设立一个试点,这是因为相对其他地区,玉环的市场条件要成熟得多。

两家银行都注意到在市场需求大的地方进行小规模测试。这跟小规模测试进行的条件和目的是一致的,是希望在市场成熟的地方能获得更多更好的反馈,从而为新服务的完善和全面投放打下基础。另外,U银行更注重小规模测试在规模(及金额)上达到一定的标准,而T银行相对来说,并没有非常明确的达标标准。

3.市场投放

当新产品试点成功后,U银行一般会把新产品交给业务部门进行推广。①丰收贷记卡零售业务部负责营销方案的设计与执行,及最终的业务推广。

而T银行在研发时已经成立了创业发展部,推广也是由其负责。同时在各个分支行成了专业团队,单独考核,全力推进创业通贷款的商业化。这当然也是跟创业通贷款对于T银行的重要性而言。

银行一般的做法是把产品分为零售业务和公司业务两部分,并分别交由这两个部门进行推广。U银行正是这样一个典型,这在丰收贷记卡项目中就可见一斑。而T银行并非这样。对创业通项目,T银行专门成立了创业发展部,全面负责此项目的研发直至最后的市场投放,同时在下属分支行成立了专业团队,并实行单独考核。这的确大大促进了创业通的推广。

4.跟踪改进

U银行相当重视新产品的跟踪改进,特别是对顾客反映的问题都会加以仔细调查研究,会不断去完善产品。而且前台员工反馈的渠道也较多,U银行有功能丰富的内网系统可供反馈信息,也可以随时通过电话、见面等提出。

T银行非常欢迎客户的反馈,也鼓励员工(特别是客户经理)把客户的要求反馈给银行。而且T银行设立了多个渠道来接收客户的反馈。客户经理可以通过内网系统来反馈客户信息,也可以直接打电话给各自的管理部门,沟通迅速,这是T银行的一大优势。

总的来讲,两个案例银行规模相对较小,组织结构简单,层级不多,从而为跟踪改进的进行提供了方便。两家银行都有便捷的内网系统,以及其他反馈渠道,对客户的反馈都表现出较敏锐的反应。

两家银行在引入阶段活动的总体比较见表7.7。相对来讲,T银行对各个活动都非常重视,尤其是人员培训和市场投放。

---

① 对公业务的产品交给公司业务部,对私业务的产品交给零售业务部。

表 7.7　引入阶段知识转移活动比较

引入阶段活动	U 银行	T 银行
人员培训	＋＋	＋＋＋
小规模测试	＋＋	＋＋
市场投放	＋＋	＋＋＋
跟踪改进	＋＋	＋＋
总体结果	＋＋	＋＋＋

注："＋＋＋"表示很重视、效果很好；"＋＋"表示比较重视、效果比较好。

7.3.2　前后台知识转移

两个案例中新服务开发引入阶段涉及的知识主要是：新产品（服务）知识、市场知识、营销知识，如表 7.8 所示。这些知识多数是嵌入在员工头脑当中，因此需要前台和后台之间的知识转移，才能使引入阶段顺利地进行。新产品的知识和营销知识主要是后台开发人员或者培训人员转移给前台；而市场知识的转移则是相互的，既有后台人员在培训前台人员时向其转移的知识，也有前台人员在和客户等市场主体打交道时获得的市场知识，再转移给后台人员的知识。

表 7.8　引入阶段前后台转移的内容

前后台转移的知识	U 银行	T 银行
新产品（服务）知识	多	多
市场知识	较多	多
营销知识	多	多
转移知识总体程度	较高	高

注："多"表示所有受访者都提及且认可；"较多"表示并非所有受访者都认可。

在 U 银行，普遍较重视的是营销知识的转移。需要客户经理深刻地理解产品，清楚产品能够满足客户的何种需求，同时能为银行创造出多少存款或者多少中间业务。另外，U 银行要求客户经理能把"对的产品"卖给"对的人"，同时还要有拓展市场的能力。这可能跟 U 银行急于扩展业务，提高市场占有率有关。

在 T 银行案例中，前后台除了传递这三类知识外，对文化、做事方式等隐性知识的转移也是重要的一部分。一般刚入行的客户经理，除了学习营销知识、新产品知识等理论知识外，还会跟着一位较有经验的老客户经理共同行动，在共同的体验中完成隐性知识的传递。这相当于是储存在组织知识库里的知识向前台的转移。

根据研究得到的数据及现实情况，银行工作人员能力普遍较强，对于转移和接收关于新服务开发中的知识具有一定能力。而且，在研究中发现影响知识转移较大的是意愿，特别是吸收意愿。一般为了考核需要及自身利益约束，如有新的知识获得，不论是前台还是后台都非常有意愿转移促进业务开发的知识。这也得到了两个案例中被访谈人员的确认。

对比两家银行，U 银行更注重的是营销知识，对产品及市场知识也相对注重，但并不强调更多隐性知识的转移。而 T 银行在隐性知识转移上做得比较好，能够在转移营销、市场、产品显性知识的同时，向前台转移一定的隐性知识。这与两家银行对前台的导向不同有关。T 银行更强调前台客户经理能跟客户形成更紧密的关系，从而为客户信息的掌握打下基础。为实现此目的，需要客户经理有更多隐性知识的积淀。

7.3.3 新服务开发绩效

中小银行的前身多为信用合作社。成立的主要目的，一是为了满足地方经济建设的需要，二是弥补国有大型商业银行服务大型企业后留下的中小企业市场缺口。所以，中小商业银行的产品中，主要服务对象是中小企业及个人用户。新产品（服务）全面推向市场后，经过市场考验，来评价新服务开发初始目的实现程度，从而判断新服务开发是否成功。根据访谈资料、公开的研究资料及相关报道，我们归纳出中小银行新服务开发的目标。表 7.9 列出了案例银行对新服务开发的目标的认识程度。

表 7.9　新服务开发绩效

新服务开发绩效	U 银行	T 银行
产品利润	＋＋＋	＋＋＋
满足客户需求	＋＋＋	＋＋＋
提高声誉	＋＋	＋＋＋
提高工作效率	＋＋＋	/
总体结果	＋＋＋	＋＋

注："＋＋＋"表示银行非常清楚这一目标，不同访谈者均与资料一致；"＋＋"表示银行比较清楚这一目标，不同访谈者与资料基本一致；"/"表示银行并未提及。

总体上，U 银行清楚开发新产品的目的，T 银行则是有比较清楚的认识。具体来看，U 银行的丰收贷记卡，为 U 银行带来了利润，满足了客户的需求，同时大大提升了其工作效率。该行 30 万元以下的个人贷款通过丰收小额贷款卡的占比已经接近 60%。

而 T 银行的创业通贷款给该行带来了丰厚的利润。创业通在推出不到一年的时间里就被中国银行业协会评为第二届服务小企业及"三农"双十佳的金融产品,并且在 2009 年年底为全行带来近三分之一利润。满足客户需求的同时,大大提升了 T 银行在银行业的声誉,为其带来了竞争优势。

新服务开发取得成功的标志就是达到了预期的目标。对各类组织而言,新服务开发的目标是不完全一样的,甚至在同一组织内,不同的新产品承担的任务也并非完全一致。在两个案例中,比较一致的两个目标是产品利润和满足客户需求。商业银行作为企业,必须以盈利性为目标。而基于目前银行间竞争日趋激烈,以及非银行金融机构对传统银行客户的争夺,留住老客户并不断拓展新客户正是多数商业银行的目标,而这一目标则需要通过开发能够满足客户需求的新产品(服务)来实现。有时为了留住客户,商业银行必须开发出类似于竞争者的产品。

另外还有两个目标并不一致,T 银行是提高声誉,U 银行是提高工作效率。事实上,这两个目标最终还是为银行利润服务的。提高声誉,能为银行带来潜在客户,还能使银行在谈判时拥有更大的影响力,在定价时也可以获得超额利润。而提高工作效率可以节省人力成本、时间成本,同时还可以提高服务质量,提高客户满意度,另外还可以分配更多时间去满足大客户的需要。

7.3.4　引入阶段活动与前后台知识转移的关系

在初始概念模型中,本章假定引入阶段活动和前后台知识转移存在显著的正向影响关系。表 7.10 描述了引入阶段活动与前后台知识转移的总体情形。经研究发现,引入阶段活动与前后台知识转移的关系虽然在案例中基本成立,但不像原先假定的那样简单明确。

表 7.10　引入阶段活动与前后台知识转移的关系

引入阶段活动	前台知识转移能力	后台知识转移能力	前台知识吸收意愿	后台知识吸收意愿
人员培训	+	/	+	/
小规模测试	/	/	/	+
市场投放	/	/	+	/
跟踪改进	/	/	/	+

注:"+"表示显著,"/"表示不显著。

1. 人员培训——前台知识转移能力/前台知识吸收意愿

在 U 银行,人员培训主要分为三个层次:一是总行对支行行长进行培训;二是总行对支行产品经理（业务经理）进行培训；三是支行产品经理对支行的客户经理、临柜人员进行培训。还有一种是总行对支行的小规模定点培训。U银行对人员培训非常重视，务必确保后台开发人员或培训人员所拥有的知识完整、顺畅地转移到前台人员。当发现转移不足时，总行还会派人到相关支行进行培训，提升知识转移的效果。这在一定程度上提升了前台人员的知识转移能力，因为必须先具备开发的新服务的知识储备，前台才具备对有关新服务的意见、建议进行反馈的能力，即知识转移能力。同时，U银行高度重视并不断地进行人员培训，并把这一理念传递到全行，因此员工也比较重视人员培训，这无形中提高了他们的知识吸收意愿。

在T银行，人员培训主要可以分为两种。一种是文化上的培训，一种是业务技能上的培训。对现有员工及新来员工也有区分，针对现有员工更多的培训是关于新的产品（服务），对新员工则会进行系统培训，包括存在的产品及新开发的产品。T银行相对一般的中小银行更注重对员工进行文化上的培训，使员工从心理上、文化上认同该行，这也成了该行的文化之一，因此，人员培训都能较好地提高前台人员知识吸收意愿。在能力的培训上，T行也有一些独到的做法，比如用T学院进行系统培训、有经验的客户经理帮带新客户经理等，使前台人员能更深入地了解T银行的产品、制度和特定流程，这都提高了前台知识转移能力。

两家银行对人员培训都比较重视，也取得了较好的效果。通过技能培训，前台人员的知识转移能力不断得到提升，为之后前后台知识转移的顺畅进行打下了基础。另外通过理念、文化上的培训，使前台员工知识吸收意愿得到提升，这有利于他们对知识的吸收与运用。

由此得到如下命题：

命题1：引入阶段的人员培训对前台知识转移能力和前台知识吸收意愿有正向影响。

2.小规模测试——后台知识吸收意愿

U银行会在大规模推广前选择几家支行进行试点，选择的一个标准是首先提出客户需求的支行优先。试点成功的一个重要标准是规模（及金额）。试点时如果达不到一定的金额会另外再选择几家支行。这一阶段，在银行内部，主要是前台人员把收集到的客户反馈信息及市场知识转移给后台开发人员。后台人员根据前台人员收集到的反馈信息（特别是重复反映的问题或建议），会对原来开发的新产品进行反思，会有极大动力去完善它，从而有极高的吸收意愿去吸收前台人员转移的知识。因此，小规模测试提高了后台人员的吸收意愿。

T银行进行试点一般的标准是设在市场比较成熟的地方，这不得不说是非常重要的,也是非常有效的。在成熟的市场,对新产品的接受度会比较高,也会存在一些领先用户,这对新产品的检验和日后能否大规模推广都有很大的借鉴意义。前台人员在成熟市场试点中获得的反馈信息对新产品具有极大的价值,这促使后台开发人员会积极主动去思考前台人员收集这方面的信息。因此,小规模测试对后台人员的知识吸收意愿有正向影响。

两家银行都会在市场条件成熟、客户需求较大的分支行进行小规模测试。在小规模测试阶段,前台人员将在这些成熟市场试点所获得的客户等的反馈信息转移给后台开发人员,后台开发人员则会对这些信息进行反思,对新产品进行完善,同时对前台反馈的知识保持高度的吸收意愿。

由此得到如下命题:

命题2:引入阶段的小规模测试对后台知识吸收意愿有正向影响。

3.市场投放——前台知识吸收意愿

当新产品试点成功后,U银行一般会把新产品交给业务部门进行推广。针对丰收贷记卡,是由零售业务部负责全面推广。前台人员由于要向广大客户转移新服务的产品知识,同时要应对客户提出的各种问题以及帮助客户理解新产品,因此前台人员会竭力去获取任何有关新产品的知识,从而提升自己服务客户的水平。因此,市场投放阶段提高了前台人员的吸收意愿。

T银行则一般会把新产品交给业务部门进行推广。而针对创业通贷款,T银行在总行层面成立了创业发展部,在下面分支行成立了专业团队,专门负责创业通贷款的全面推广。

两家银行都对市场投放投入了很大的精力。在银行内部知识转移方向是双向的,既有前台把客户等市场知识转移给后台,又有后台根据小规模测试后进行改进的产品知识转移给前台,前台再一次受到关于新服务的培训,同时提高了前台知识吸收意愿。

由此得到如下命题:

命题3:引入阶段的市场投放对前台知识吸收意愿有正向影响。

4.跟踪改进——后台知识吸收意愿

U银行相当重视新产品的跟踪改进,对顾客反映的问题都会加以仔细调查研究,会不断去完善产品。丰收贷记卡刚推出时额度只有5万元,改进后调整为目前的30万元。在T银行内部,主要是前台人员把市场知识(包括顾客、竞争者的反应等)向后台开发人员转移,作为对产品(服务)进行修改与完善的依据。通过开会和日常非正式的交流,前台人员把客户对新产品的评价反馈给后台人员,后台对具有可修改性的、重复的问题会有极大的热情,后台人员也会主动向前台人员询问反馈意见,以便修改新产品有时甚至是为开发下一代产品储备知识。因此,跟踪改进阶段提高了后台的知识吸收意愿。

T银行非常欢迎客户的反馈,也鼓励员工(特别是客户经理)把客户的要求反馈给后台。而且T银行设立了多个渠道来接收客户的反馈。客户经理可以通过内网系统来反馈客户信息,也可以直接打电话给各自的管理部门,沟通迅速,这是T银行的一大优势。这在跟踪改进阶段也表现得很明显。及时沟通和随时沟通可以满足后台人员通过前台人员获得客户对新产品的全面反馈,这一阶段,后台的知识吸收意愿得到提高。

两家银行都对反馈客户信息、进行跟踪改进提供了诸多便利条件。在银行内部设有内网系统,可使前台人员及时方便地反馈信息。同时由于两家银行规模相对较小,组织结构简单,层级不多,前台人员可顺利地将收集到的知识如实反映到后台,而不会受到太多干扰。另外,后台人员也会有极高的吸收意愿去向前台人员询问反馈意见,以便修改新产品有时甚至是为开发下一代产品储备知识。

由此得到如下命题:

命题4:引入阶段的跟踪改进对后台知识吸收意愿有正向影响。

7.3.5　调节变量对前后台知识转移的影响

1.组织文化——前后台知识转移意愿

组织文化决定了企业做事的方式,自然也决定了企业内部部门之间、人员之间如何沟通,以及知识是否转移和如何转移。它影响着企业员工知识选择的偏好以及知识获取的方式,进而影响着知识的创造、转移和分享。新服务开发引入阶段活动对前后台知识转移的影响主要体现在知识吸收意愿上,而组织文化对此起调节作用。组织文化是一个情境因素,在新服务开发引入阶段它更多地影响着吸收方的意愿,即知识吸收意愿。良好的组织文化会促成知识吸收意愿,大大加快知识转移的效率,也会提升知识转移的效果。两家银行都有各自较特色的但都有利于沟通的组织文化,而这种组织文化可以明显地反映在组织成员身上,从而使员工间沟通明显带上组织文化的印记。

U银行的核心价值观为"人为本,合为贵",企业口号是"联合你我的力量",它的核心文化即为"合文化"。互相合作是组织文化主流,互相沟通也很顺畅。这种"合文化"对企业内部门间、人际间的知识转移产生了较大的正面影响,特别是使员工的知识转移意愿保持在较高的程度。员工间交流频繁,沟通密切,各部门负责人之间也交流顺畅,大大促进了新产品开发的进行与知识在不同部门间的转移与流通。这也是U银行的一大优势。

T银行的组织文化核心是"家文化"。T银行的员工对本行有高度的认同感和归属感。银行为员工提供了广阔的平台,能完整地完成一个任务,达到工作纵向扩展和工作横向多样化,同时对基层员工授权、放权。目前,T员工平均年龄在26岁左右,年轻有活力的80后已经是业务骨干,部分甚至已经是中高层领导。员工间交流频繁,沟通密切,各部门负责人之间也交流顺畅,大大促进了知识在不同部门间的转移与流通,从而促进和加快了新产品开发的进行。"家文化"的存在,使全行员工以行为家,不论是前台人员还是后台人员,都能以银行利益最大化为己任,保持着极大的热情去吸收知识,不断提升自我。

两家银行都具有各自特色的组织文化。不论是U银行的"合文化"还是T银行的"家文化",都是鼓励部门间、员工间进行顺畅地沟通。员工间交流频繁,沟通密切,各部门负责人之间也交流顺畅,大大促进了新产品开发的进行与知识在不同部门间的转移与流通。前后台顺畅的知识转移也得益于此。

由此得到如下命题:

命题5:组织文化对引入阶段活动和前后台知识转移的关系起正向调节作用。

命题5a:中小银行存在有利于员工沟通的组织文化越强,引入阶段活动对前后台知识转移的作用越强。

2.关系信任——前后台知识转移意愿

案例研究发现,银行员工之间的关系信任水平对员工个人态度和知识学习都有积极影响。没有相互信任的环境,员工就不会愿意将自己的知识与他人分享,也会消极地接收别人的知识和信息。人与人之间的交往和沟通、知识的交流和转移以相互信任为基础,一个普遍交往的社会要比相互间缺乏信任的社会更有效率。知识转移双方必须相互信任,特别是只有通过紧密的、值得信赖和持续的直接交流等非正式网络才能实现隐性知识的有效转移。在中小商业银行,这种表现更加明显。由于层级少,组织结构简单,员工间交流、接触的机会增多,更容易培养相互信任的关系,从而也更容易促进知识转移。

U银行在整个行内形成了相互信任的氛围,所以总体上,人际间沟通保持在较高水平,正式、非正式的沟通都较为融洽。但也存在一些特殊情况,新服务开发必然伴随着新知识的产生、转移等活动,会对当前银行的一些做法产生变革,同时它也带来了不确定性。如果部门间、人际间缺乏信任,很容易导致沟通障碍及难以合作的情况。在U银行个别部门也曾出现了这种情况,信任度下降,前后台接收方知识吸收意愿下降。

T银行在整个行内形成了充分信任的氛围,跨越了层级的隔阂。这种充分的关系信任,使整个行内知识能够顺畅地流动,使其为银行的目标服务。T银行的整个信任氛围,主要得益于 T 银行非常鲜明又有特色的组织文化,以及较好的考核方式。员工能互相信任、互相合作,共同为银行的共同目标而进行奋斗,前后台知识转移保持高度的流畅。

总体上,两家银行组织内都形成了充分信任的氛围,使组织内的知识转移能够顺畅进行,从而推动新服务开发。关系信任对引入阶段活动和前后台知识转移的关系起正向调节作用。

由此得到如下命题:

命题 6:关系信任对引入阶段活动和前后台知识转移的关系起正向调节作用。

命题 6a:中小银行员工间存在的关系越信任,引入阶段活动对前后台知识转移的作用就越强。

7.3.6 前后台知识转移与新服务开发绩效的关系

在新服务开发引入阶段,引入阶段活动对前后台知识转移的影响主要在前台知识转移能力、前台知识吸收意愿和后台知识吸收意愿。本章以这三个指标代表新服务开发引入阶段的前后台知识转移,即前台知识转移能力越高、前台知识吸收意愿越高、后台知识吸收意愿越高,则前后台知识转移越多。前后台转移的知识与新服务开发目标之间的关系如表 7.11 所示。

表 7.11　引入阶段转移的知识与新服务开发绩效的关系

前后台转移的知识	产品利润	满足客户需要	提高声誉	提高工作效率
新产品(服务)知识	＋＋	＋＋	＋＋	＋
市场知识	＋＋	＋＋	＋	＋
营销知识	＋＋	＋＋	＋	＋

注:"＋＋"表示两个案例银行都认同,"＋"表示一个案例银行认同。

新服务开发过程是知识创造、转移、吸收、运用的过程,真正有效的知识转移特别是前后台知识转移能大大促进新服务开发的进行(见表 7.12)。可以看到,整体上前后台知识转移能力、前台知识吸收意愿、后台知识吸收意愿、前后台知识转移的情况,与新服务开发绩效呈现正向关系。具体而言,前台知识转移能力与新服务开发绩效呈正向关系;前台知识吸收意愿与新服务开发绩效呈正向关系;后台知识吸收意愿与新服务开发呈正向关系。

表 7.12　前后台知识转移与新服务开发绩效的关系

变　量	U 银行	T 银行
前台知识转移能力	＋＋	＋＋
前台知识吸收意愿	＋	＋＋
后台知识吸收意愿	＋	＋＋
前后台知识转移	＋	＋＋
新服务开发绩效	＋	＋＋

注:"＋＋"表示高,"＋"表示较高。

从而得到命题如下:

命题 7:中小银行的前后台知识转移与新服务开发绩效之间呈现正相关关系。

命题 7.1:员工的前台知识转移能力高,新服务开发绩效高。

命题 7.2:员工的前台知识吸收意愿高,新服务开发绩效高。

命题 7.3:员工的后台知识吸收意愿高,新服务开发绩效高。

7.3.7　综合模型和讨论

最终模型如图 7.6 所示。两家案例银行的证据一致表明,在组织文化和关系信任两个调节变量的作用下,引入阶段活动与前后台知识转移之间存在着一个正向影响关系。通过具体分析引入阶段四项活动,本章得到人员培训对前台知识转移能力有正向影响,人员培训和市场投放对前台知识吸收意愿有正向影响,小规模测试和跟踪改进对前后台知识吸收意愿有正向影响。当组织内前台知识转移能力及吸收意愿提高、后台知识吸收意愿提高后,会促进组织的前后台知识转移。案例研究表明,新服务开发需要多种知识,当组织内进行高度的前后台知识转移时,会促进新服务开发绩效。

U 银行是农村商业银行,其前身是农村合作银行及农村信用合作社。其设立的目的在于为辖区内的农业、农民和农村经济服务。而 T 银行是城市商业银行,前身是城市信用合作社,设立目的主要在于为中小企业服务,为地方经济服务。因此两家银行的定位也有所不同,U 银行更多地侧重于个体经济、私营经济(多由原先辖区内农民发展起来),以及服务"三农";而 T 更多的是定位于中小企业,"三农"业务不是其重点。银行的定位也反映在各自的产品上。例如,本研究所选择的 U 银行的丰收贷记卡和 T 银行的创业通,均是两家银行典型的产品。丰收贷记卡的对象主要是辖区内拥有良好信用、有预期还款来源的农户、居民、个人经营户和小企业主;而创业通的对象主要是处于创业启动期、缺

179

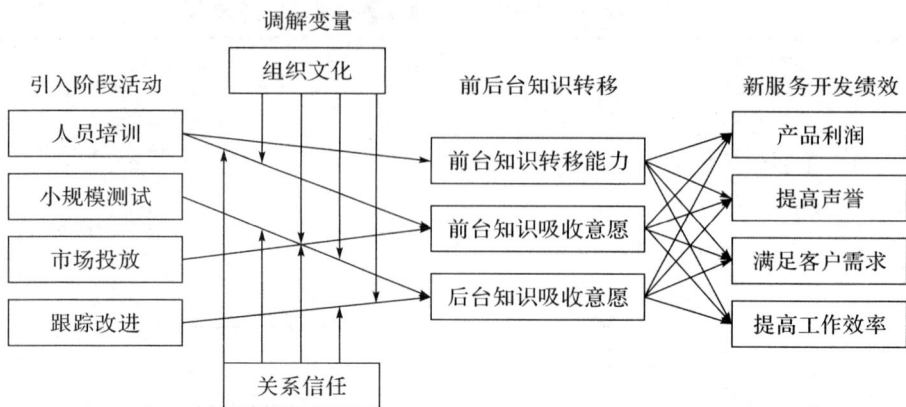

图 7.6　新服务开发引入阶段前后台知识转移的综合模型

少项目启动资金的小企业或个体经营户以及处于创业发展期、缺少短期流动资金的小企业或个体经营户。

　　虽然作为中小银行，本章的两个案例银行在引入阶段存在着一些问题，当然也无法与大型银行所投入的精力相比，但还是可以看到两家银行的引入阶段活动划分较为清晰，也有一定的标准和规范，可以较好地作为新服务开发的典型案例。新服务开发引入阶段主要由四个活动组成：人员培训、小规模测试、市场投放和跟踪改进。这跟先前的研究有些不一致。先前研究一般在引入阶段不包括人员培训这一活动。本章则显示了不一样的观点：认为人员培训也是引入阶段的一个活动，人员培训正是为新服务开发的引入而进行的。

　　受引入阶段活动影响的前后台知识转移细分为三个变量：前台知识转移能力、前台知识吸收意愿、后台知识吸收意愿。根据逻辑和先前的预计，应该还有后台知识转移能力、后台知识转移意愿、后台知识吸收能力、前台知识转移意愿、前台知识吸收能力等五个变量。但后面这五个变量并没有在案例中得到反映。主要原因可能如下：

　　第一，本研究主要关注与新服务开发引入阶段，及引入阶段活动对前后台知识转移的影响。引入阶段的主要特征即是新服务的推广，知识转移层面主要是后台知识转移至前台，由前台再转移给客户这样一个过程。而客户对新服务的反馈，客户经理接收反馈再传递给后台人员，只能算是一条辅线。在这样一个过程中，后台人员掌握了主要的新服务知识，也具有较强的能力，而引入阶段活动（特别是人员培训）主要提高的是前台人员的能力，所以后台转移能力及吸收能力均表现得不显著。

　　第二，随着近些年高校毕业生的增多，商业银行也吸收了大量的大学应届毕业生和研究生，这给银行带来新鲜血液的同时，也提升了银行从业人员的能

180

力与素质。而且这些毕业生多是毕业于经济管理类专业,对银行的产品有一定的理解。因此在新服务开发引入阶段,能力相对显得不是问题。不论是后台人员转移能力、吸收能力,还是前台的转移、吸收能力都在较高的水平上,这也是后台人员转移能力、吸收能力,前台吸收能力不显著的一个原因。

第三,引入阶段主要是后台向前台培训及转移新服务开发知识,前台反馈给后台相关改进知识的过程。一方面,后台向前台转移知识是其职责之一,也受到银行考核及其他措施的激励,因此其转移意愿较高。另一方面,收集客户反馈信息,反馈给后台,如能很好处理,既可满足客户需求,提升业绩,又可获得银行的奖励,这在一定程度上使前台有较高的知识转移意愿。所以在案例中前台知识转移意愿和后台知识转移意愿也不显著。

7.4 结论和启示

本案例研究的结论得出了以下观点:①新服务开发引入阶段活动对前后台知识转移有正向影响。银行成功地进行引入阶段活动有助于前后台知识转移的顺畅进行。②引入阶段的人员培训对前台知识转移能力和前台知识吸收意愿有正向影响。人员培训可以提高前台知识转移能力。同时,人员培训提高了前台知识吸收意愿。③引入阶段的小规模测试对后台知识吸收意愿有正向影响。小规模测试可以促进前后台知识转移。具体而言,小规模测试对后台知识吸收意愿具有正向的直接影响。④引入阶段的市场投放对前台知识吸收意愿有正向影响。市场投放可以促进前后台知识转移的顺畅进行。具体而言,市场投放对前台知识吸收意愿具有正向的直接影响。⑤引入阶段的跟踪改进对后台知识吸收意愿有正向影响。跟踪改进可以促进前后台知识转移的顺畅进行。具体而言,跟踪改进对后台知识吸收意愿具有正向的直接影响。⑥组织文化对引入阶段活动与前后台知识转移的关系起正向调节作用。组织文化可促进引入阶段活动时前后台知识转移顺畅进行。组织文化对前后台知识转移顺畅进行的调节作用体现在促进前后台知识吸收意愿上。⑦关系信任对引入阶段活动与前后台知识转移的关系起正向调节作用。关系信任可促进引入阶段活动时前后台知识转移顺畅进行。关系信任对前后台知识转移顺畅进行的调节作用体现在促进前后台知识吸收意愿上。⑧组织文化和关系信任对前台知识吸收意愿、后台知识吸收意愿的作用显著,对知识转移能力的影响不显著。⑨前后台知识转移对新服务开发绩效有正向影响。同时,绩效包括产品利润、满足客户需求、提高声誉、提高工作效率。

同时，后台知识转移能力、后台知识转移意愿、后台知识吸收能力、前台知识转移意愿、前台知识吸收能力等五个变量在研究中不显著。

本研究得出的主要管理启示如下：

第一，银行应该重视和完善新服务开发的引入阶段，包括人员培训、小规模测试、市场投放、跟踪改进。引入阶段是新服务开发能否最终成功的关键阶段。总体上，目前各银行对其虽较重视，但是效果并不明显。这些阶段需要投入大量精力，且需要不断对其进行评估。例如，人员培训后也应对其效果进行评价，因为这不仅影响到前台人员对顾客的服务质量，还关系到前台人员是否具备能力及意愿去跟后台人员进行知识转移，从而关系到新服务开发的成败。

对于人员培训，不能仅仅重视对产品（服务）知识的传递，还应该包括营销知识、市场知识，同时也要重视组织文化上的培训与传递。由于目前的业绩压力、绩效导向，组织文化是比较被管理层忽略的一块。然而组织文化对新服务开发成功起着重要的作用，它会影响到部门间、人际间的知识转移，而知识转移的顺畅与否则关系到最终新服务开发绩效能否实现。

对于小规模测试，银行应该重视前台的反馈信息，更应重视后台对此反馈信息是否保持较高的吸收意愿，是否充分吸收并运用了这类知识。这是比较重要的，因为前台反馈的信息一般来自于客户或市场，往往对新产品的完善起到最初依据的作用，有时甚至能成为下一代产品的触发点。

对于市场投放，银行应重视前台人员的知识吸收意愿。因为前台人员是接触客户的第一线，对顾客感知服务质量的高低具有决定意义。提高前台知识吸收意愿，有助于前台人员更好地掌握新服务知识，同时提高服务水平，从而更好地满足客户，为银行带来利润。

对于跟踪改进，银行应该坚持而不松懈。有时对全面投放一定时间的产品，银行会认为已经成熟了，无须再去跟踪改进，这种观点是片面的。事物是在不断变化发展的，虽然在一段时间内是成熟的产品，但从长远看还是有改进余地的。所以说跟踪改进有时甚至会持续几年。

第二，加强组织文化的建设和培养关系信任的氛围。组织文化和关系信任对前后台知识转移有重要影响。银行应该提升全体员工对组织的认同和自豪感，同时在全行员工之间促成一种互相信任的氛围。打破部门间的隔阂，使员工间交流频繁，沟通密切，各部门负责人之间也交流顺畅，这可大大促进知识在不同部门间的转移与流通，从而大大促进和加快新产品开发的进行。具体上来说，对于组织文化建设，可以开展以下活动：一是定时召开晨会、总结会等；二是张贴宣传组织文化的标语；三是树先进典型，进行权威宣讲；四是进行外出参观学习；五是设立组织创业、发展史陈列室。

第三，重点提升前后台员工的知识吸收意愿。在研究中发现，知识转移能力对拥有越来越多高学历人才的银行来说，并不是太大的问题，更重要的是意愿方面，尤其是知识吸收意愿。不论是前台员工还是后台员工，知识吸收意愿都相当重要，而银行内部缺少的即是知识吸收意愿。银行应该推出对应的措施，在精神上、物质上激励员工提升知识吸收意愿。同时对于员工知识吸收意愿的提高可以跟建设组织文化和培养关心信任的氛围结合起来。

第四，中小银行更应注重新服务开发中各类知识的积累。本章明确了在新服务开发引入阶段各类知识对新服务开发目标实现的作用。银行对此已有一定认识，但是对各类知识进行分类管理、积累，直至形成数据库，才能更好地为新产品开发服务。这是中小银行未来努力的方向。

8　新服务开发全过程前后台知识转移

　　服务组织的前台相比其他组织更为重要。前台在长期与顾客直接接触、提供常规服务的同时,也承担新服务前期的需求信息搜集和后期的营销推广工作。他们积累的经验,对新服务开发准确把握顾客需求很重要;他们对新服务的理解,也关乎新服务营销的推广效果。但由于服务前台在劳动强度、人员素质、薪酬水平、组织文化等方面与后台存在较大差异,加上空间和流程上的分割,与后台沟通困难、知识流转不畅。一方面,前台人员沉淀的宝贵经验和隐性知识难以转化为新服务开发的有效输入,而突击性的顾客调查效果不佳;另一方面,开发人员设计出来的服务产品,容易成为顾客和前台人员都"难以理解"的失败之作。

　　对知识转移的研究表明,创新的本质是知识创造(疏礼兵,2007),知识转移对创新绩效有着显著作用(卢俊义,王永贵,2011)。陶颜等(2007)从知识转移视角划分了金融创新过程的几个阶段,但并没有指出金融企业组织结构对知识转移的影响。此外,对社会资本的研究表明,社会资本对知识转移的绩效有关键作用。这些研究可以分为组织间(索利娜,2011)、组织层面(戴万亮,2012)、团队层面(柯江林等,2007)。从前后台这一服务组织的常设结构来看,介于组织与团队之间,其对新服务开发知识转移的影响关系可能更复杂,有必要进一步探讨。总体来看,将新服务开发置于前后台分离的组织情境下,探索前后台社会资本对新服务知识转移影响的国内外研究仍然很缺乏。

8.1　理论基础和研究框架

8.1.1　前后台运作下新服务开发绩效的内外部影响因素

由于新服务开发失败率高,对新服务开发的研究中,新服务开发成功的影响因素识别一直是新服务开发研究的焦点问题。而迄今对新服务开发影响因素的研究,主要从服务特性、内部因素、外部因素等角度展开(陈荣平,2004;袁春晓,2004;杨雪等,2009)。清晰的任务、产品牵头人(product champion)、足够的人力/资源、扩展边界机制(boundary spanning mechanisms)、集成方法、多职能团队(multidisciplinary teams)被认为是新服务开发的成功因素(Benders,Vermeulen,2002)。

其中杨雪等对新服务开发的影响因素做了全面的研究,较为系统地阐述了新服务开发的影响因素,认为新服务开发的理解可从新服务自身性质、新服务开发的组织内部影响以及服务企业外部影响三个层面来进行(杨雪等,2009)。其中最内层的新服务自身性质主要可分为五类影响因素,包括服务的无形性、服务生产与消费不可分离性、服务异质性、服务易逝性和服务质量创新;中间层新服务开发组织内部影响因素主要可分为资源配置、规范的 NSD 过程、项目融合、内部营销、技术支持和新服务开发文化六类因素;最外层服务企业外部影响因素则具体可分为顾客、供应商、竞争对手、代理商和公共部门五类因素。

前后台运作下,主要的影响因素以企业内外视角来看可以分为资源配置、内部营销、技术支持等内部因素和顾客、竞争对手、代理商等外部因素的作用。资源配置:适当的资源配置是新服务开发成功的重要影响因素,很多开发项目都是因财力和人力的资源缺失而夭折(杨雪等,2009)。服务业例如金融服务业目前广泛采用职能部门化结构,同时又进行了前后台的分离。前台员工也被分配去完成产品开发相关的一些小任务,即需要他们同时对产品开发部门和日常工作部门负责,这导致了目标的不一致,引出了两个问题:冲突的优先权和资源的争夺(Vermeulen,2005)。而员工一般在业余时间进行产品开发,他们的大部分时间为职能部门工作,这延长了新服务开发的时间。另外,这还表现在基于项目的工作与缺少产品牵头人。基于项目内的工作绩效不高是因为项目内成员互相不理解,产品无形性又导致很难沟通。同时在服务企业中的成员普遍缺少这方面的经验。

内部营销是关于对前台人员培训的一部分内容。前台人员必须拥有大量关于提供的新服务的信息才能为客户提供优质的服务。这些信息主要在人员培训时获得，而信息的输出方一般是后台人员。虽然这时信息流的流向主要是从后台到前台，但有时因为前台对顾客信息的了解也会出现前台到后台的信息流。前后台运作模式下，对内部营销提出了更大的挑战，内部营销的有效与否直接关系到顾客满意度高低问题。

技术支持可以多方面支持系统。而信息技术对金融服务业的创新绩效来说一直是个大瓶颈（Vermeulen，2005）。当然，前后台的分离致使科技部门更加专业化，但是科技部门与其他部门间的沟通水平则很低。当前台人员提出一些创新概念时，他们往往无法知道科技部门是否有能力调整系统，或者调整系统是否可行。往往系统调整是件耗时耗力的事，有时甚至是不可行的（也可能是由于 IT 人员一直存在短缺，很多企业把信息系统外包，但这又导致沟通问题），科技人员一般没有动力去进行。而如果前台人员的意见无法被接纳，则会挫伤他们的积极性。这对企业来说则是消极的。

至于顾客、竞争对手、代理商，前后台分离对这几个影响因素有一定的相似性。顾客是信息及新服务概念的来源，且能参与到新服务的开发过程中，对新服务开发有重要影响。前台人员有更多的机会接触到顾客，也更容易了解顾客的想法及获得反馈，但是这同时带来的是成本的增加，因为顾客参与往往意味着更多的成本支出。而 Vermeulen（2011）调研了 14 家银行和 25 家保险公司后发现 40％声称结构化收集想法的公司，不把前后台作为新想法的直接来源。而顾客一般也不参与新服务开发，这可能是由于顾客也不知道他们真正的需要是什么或者他们没有兴趣参与，而服务企业也认为顾客的作用不大。从获取市场信息方面，前后台分离对竞争对手和代理商的影响跟对顾客的影响类似。

8.1.2　前后台运作对新服务开发知识管理的影响

知识管理对新服务开发至关重要，新服务开发的过程就是知识创新的过程。新服务研发存在正式研发和惯例研发。服务研发不一定设有专门的研发机构，很多时候服务研发是由临时团队来完成的，或者由一些比较松散的组织来完成，甚至作为业务部门的日常业务来进行。但无论如何，成功开发的新服务少不了对顾客需求的准确认识。在服务研发的组织方面，大多数服务企业在执行服务研发活动时，选择将研发活动委派给市场部、产品经营部或者销售部等与顾客接触较多的部门。对他们来讲，在分配服务研发活动时，和顾客联系的强度就是一个重要的准则（den Hertog，2004）。因此服务研发工作是前台和后台之间合作才能有效完成的。

新产品（服务）开发涉及的知识主要有管理知识、市场知识、技术知识，且上述知识在企业中具有很大的黏性(王毅,2005)。经常以隐性知识的形态存在,转移的难度较大(Pitt,MacVaugh,2008;余光胜,毛荐其,2007)。传统上新产品开发的研发/营销界面是知识转移的主要场景。研究表明,较高的环境不确定性和定位于领先技术/产品的战略对界面集成的要求较高(Song,Parry,1993;Gupta,Govindarajan,2000)。

围绕新产品(服务)开发的阶段存在连续的知识流(Knudsen,2005)。刘鹏对知识密集型产业内新产品(服务)开发隐性知识转移总体过程、各阶段隐性知识主要转移方式和转移过程进行了分析。得出结论,新产品开发过程中隐性知识转移的进行离不开顾客和企业知识库,且隐性知识资源复杂程度和隐性知识吸收能力分别对隐性知识转移有负向和正向影响(刘鹏,2004)。陈晓君进一步分析了新产品开发概念生成阶段和测试改进阶段知识转移绩效的影响因素,以及任务特征对上述主效应的调制作用。得出结论,团队成员的个人学习能力、团队成员间的相互信任程度、团队成员的前期合作经验、知识的独立程度、团队成员间的沟通频度与知识转移绩效都呈正向关系(陈晓君,2008)。这些研究都涉及组织内企业高层、研发团队、营销人员、各职能部门,以及外部的供应商和顾客等。对于研发团队内部的知识转移,基于知识转移基础结构,疏礼兵归纳出知识内隐性、转移意愿、传授能力、关系信任、知识距离和吸收能力等影响因素(疏礼兵,2006)。此外,企业新产品开发的知识资产积累(Linzalone,2008)及其测度(Lettice,et al.,2006)也很重要。

目前新服务开发的研究主要模仿新产品开发展开,对知识管理的研究并不多。陶颜、魏江、王甜基于金融服务创新的实践,分析了新服务开发过程中的知识转移。项目团队是转移的中心,相关的转移方包括内部的前台营销人员、企业高层及各职能部门,以及服务运作系统和知识库;外部转移方则有顾客、供应商、竞争对手等(陶颜等,2007)。新服务开发中对知识管理系统的运用,有利于价值的创造和新业务的扩展(Kridan,Goulding,2006)。

现有文献并无专门针对前后台运作下新服务开发的知识转移的研究。虽然也有对整个新服务开发的知识转移进行研究,但更多的只是分析知识来源、转移方向,且更关注于顾客这一外部知识源,对组织内知识转移关注较少。

8.1.3　前后台社会资本内涵与测量

社会资本是指嵌入人与人之间的关系网络的一种实际或者潜在的资源,包括关系网以及其中所有的资源(林南,张磊,2004),能影响拥有者的经济和社会行为(卢燕平,2007)。本章的研究问题是前后台拥有的社会资本状况对新服务开发活动行为的影响。前后台社会资本状况通过可观测的变量来描述。基于不同层次研究,社会资本测量分为个体测量和集体测量。个体测量主要描述个体社会资本,侧重网络测量,如网络规模、网络的成分以及网络的密度(Lochner, et al., 1999)。个体在网络中所处位置以及网络中所嵌入的资源都应是可供选择的测量指标(Bian, 1997)。集体测量用于描述团队、组织的社会资本,通常分为几个基本的维度,分别是信任、公共参与和社会连接、社会网络结构、社会规范等。基于测量维度,社会资本有单维度测量和多维度测量。单维度多用连带强度作为社会资本表现形式(Mark, 1973),也有用信任作为衡量(Leana, van Buren, 1999)。

由于本章研究层次介于组织和团队之间,除了前后台结构对知识转移影响之外,前后台成员间关系质量和组织层面的共同认知程度影响也较大。所以,本研究采用广泛认同的是 NallaPiet 和 Ghoshal(1998)的结构、认知、关系三维度框架来刻画前后台社会资本。

8.1.4　理论框架

现有的研究表明,网络层面的关系资本和认知资本对知识转移影响很大(Hansen, 1999)。此外,结构因素(如网络结构特征)对知识转移的影响也很明显(Wijk, et al., 2012)。基于以上三部分文献综述,提出理论框架(见图 8.1)。

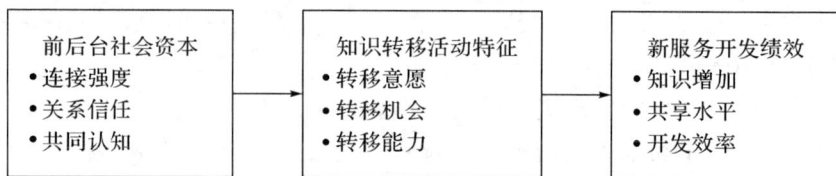

前后台社会资本	知识转移活动特征	新服务开发绩效
•连接强度 •关系信任 •共同认知	•转移意愿 •转移机会 •转移能力	•知识增加 •共享水平 •开发效率

图 8.1　新服务开发前后台知识转移的初始概念模型

8.2　方法论和案例背景

8.2.1　方法论

兼顾案例的数据可获取性、典型性和研究便利性,本章选取浙江省多家区域性银行为案例研究样本。①数据可获取性。浙江是全国金融市场较发达的地区之一,聚集着 11 家城市商业银行(截至 2012 年,全国城市商业银行共 144 家)和 1 个农商行系统(81 家行社)。区域性银行层级较少,大多拥有自主后台系统,新服务开发相对全国性商业银行更灵活。由于市场活跃,该地区对银行服务需求也极为多样。因此,这些区域性银行在银行新产品开发上投入很大,新服务产品层出不穷。这都保证了本研究能获得丰富的样本。②案例典型性。银行也是典型的前后台分离的行业,其前台发育更完善,前后台划分更清晰,运作更稳定。选取银行业作为前后台知识转移的研究具有典型代表性。③研究便利性。研究人员都处在浙江地区,且与银行业从业人员具有广泛联系,调研活动便利。相比其他前后台分离的行业(如保险),银行更具开放性,资料获取更便利。

我们对浙江省区域性银行(城市商业银行和农商行)进行了 10 次访谈(见表 8.1)。访谈为半结构化。研究小组事先与受访对象联系,提供访谈大纲以便对方安排了解访谈内容的人员参与并做准备。访谈中全程做笔记并全程录音,访谈平均时间约为 120 分钟。依据 Eisenhardt(1989)建议,研究小组在 24 小时内对访谈笔记和录音资料进行整理与核对,并制作"访谈接触单",针对不确定和缺失的信息进行电话回访,以确认和补充。

表 8.1　调研银行概况

银　行	成立年份	资产(亿元)	市场定位	分支机构	访谈次数	访谈时间
H 银行	1996	1235	服务区域经济、中小企业和城乡居民	128	2	2010 年 5 月/7 月
U 银行	2011	1104	服务于"三农"、社区、中小企业	124	2	2011 年 5 月/12 月
R 银行	2011	561	农村商业银行	101	2	2012 年 12 月
T 银行	1993	367	小企业成长伙伴	74	2	2010 年 12 月
M 银行	1988	407	服务中小企业、个体经营户、城乡居民	57	1	2012 年 12 月
C 银行	1987	620	支持中小企业、服务个体私营	46	1	2013 年 4 月

本章主要采用内容分析法(Strauss,Corbin,1998)。首先,借助质性分析工具 QSR Nvivo 7.0 首先对调研所得文本归类,形成项目级案例库;其次,以信息饱满度为目标,从 10 次访谈涉及的 20 个项目中选取合适的项目案例;最后,按照不同项目,逐一进行内容分析(编码)。编码过程借鉴李飞等(2010)的做法,首先由 2 名成员全面整理、通读案例资料,然后以预设关键词为依据逐句扎根编码。

具体编码过程:第一步,开放式编码。建立基于新服务开发阶段的二维(代码—阶段)代码库。首先,对调研所得资料逐句进行初始编码。将语句中关键词确定为代码(node),得到包含 368 个代码的一级代码库。其次,按开发的阶段对一级代码分类。将 368 个代码按概念产生阶段、概念发展阶段、开发阶段和引入阶段,形成四个阶段的二维(代码—阶段)代码库。第二步,主轴编码。将二维代码库中的开放式代码逐个编入主轴代码。主轴编码过程先由 2 人分别进行。之后对比编码结果,如果 2 人编码结果一致,则肯定该编码结果,否则共同讨论确定或删除。经过该环节,剔除 30 个码,最终确定 338 个代码。开放式编码和主轴编码示意如表 8.2 所示。

表 8.2　开放式代码和主轴代码举例

构念	主轴代码	开放式代码举例	小计
连接强度	强连接	劳动密集型服务,经常走访,认识时间长,每天开会,多种渠道	27
	弱连接	需要时联系,持续时间短,同行交流,文档传递,简单讨论,联系少	19
关系信任	情感信任	私下关系好,真诚合作,平时一起娱乐,相互倾诉内容,自由分享观点,给予关心建议,相互配合,诚实守信,合作开发,客户关系很好	40
	任务信任	互惠互利,例行交流,本职任务,合同开发,能力信任	35
共同认知	共同认知	道德约束,时间进度表,文化开放,道德规范共享,公共基础知识,相似教育经历,共享语言平台,共同愿景,开发工具和方法相似	32
转移活动特征	转移机会	多渠道,接触机会更多,联系方便,讨论方便,广泛学习	15
	转移能力	悟性,发现客户需求,清楚表达,正确理解,解读客户需求	13
	转移意愿	积极主动,乐于被接受,态度配合,道德压力,考核压力,计划进度控制	20
开发绩效	知识增加	新产品想法,发现原因,开发二级法人框架,创造评估法,新担保方式	19
	共享水平	普及知识,综合各部门知识,共同化,接口标准共享,经验共享,同行共享产品,宣传推广,同行经验	25
	开发效率	及时反馈市场需求,当场解决,创意传递快,方便交流,较快修正,交流畅通,交流不畅,灵活	27
知识属性	显性知识	产品知识,操作知识,定价知识,实施制度,法律知识,联名编号,技术知识,文件,接口标准,风控知识	45
	隐性知识	灵感,内心想法,潜在需求,业务经验,操作习惯,感觉,启发	21

8.2.2 案例银行业务背景

本章选取创业通贷款、网银业务开发、黄金代销业务、轻纺城联名卡、义卡·时贷卡、能源管理合同等六项新服务开发业务进行研究。[①]

Eisenhardt(1989)提出,案例研究方法容易受鲜明生动的数据或更杰出的被访者过度影响,而忽略基本统计特性,建议可通过三种方法来克服。本章按照三种方法中的第一种:"选定一些类别或维度,寻找组内相似点和组间不同点",借鉴 Miles(1995)的观点,依据新服务开发内容,将 6 个项目案例分为三类:业务创新、流程创新、传递创新。每组含两个项目级案例(见表 8.3)。每一项目用一英文字母代表,以便后文指示引文出处。

表 8.3　项目级案例分组

项目类型	项目名称	项目代码	项目性质	项目所在银行	推出时间
业务创新项目	能源管理合同	A	贷款业务	H 银行	2010
	创业通贷款	B	贷款业务	T 银行	2007
流程创新项目	网银业务开发	C	网银业务	M 银行	2007
	黄金代销业务	D	中间业务	U 银行	2008

---

① 　其中,能源管理合同贷款是 H 银行发掘金融机构服务实体经济和小微企业的创新实践。节能服务企业帮助耗能企业减少能耗,并从节省的这部分能耗成本中得到分成,但前期的设备、技术改造等投入,需要节能服务企业先行垫付,因此资金来源是个不小的压力,但是长期以来得不到金融支持。因为传统银行贷款业务需要抵押,而小微企业抵押物不够。并且节能服务企业投资在用户现场的资产目前银行不让抵押。H 银行发现了这样的需求,针对能源合同管理商业模式的特点,专门研发了对应的贷款产品,可以接受节能服务企业以节能项目未来的收入作质押。这种产品创新了贷款保证形式,是一种应收账款,但这个应收账款还没有在账面上,是"收入贷"。

网银业务开发是浙江农村信用联社为下属各农村合作银行和农村商业银行开发的新服务。浙江农村信用联社是浙江省农村信用社的联合管理机构。由于各地农村信用社都是具有独立法人的小规模银行,无法提供客户需要的网上银行业务,因此客户抱怨很多,并有流失的迹象。因此作为众多信用社的联合管理机构,浙江农村信用联社组织开发了连接各家信用社的网上银行。在这一平台上,客户能完成各大银行相同的主流业务。这一系统,是第一个二级法人构架下的网上银行平台。

黄金代销业务是 U 银行的中间业务。随着收入增加,居民投资理财的需求增加。由此,实物黄金作为投资工具需求日益旺盛。因此 U 银行为了留住并吸引新客户,联合上海金交所推出了实物黄金代销业务。该业务将上海金交所的交易系统和联合银行信息系统连接,实现了 U 银行各个网点都能实物黄金交易,由此拓展了银行理财产品,吸引了很多新客户。

续表

项目类型	项目名称	项目代码	项目性质	项目所在银行	推出时间
传递创新项目	轻纺城联名卡	E	银行卡	R 银行	2009
	义卡·时贷卡	F	银行卡	C 银行	2008

1. 业务创新项目

业务创新项目的主要创新点是发现潜在需求,在传统业务基础上开发新业务。概念产生阶段,由于客户往往不能将自己的潜在需求清楚地表达为银行业务需求,因此业务创新概念产生阶段需要前台人员与客户的紧密联系。前台成员与客户之间建立的较紧密的联系,增加了知识转移机会,前台人员之间以及与客户的高度认同和相互信任增加了知识转移的意愿,同时对区域市场的共同认识促进了相互之间的共同理解能力。该阶段的主要知识转移效果表现为获取隐性知识,内化并表出为可能的新服务概念,即知识增加。概念发展阶段前后台人员连接强度高,信任和共同认知度高,转移机会较多,转移意愿和转移能力较强,转移知识显性和隐性并重,知识共享水平较高,增加较明显,转移效率较高。开发阶段前台与风险、合规、会计等部门之间联系较弱,前后台信任程度一般,转移意愿一般,但前后台之间交流与共享程度高,所以表达和吸收能力都较强。新业务对客户而言没有类似的服务可以参考,是全新的,前台牵头与后台一起展开广泛的产品推广,前后台联系较多,因此转移机会较多,但由于后台对市场业务知识存在距离,其主要作用是配合前台。因此前后台间信任度和认同度一般,转移能力和转移意愿一般,主要实现了产品知识和市场知识等显性知识的共享水平,增量不多,效率一般。

2. 流程创新项目

流程创新项目主要是通过既有信息系统进行较大程度修改(如网银平台搭建),完善业务的运营。流程创新类项目往往是通过前台与客户或者同行建立的弱连接,通过一般信任和认知关系获得已经较成熟的产品概念(显性知识),实现知识共享。由于产品对系统要求较高,概念发展和开发阶段要求建立前台和后台之间紧密的联系,高度的信任和认同,促成前后台较强的转移意愿,较多的转移机会,较强的转移能力,将一线人员的一线经验(隐性知识)与后台人员的专业知识(显性知识)实现整合,各方面知识转移成果都很明显。由于开发阶段前台人员的高度参与,一定程度上解决了引入阶段后台向前台输出产品知识的工作压力,所以引入阶段后台和前台建立的联系较弱,共同认知和信任度都一般,转移能力较低和转移意愿一般,有时需要通过培训形式弥补,该阶段主要实现产品知识、操作知识的共享。

3.传递创新项目

传递创新项目往往是基于现有服务和产品的组合,较多为参数(如额度、客户标等)修改,实现服务传递的精准化、效率化。传递创新项目发现较明确的产品概念往往是通过前台人员各种弱连接获得的。概念的发展和开发阶段前后台之间的联系更多为文件和电话往来,"这些事情不需要讨论,讨论费时间",可见弱连接某些情况下效率更高。但前后台相互之间情感信任不够、距离远的确很大程度上减弱前后台知识转移意愿,减少前后台之间转移机会,使相互之间共同理解能力降低,延长了开发周期。

8.3 跨案例分析

8.3.1 前后台社会资本对知识转移的影响

三组项目后台联系特征与知识转移特征编码结果汇总如表 8.4 所示。由三组创新项目的编码结果构念之间强弱对应分析,受访人员引语以及文献支持,可以判断构念之间的基本影响方向。

表 8.4 三类项目编码结果

阶段	项目类型	连接强度	关系信任	共同认知	知识属性	转移机会	转移能力	转移意愿	开发绩效		
									增 量	共 享	效 率
概念产生	业务创新	强	高	高	隐性	多	强	强	+++	+++	+++
	流程创新	弱	一般	一般	显性+隐性	少	一般	一般	+	++	+
	传递创新	弱	一般	一般	显性	少	一般	一般	++	++	+
概念发展	业务创新	强	高	高	显性+隐性	多	强	强	+++	+++	+++
	流程创新	强	一般	高	显性	多	强	一般	+++	+++	+++
	传递创新	弱	一般	一般	显性	少	一般	一般	+	++	+
开发阶段	业务创新	弱	高	高	显性	少	强	强	++	+++	++
	流程创新	强	高	高	显性+隐性	多	强	强	+++	+++	+++
	传递创新	弱	一般	一般	显性	少	一般	一般	+	++	++
引入阶段	业务创新	强	高	一般	显性	多	一般	高	++	+++	+++
	流程创新	弱	一般	一般	显性	少	一般	一般	+	++	++
	传递创新	弱	一般	一般	显性	少	一般	一般	+	++	++

注:知识转移效果三个方面同时有所体现,但侧重程度不同,用"+"的数目表示水平或程度高低:"+++"表示高;"++"表示一般;"+"表示低。

案例研究中的扎根方法对构念之间的关系强弱判断一直是个问题。典型引语能证明关系存在，但不能说明关系强弱。本章在姚铮等（2012）提出的区分关系强弱的规则基础上进行改进，认为表征某一关系的条目数在同类别关系组总条目数占比不小于平均比例（即关系组数的倒数）时，该关系为强关系；条目数占比小于平均比例的 1/3 时，视为两者没有关系；条目数占比介于两者之间，则视为弱关系。Nvivo 内容分析软件矩阵查询能统计节点间相同条目的数目和比例。在此基础上，检验各条目内编码之间因果逻辑，剔除没有明显因果关系的条目，即可得到较客观的因果关系强弱及影响方向判断。

对前后台社会资本三构念与知识转移活动特征三构念的矩阵分析，得到 9 组（3×3）关系的条目情况（见表 8.5）。

表 8.5　前后台社会资本对知识转移的影响矩阵

社会资本	转移意愿	转移机会	转移能力
连接强度	5(6.3%)	15(19.0%)	6(7.6%)
关系信任	15(19.0%)	5(6.3%)	4(5.1%)
共同认知	13(16.5%)	2(2.5%)	14(17.7%)

注：条目比例大于 1/9(11.1%)的关系为强关系，小于 1/27(3.7%)的视为无关系，介于两者之间的视为弱关系。

由矩阵分析可见，连接强度与转移机会，关系信任与转移意愿，共同认知与转移能力和转移意愿的关系较强；连接强度与转移能力和转移意愿，关系信任与转移机会和转移能力的关系较弱；共同认知与转移机会关系微弱，可视为无关系。

由表 8.4 中三类创新项目的编码结果可见，连接强度较强时，转移机会较多，转移能力较强（只有业务创新项目引入阶段例外），转移意愿较强烈（只有流程创新概念发展阶段例外）；连接强度较弱时，转移机会较少，转移能力一般（只有业务创新的开发阶段例外），转移意愿一般（只有业务创新的开发阶段例外）。出现例外情况，是因为构念间影响关系存在不均匀性，具体见本章讨论部分。对以上总体关系，受访人员有明确表述可以印证，如表 8.6 所示。

表 8.6　前后台连接强度与知识转移的关系

构念关系	条目数（占比）	典型引语
连接强度与转移意愿的关系	5(6.3%)	因为联系比较多（弱连接），有些时候提一下也不麻烦（意愿）(C)

构念关系	条目数（占比）	典型引语
连接强度与转移机会的关系	15（19.0%）	我们反馈的渠道很多（结构），可以通过信息系统，也有例会，也可以直接到领导那里，所以真有想法很容易向上头反映（机会），只要信息有用很快就到高层了（A）
连接强度与转移能力的关系	6（7.6%）	有些问题需要当面（强连接）讨论，不然相互理解（能力）起来比较困难（B）

注：引语后"（ ）"表明来源于哪一项目，下同。

Hammami 等（2013）对医疗卫生服务业研发活动的研究也表明，增进联系会方便知识转移。李志宏和朱桃（2009）的研究也证实了团队层面社会资本结构维度对转移机会的正向影响。Kim 等（2011）也强调知识转移网络中增加中间人拉近转移后接受双方，可更多创造知识转移机会。朱姗（2010）还提出，由于转移渠道丰富，知识转移可以选择有利于双方理解的渠道传递。由此得出：

命题1：前后台连接强度对转移意愿存在较弱正向影响。

命题2：前后台连接强度对转移机会存在较强正向影响。

命题3：前后台连接强度对转移能力存在较弱正向影响。

由表8.4中三类创新项目的编码结果可见，前后台关系信任度高时，转移机会较多（只有业务创新开发阶段例外），转移能力较强（只有业务创新引入阶段例外），转移意愿较强烈。前后台信任度一般时，转移机会少（只有流程创新概念发展阶段例外），转移能力一般（只有流程创新概念发展阶段例外），转移意愿一般。受访人员对此也有明确表述，如表8.7所示。

表8.7 前后台关系信任与知识转移的关系

构念关系	条目数（占比）	典型引语
关系信任与转移意愿的关系	15（19.0%）	这跟我们的营销模式有关，我们还是属于那种劳动密集型的，也是跟客户面对面接触的，我们和客户的关系很好（关系），客户有任何的需求都很容易反馈到我们这里（意愿）（A）
关系信任与转移机会的关系	5（6.3%）	工作之余我们会一起吃饭（关系），吃饭的时候有些工作问题也会讨论下（机会）（D）
关系信任与转移能力的关系	4（5.1%）	同行如果相互之间有竞争关系（不信任）的话，你也没法判断他的信息是真是假（F）

类似的研究也证实积极的部门间关系可以增加知识交流积极性，并进而增加知识转移的效果（Karlsen，Gottschalk，2004），而部门冲突则会使成员不愿共享知识（Lee，2005）。李志宏和朱桃（2009）的研究也证实了关系信任对转移意愿的正向影响。由此得出：

命题 4：前后台关系信任对转移意愿存在较强正向影响。

命题 5：前后台关系信任对转移机会存在较弱正向影响。

命题 6：前后台关系信任对转移能力存在较弱正向影响。

由表 8.4 中三类创新项目的编码结果可见，共同认知度较高时，转移机会较多(只有业务创新的开发阶段例外)，转移能力较强，转移意愿较强烈(只有流程创新概念发展阶段例外)。共同认知度较低时，转移机会少(只有业务创新项目引入阶段例外)，转移能力较低，转移意愿一般(只有业务创新项目引入阶段例外)。受访人员对此也有明确表述，如表 8.8 所示。

表 8.8　前后台共同认知与知识转移的关系

构念关系	条目数(占比)	典型引语
共同认知与转移意愿的关系	13(16.5%)	我们行年轻人多，平均年龄 28 岁，年轻人事业心强(认知)，有想法都很愿意讨论(意愿)，相互协助没什么问题(B)
共同认知与转移机会的关系	2(2.5%)	(视为无关系)
共同认知与转移能力的关系	14(17.7%)	学历(共同认知)不是一定要多高，但是专科以上是要的，起码的理解能力(能力)一定要有(C)

Bakker 等(2011)关于项目团队中知识转移的研究也发现，适度共同认知会增进知识转移主体间的喜好感。Park(2011)对国际和合作组织中知识转移的研究认为合作经历、相似知识背景等有助于促进共同理解。由此得出：

命题 7：前后台共同认知对转移意愿存在较强正向影响。

命题 8：前后台共同认知对转移能力存在较强正向影响。

8.3.2　知识转移活动特征对新服务开发绩效的影响

对知识转移活动特征三构念与转移效果三构念的矩阵分析，得到 9 组(3×3)关系的条目情况(见表 8.9)。由矩阵可见，转移意愿与存量增加、共享水平之间，转移机会与共享水平、开发效率之间，以及转移能力与存量增加、共享水平和开发效率之间，都存在强关系。

表 8.9　知识转移活动特征对新服务开发绩效的影响

知识转移	存量增加	共享水平	开发效率
转移意愿	7(11.3%)	8(12.9%)	6(9.7%)
转移机会	3(6.3%)	7(11.3%)	7(11.3%)
转移能力	8(12.9%)	7(11.3%)	9(14.5%)

注：条目比例大于 1/9(11.1%)的关系为强关系，小于 1/27(3.7%)的视为无关系，介于两者之间的视为弱关系。

由表 8.4 中三类创新项目的编码结果可见,总体而言前后台知识转移意愿强烈时,知识增加较明显,共享水平高,开发效率高,如业务创新类项目的概念产生阶段、概念发展阶段和开发阶段,流程创新类项目的概念发展阶段和开发阶段。前后台转移意愿较一般时,知识增加不明显,交流效率不高,如业务创新类项目的引入阶段,流程创新类项目的概念产生阶段和引入阶段,传递创新的各个阶段。Aalbers 等(2013)对个体创新网络的研究也认为个体内在动机是促进知识转移的关键因素。受访人员对此也有明确表述,如表 8.10 所示。

由此得出:

命题 9:前后台知识转移意愿对知识增加存在较强正向影响。

命题 10:前后台知识转移意愿对知识共享存在较强正向影响。

命题 11:前后台知识转移意愿对新服务开发效率存在较弱正向影响。

表 8.10 转移意愿对新服务开发绩效的影响

构念关系	条目数(占比)	典型引语
转移意愿与知识存量增加的关系	7(11.3%)	市场人员为了扩大业务的需要,也会积极反映客户的一些潜在需求(意愿),增进我们对市场变化的把握(存量)(F)
转移意愿与知识共享水平的关系	8(12.9%)	各个部门总是有很多建议的(意愿),大家都根据自己的经验知识提建议,我们新产品考虑得就更周全(共享)(C)
转移意愿与新服务开发效率的关系	6(9.7%)	开发人员也要态度积极点(意愿),不肯出力会影响开发速度(效率)(D)

由表 8.4 中三类创新项目的编码结果可见,总体而言前后台知识转移的机会较多时,知识增加较明显,共享水平明显提高,新服务开发效率较高,如业务创新项目的概念产生阶段、概念发展阶段和引入阶段,流程创新项目的概念发展阶段和开发阶段。知识转移机会较少时,知识转移中知识增加度不高(一般或低),共享水平较低(一般或低),新服务开发效率较低(一般或低),如业务创新项目的开发阶段,流程创新项目的概念产生阶段和引入阶段,以及传递创新项目的各个阶段。对跨职能团队内部沟通的研究,确实显示沟通渠道丰富、沟通时间充裕会促进团队合作共享(Park,2011)。受访人员对此也有明确表述,如表 8.11 所示。

由此得出:

命题 12:前后台知识转移机会对知识增加存在较弱正向影响。

命题 13:前后台知识转移机会对知识共享存在较强正向影响。

命题 14：前后台知识转移机会对新服务开发效率存在较强正向影响。

表 8.11　转移机会对新服务开发绩效的影响

构念关系	条目数（占比）	典型引语
转移机会与知识存量增加的关系	3(6.3%)	渠道多了（机会），反映的情况多了，不然分散在各个地方（存量），如果没有人关注的话，有些想法就停留在角落里了（A）
转移机会与知识共享水平的关系	7(11.3%)	我们成立项目组，包括风险评估这一块，涉及信息技术部和资金运营部，资金运营部主要是涉及定价方面的，信息技术部主要是开发系统的，项目组有固定的场所（机会），各部门共同讨论就方便了（共享）（B）
转移机会与新服务开发效率的关系	7(11.3%)	我们跟海关、电力局、水务公司啊都有联系（机会），因此我们在了解客户信息的方面……可以做到非常快的（效率）。我们不靠企业的财务报表来看这个企业的实力，我们主要看……小企业生产的水表、电表，那么涉外企业的话，还有就是海关报表（B）

　　由表 8.4 中三类创新项目的编码结果可见，总体而言前后台知识转移能力越强时，知识增加较明显，共享水平较高，开发效率较高。前后台知识转移能力较弱时，知识增加不明显，共享水平较低，新服务开发效率较低。张睿和于渤（2008）就认为知识接收方的知识吸收能力通过知识转移情境适应性对新服务开发绩效有正向作用。受访人员对此也有明确表述，如表 8.12 所示。

　　由此得出：

　　命题 15：前后台知识转移能力对知识增加存在较强正向影响。

　　命题 16：前后台知识转移能力对知识共享存在较强正向影响。

　　命题 17：前后台知识转移能力对新服务开发效率存在较强正向影响。

表 8.12　转移能力对新服务开发绩效的影响

构念关系	条目数（占比）	典型引语
转移能力与知识存量增加的关系	8(12.9%)	客户经理对客户需求有较强解读能力（能力）就能抓住一些潜在的需求（存量）（F）
转移能力与知识共享水平的关系	7(11.3%)	系统开发时我们向支行调前台人员上来参与开发，我们要求悟性强一点的人（能力），只有这样他们才能在开发过程中给开发人员提出符合实际的建议（共享）（C）
转移能力与新服务开发效率的关系	9(14.5%)	悟性差的人（能力）讲一个问题讲个几遍都不懂（效率），我们肯定不要的（C）

8.3.3 模型和结论

基于以上命题,得到前后台社会资本对知识转移效果的影响机制概念模型(见图 8.2)。其中,粗线表示影响关系较强,细线表示影响关系较弱。

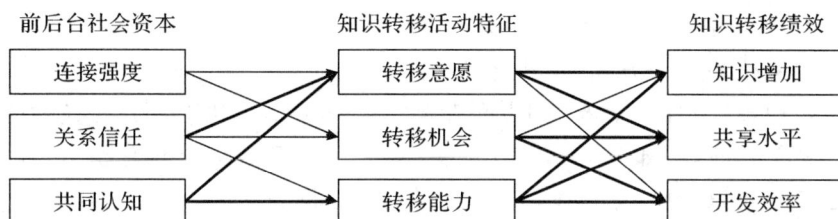

图 8.2 前后台社会资本对新服务开发知识转移效果的影响机制的综合模型

就前后台社会资本对知识转移活动特征的影响看,首先,前后台连接强度对知识转移机会影响较强,而对转移意愿和转移能力影响较弱。这与张光磊(2011)的观点相近,即认为组织结构通过对组织内知识转移渠道的数量及网络效应显著影响组织内知识转移的机会,结构对转移意愿虽然存在影响,但很微弱。强连接中互动频率高,前后台接触和了解专享知识的机会就明显增多。强连接下,前后台双方容易获取对方的多维度信息,一定程度上促进相互理解。当知识转移渠道较丰富的时候,前后台工作人员觉得传递信息不是很麻烦,一定程度上增加了知识转移意愿。

其次,关系信任对转移意愿的影响较强,对转移机会和转移能力影响较弱。可见关系信任主要通过情感因素影响知识转移。研究发现,信任的来源有两种,一种是前后台成员之间由于相互关系好,形成的情感性信任,偏主观;另一种出于对对方的工作能力形成的能力信任,较客观。而转移意愿也来自于两个方面,一方面是出于被认可和自我满足,更具主动性;另一方面是出于组织压力,如考核、道德压力,更具被动性。本研究显示新服务开发中关系信任主要通过影响主观感受,使前后台人员主动参与知识转移。这符合新服务开发情境特点,即由于刚性约束银行新服务开发相比新产品开发对创新程度的容忍要低很多,因此对个人技术能力依赖相比新产品开发要弱很多,更多依赖于群体协作。由此,关系信任中的主要成分就不是能力信任,而是情感信任。由于情感信任,转移方会减少暴露自己缺陷和错误观点的担忧,增加自己观点被采纳以及因此收到组织褒奖的预期,所以信任对前后台分离的情况下增加转移意愿作用很大。此外,关系信任对转移机会影响较弱,但由于情感信任度高，前后台员工会增加相互接触的时间和方式（如一起娱乐），会在一定程度上增加转移机会。关系信任对转移能力的影响较弱，虽然信任可以减少理解信息的干扰，这对前后台转移能力来说不是主要的。

最后，前后台共同认知对转移意愿和转移能力影响较强，而对转移机会基本没有影响。前后台在新服务开发中的共同认知包含对组织文化和价值观的认同，对新服务开发工作重要性的积极认识，公司对其开发工作计划进度控制和考核等。一方面，由于组织文化和价值观认同，前后台知识转移的主动性增加，这与日本学者福山"价值观等共同认知有利于资源交换的观点"相似。另一方面，正如 T 银行员工所说"处在一个开放的文化环境下，如果不开放地参与知识转移，会产生压力"，而公司对新服务开发工作计划和进度控制，也会增加"绩效压力"，因此即使有时不情愿，也不得不参与知识转移。可见，共同认知对转移意愿在主动和被动两方面都有影响。而共同认知中共享语言、合作经历、结构知识和组件知识是前后台相互理解的重要基础。前后台工作内容差异造成的知识距离，使相互理解较困难，通过培训、增加合作交流、轮岗等制度，可以建立共享语言，增强结构知识，也大大增加相互理解。本研究中发现很多新服务开发绩效卓著的银行在这方面投入较大。共同认知对知识转移机会基本没有影响。虽然有受访者表示"复合型人才交流机会更多"，除此之外没有更多证据表明因为"共享语言"而直接增加了"交流学习机会"，虽然后者可能因为"进度计划"而增加开会频率，进而间接影响到交流机会本。

就知识转移活动特征对转移效果的影响看，首先，知识转移意愿对知识存量、知识共享水平有明显影响。知识转移意愿影响各种知识的共享、加工生成新知识，且对风险和成本顾虑降低使得转移意愿增强以后，组织内部交流变得更顺畅（朱姗，2010）。转移意愿对新服务开发效率存在弱影响，似乎不符合实际。常识来看，转移意愿高，主体会倾向于及时传递知识，减少转移停滞，即转移意愿越强，新服务开发效率越高。反观知识转移意愿和新服务开发效率的条目比率（9.7%），发现与强弱临界点只差一点。由此判断，可能是内容分析不够精确造成的错误判断。

其次，转移能力对知识转移的新服务开发效率、共享水平、知识增量都有较强影响关系。前后台之间知识表出能力、吸收能力越强，知识转移就越快，前台积累的市场知识就越能够转化为后台能够理解的技术知识或者法律知识，前后台所积累的隐性知识也能够得到加工整理，形成组织的新知识。

最后，转移机会对知识共享水平和交流效率的影响较明显，但与知识存量增加关系较弱。按照 Nonaka 和 Takeuchi（1995）的知识螺旋模型，知识分享是新知识产生的一个重要条件，但是由于个体行为能力差异以及目的不同，知识分享并不一定会引起新知识产生。转移机会直接影响共享水平，但知识存量增加还依赖于转移者的知识吸收和加工的能力。因此，转移机会对知识增量影响较弱，是因为转移机会对知识增量只有间接影响，转移能力才是知识增量的直接影响因素。

8.4 结论和启示

本章通过区域性银行的多案例研究，解析了服务型组织前后台组织结构背景下新服务开发的知识转移机制。从创新程度出发，识别了银行新服务开发的三种项目类型，揭示了不同项目在新服务开发四个阶段中的知识转移活动侧重点、前后台社会资本水平存在差异。其中，业务创新类项目的知识转移主要发生在概念发生和发展阶段，流程创新类项目主要发生在开发阶段，这两类创新项目对社会资本水平总体要求较高，而组合类项目各个阶段的影响都较平均，对社会资本水平要求较低。跨案例分析得到了前后台社会资本对新服务开发知识转移影响的假设模型，并在 Nvivo 举证分析的基础上，对模型进行了修正，最终获得了区域性银行的前后台社会资本通过知识转移意愿和转移机会的中介作用，对新服务开发绩效有影响的概念模型。得出主要结论为，共同认知程度、关系信任程度都对知识转移的意愿有明显正向影响关系，关系信任对转移机会存在较弱影响，共同认知对转移机会无影响；连接强度对前后台之间转移机会的影响较明显，对转移意愿存在较弱影响。转移意愿对转移效果、共享水平、新服务开发效率存在较明显正向影响；转移机会对共享水平和新服务开发效率也存在较明显影响，但对知识存量增加影响较弱；转移能力对知识增量、共享水平、新服务开发效率都有明显影响。

运作上采用前后台分离的组织在进行新服务开发时，应该战略性地构建前后台社会资本。在搭建更多沟通渠道和平台的同时，注重培养前后台信任和共同认知等关系性社会资本。首先，概念生成和发展阶段，应通过强关系密网的构建提升前台社会资本总体水平，如增加前台人员与客户、合作伙伴、同行等的联系，尤其是增加与客户、合作伙伴之间的关系信任、共同认知。这有利于组织发现潜在规模较大的市场需求，促成新业务产品的开发。同时，也要建立同行交流学习等弱关系及一定程度的信任和共同认知，以增加获取同行新服务信息的机会。其次，在新业务项目和流程创新项目开发中，要突破现有前后台分离的障碍，通过成立项目组并尽可能通过一地办公等形式，构建前后台之间的强联系,增加前后台的信任度和共同认知,以保证新服务开发阶段能整合前后台人员各自的隐性知识表出和传播,提高新服务开发的效率,并使之更符合客户需求。最后,银行新服务开发引入阶段往往是通过文本或者信息系统等显性知识形式展开的,通过各种正式传播方式展开,因此,对引入阶段的前后台社会资本构建,可以通过构建广泛的弱联系以扩大新服务知识推广宣传的普及面和效率。

参考文献

[1] 边燕杰,丘海雄.企业的社会资本及其功效.中国社会科学,2000(2):139－152.

[2] 白小龙.高科技产业集群内企业间知识转移影响因素研究——以浙大科技园内企业为例.上海:复旦大学博士学位论文,2009.

[3] 宝贡敏,钱源源.研发团队成员多维忠诚对帮助行为的影响研究.科研管理,2011,32(3):113－119.

[4] 曹勇,陈仁松,赵莉.新产品开发过程中模糊前端创新的理论与实证研究——基于中国制造业企业的实践.科研管理,2009,30(3):9－16.

[5] 曹勇,黎仁惠,王晓东.技术转移中隐性知识转化效果测度模型及评价指标研究.科研管理,2010,31(1):1－9.

[6] 陈觉,郝云宏.服务业前后台分离:从传统运营到大批量定制.中国工业经济,2009(10):108－117.

[7] 陈劲,陈钰芬.赢在服务创新.北京:机械工业出版社,2004.

[8] 陈荣平.服务的独特性及其对新服务开发的影响.商业研究,2004(14):45－47.

[9] 陈文春,袁庆宏.外派技术人员社会资本对企业间知识转移的影响机制研究.科学学与科学技术管理,2010,31(1):90－93.

[10] 陈晓君.新产品开发不同阶段知识转移绩效的影响因素研究.杭州:浙江大学硕士学位论文,2008.

[11] 崔智敏,宁泽逵.定量化文献综述方法与元分析.统计与决策,2010(19):166－168.

[12] 迪特尔,巴特曼.零售银行业务创新.舒新国译.北京:经济科学出版社,2007.

[13] 丁生娟.新服务开发模糊前端机制研究.杭州:浙江工商大学硕士学位论文,2011.

[14] 都跃良,卓骏.知识管理下的企业文化塑造.企业经济,2005,25(3):41—43.

[15] 杜衍姝,王秀丽.工作绩效与组织内部知识转移效果关系的实证研究.财会通讯,2011(7):138—140.

[16] 段小华,柳卸林.服务业 R&D 的投入强度及其国际比较.中国科技论坛,2005,7(4):131—135.

[17] 戴万亮.内部社会资本对产品创新的影响——知识螺旋的中介效应.科学学研究,2012,30(8):1263—1271.

[18] 方刚,胡保亮.,网络资源的分类与作用机制——基于知识转移视角的研究.科学学研究,2010,28(10):1511—1520.

[19] 付菁华.内部社会资本对跨国母子公司内部知识转移绩效的影响研究——以跨国在华子公司为例.上海:复旦大学博士学位论文,2010.

[20] 高建刚.社会资本外部性的经济分析——以信任关系为例.当代经济科学,2006,28(5):23—29.

[21] 高祥宇,卫民堂,李伟.人际信任对知识转移促进作用的研究.科研管理,2005,26(6):106—114.

[22] 郭斌,刘鹏,汤佐群.新产品开发过程中的知识管理.研究与发展管理,2004,16(5):58—64.

[23] 国家统计局.2006 年国家统计年鉴.北京:中国统计出版社,2006.

[24] 何德旭,张雪兰.营销学视角中的金融服务创新:文献评述.经济研究,2009(3):138—154.

[25] 洪雁,王瑞旭.管理者真能"以德服人"吗?——社会学习和社会交换视角下伦理型领导作用机制研究.科学学及科学技术管理,2011,32(7):175—180.

[26] 胡玮玮,姚先国.组织文化、知识管理战略与绩效关系研究.科研管理,2009,30(6):91—99.

[27] 胡笑寒,万迪昉.组织混沌与组织文化变革及创新关系的研究.中国软科学,2003,18(10):75—79.

[28] 黄永春,姚山季.产品创新与绩效:基于元分析的直接效应研究.管理学报,2010,7(7):1027—1031.

[29] 黄育华,王力.国外金融后台与服务外包体系建设和发展的重要经验.城市经济,2009(4):84—88.

[30] 邝宁华,胡奇英,杜荣.强联系与跨部门复杂知识转移困难的克服.研究与发展管理,2004,16(2):20—25.

[31] 柯江林,孙健敏,石金涛,等.企业 R&D 团队之社会资本与团队效能关系的实证研究——以知识分享与知识整合为中介变量.管理世界,2007(1):89—101.

[32] 李超平,鲍春梅.社会交换视角下的组织沉默形成机制:信任的中介作用.管理学报,2011,8(5):676—682.

[33] 李纲,刘益.国内外企业知识转移的研究现状分析.情报杂志,2007,26(9):10—13.

[34] 李纲,田鑫.企业文化与企业内部隐性知识转移的关系研究.情报杂志,2007,26(2):4—6.

[35] 李飞,陈浩,曹鸿星.中国百货商店如何进行服务创新——基于北京当代商城的案例研究.管理世界,2010(2):114—126.

[36] 李靖华.基于大规模定制的服务创新策略.科学学研究,2005,23(2):283—288.

[37] 李靖华,庞学卿.组织文化、知识转移与新服务开发绩效:城市商业银行案例.管理工程学报,2011,25(4):163—171.

[38] 李靖华,沈夏燕,马鑫.服务业前后台运作对新服务开发影响的研究综述.科技管理研究.2012,32(23):130—134.

[39] 李靖华,王荣鑫.银行服务创新战略分析:基于浙江调查.技术经济,2009,28(2):57—63.

[40] 李靖华.大规模定制化服务创新.北京:科学出版社,2009.

[41] 李梦俊,赵越岷,陈华平.关于组织成员转移知识意向影响因素的实证研究.科技管理研究,2008,28(11):216—219.

[42] 李胜男.中国呼叫中心产业发展模式研究.长春:吉林大学硕士学位论文,2010.

[43] 李燕华,宋福烨.企业外部社会资本对企业间知识转移的影响分析.统计与决策,2007(21):179—181.

[44] 李元旭,黄平.社会交换理论视角下国际服务外包企业间信任本质.求索,2010(9):5—7.

[45] 林小永.中国移动酒店预订业务运营策略分析——基于企业资源基础观.杭州:浙江工商大学 MBA 学位论文,2011.

[46] 林南.社会资本:关于社会结构与行动的理论.张磊译.上海:上海人民出版社,2004.

[47] 蔺雷,吴贵生.服务创新的四维度模型.数量经济技术经济研究,2004(3):32—37.

[48] 蔺雷,吴贵生.新服务开发的内容和过程.研究与发展管理,2005,17(2):14—19.

[49] 蔺雷,吴贵生.服务创新(第2版).北京:清华大学出版社,2007.

[50] 刘芳,欧阳令南.跨国公司知识转移过程、影响因素与对策研究.科学学与科学技术管理,2005,26(10):40—43.

[51] 刘加顺,邓宁.城市商业银行提供高服务品质内在动因研究,金融理论与实践,2009(8):71—74.

[52] 刘建兵,柳卸林.服务业创新体系研究.北京:科学出版社,2009.

[53] 刘鹏.知识密集型产业新产品开发过程中缄默知识流转有效性研究.杭州:浙江大学硕士学位论文,2004.

[54] 刘顺忠.组织学习能力对新服务开发绩效的影响机制研究.科学学研究,2009,26(3):411—417.

[55] 刘顺忠,景丽芳,荣丽敏.知识密集型服务业创新政策研究.科学学研究,2007,25(4):793—797.

[56] 刘新梅,徐丰伟.基于和谐的界面有效性研究.技术与创新管理,2005,26(3):28—31.

[57] 刘小平.组织承诺综合形成模型的验证研究,科研管理,2005,26(1):87—93.

[58] 刘效广,王艳平.基于社会交换理论的组织承诺形成机制实证研究.软科学,2008,11(22):114—118.

[59] 龙立荣,赵慧娟.个人——组织价值观匹配研究:绩效和社会责任的优势效应.管理学报,2009,6(6):767—775.

[60] 陆跃祥,唐洋军.城市商业银行重组:诱致抑或整合.财政金融,2010(4):59—65.

[61] 卢俊义,王永贵.顾客参与服务创新与创新绩效的关系研究——基于顾客知识转移视角的理论综述与模型构建.管理学报,2011,8(10):1566—1574.

[62] 马骏,仲伟周,陈燕.基于知识转移情境的知识转移成本影响因素分析.北京工商大学学报(社会科学版),2007,22(3):102—107.

[63] 马庆国,徐青,廖振鹏,等.知识转移的影响因素分析.北京理工大学学报(社会科学版),2006,18(1):40—43.

[64] 潘旭明.跨组织学习与知识转移机制研究.经济评论,2007(6):88—92.

[65] 彼得·布劳.社会生活中的交换与权力.李国武译.北京:商务印书馆,2008.

[66] 秦红霞,陈华东.基于员工信任关系的企业知识共享研究.科学学与科学技术管理,2007,28(10):103—106.

[67] 邱伟年,曾楚宏,王斌.组织间知识转移研究述评.情报理论与实践,2011,34(7):124—128.

[68] 阮国祥,毛荐其.社会资本、社会认知和团队知识转移.情报杂志,2010,29(1):151—154.

[69] 施慧洪.金融后台的内涵外延兼论对外包的质疑.商业时代,2011(1):39—40.

[70] 疏礼兵.技术创新视角下企业研发团队内部知识转移影响因素的实证研究.科学学与科学技术管理,2007,28(7):108—114.

[71] 疏礼兵,贾生华.知识转移过程模式的理论模型研究综述.科学学与科学技术管理,2008,29(4):95—100.

[72] 疏礼兵.企业研发团队内部知识转移的过程机制与影响因素研究.杭州:浙江大学博士学位论文,2006.

[73] 苏迪.知识转移影响因素与转移有效性实证研究.济南:山东大学硕士学位论文,2009.

[74] 孙海法,刘运国,方琳.案例研究的方法论.科研管理,2004,25(2):107—112.

[75] 孙俊华,陈传明.战略管理中的企业社会资本研究述评.战略管理,2011(3):21—28.

[76] 施宏伟,索利娜.基于社会网络的服务创新关系与知识扩散模型.科技进步与对策,2011,28(18):141—145.

[77] 唐炎华,石金涛.国外知识转移研究综述,情报科学,2006,24(1):153—160.

[78] 唐炎华,石金涛.我国知识员工知识转移的动机实证研究.管理工程学报,2007,21(3):29—35.

[79] 陶颜,魏江,王甜.金融服务创新过程中的知识转移分析.大连理工大学学报(社会科学版),2007,28(1):11—16.

[80] 特雷斯·E.迪尔,阿伦·A.肯尼迪.企业文化:现代企业的精神支柱.唐铁军,叶永清,陈旭译.上海:上海科学技术文献出版社,1989.

[81] 汪忠,黄瑞华.合作创新企业间技术知识转移中知识破损问题研究.科研管理,2006,27(2):95—105.

[82] 王斌.基于知识转移的企业知识联盟界面管理稳定性机理研究.科技进步与对策,2010,27(7):127—130.

[83] 王春.基于知识管理的新服务开发影响因素分析研究.重庆:重庆大学硕士学位论文,2007.

[84] 王丹,卑振云,翟俊霞,等.Stata 软件在 Meta—分析发表性偏倚识别中的探讨.现代预防医学,2008,35(15):2819—2822.

[85] 王红军.基于知识服务业的新服务开发过程模式研究.科技进步与对策，2009,26(6):60-63.

[86] 王娟茹,赵嵩正.基于溢出效应的供应链知识转移.工业工程,2007,10(5):25-28.

[87] 王力.金融产业前后台业务分离的新趋势研究.财贸经济,2007(7):19-23.

[88] 王清晓,杨忠.跨国公司母子公司之间的知识转移研究:一个情境的视角.科学学与科学技术管理,2005,26(6):81-87.

[89] 王瑞淑,贺刻奋.商业银行新产品的隐性需求研究.金融论坛,2007(7):58-63.

[90] 王三义,何风林.社会资本的认知维度对知识转移的影响路径研究.财经论坛,2007(3):122-123.

[91] 王三义,刘新梅,万威武.社会资本关系维度对知识转移的影响路径研究.科技进步与对策,2007,24(9):84-87.

[92] 王三义,刘新梅,万威武.社会资本结构维度对企业间知识转移影响的实证研究.科技进步与对策,2007,24(4):105-107.

[93] 王三义,刘新梅,万威武.知识转移机会、动机、能力对企业间知识转移效果影响的实证研究.科技进步与对策,2007,24(11):95-98.

[94] 王涛,顾新.基于社会资本的知识链成员间相互信任机制研究.研究与发展研究,2006,18(5):44-49.

[95] 王伟,黄瑞华.知识转移的效率:知识特性和内部知识市场的影响.科学学及科学技术管理,2006,27(3):75-79.

[96] 王晓辉.模块化价值网络中知识转移对企业营销绩效的影响研究.济南:山东大学博士学位论文,2010.

[97] 王毅.粘滞知识转移研究评述.科研管理,2005,26(2):71-75.

[98] 王毅,袁宇航.新产品开发中的平台战略研究.中国软科学,2003(4):55-58.

[99] 王长河.基于社会交换理论的知识分享行为研究,淮南师范学院学报,2010,(12):44-47.

[100] 王志恒.银行业呼叫中心应用发展趋势研究.中国金融电脑,2004(11):7-16.

[101] 韦影.企业社会资本的概念与研究维度综述.科技进步与对策,2008,25(2):135-138.

[102] 韦影.企业社会资本与技术创新:基于吸收能力的理论与实证研究.杭州:浙江大学出版社,2010.

[103] 魏江,陶颜.金融服务创新的过程模型研究.西安电子科技大学学报,2006,16(6):52-59.

[104] 魏江,王铜安.个体、群组、组织间知识转移影响因素的实证研究.科学学研究,2009(1):90-98.

[105] 魏江,赵江琦,邓爽.基于模块化架构的金融服务创新模式研究.科学学研究,2009,27(11):1720-1728.

[106] 吴承慧.组织内个体层面知识转移的影响因素研究.杭州:浙江大学硕士学位论文,2004.

[107] 吴晓波,高忠仕,胡伊苹.组织学习与知识转移效应的实证研究.科学学研究,2009,27(1):101-110.

[108] 吴晓波,韦影,杜健.社会资本在企业开展产学研合作中的作用探析.科学学研究,2004,22(6):630-633.

[109] 伍晓玲,周明.组织内部的知识转移及其困难研究.科学学与科学技术管理,2004,25(12):68-71.

[110] 肖小勇.组织间知识转移实证研究——基于企业网络的视角.科学学与科学技术管理,2009,30(7):117-122.

[111] 徐青.ERP实施知识转移影响因素实证研究.杭州:浙江大学博士学位论文,2006.

[112] 徐淑英,欧怡.科学过程与研究设计//陈晓萍,徐淑英,樊景立.组织与管理研究的实证方法.北京:北京大学出版社,2008.

[113] 徐笑君.文化差异对美资跨国公司总部知识转移影响研究.科研管理,2010,31(4):49-59.

[114] 杨玉兵,潘安成.强联系网络、重叠知识与知识转移关系研究.科学学研究,2009,27(1):25-29.

[115] 尤哈拉.社会交换、社会网络和团结.张文宏译.社会学,1990(11):28-30.

[116] 余光胜,毛荐其.技术创新中默会知识转移问题研究.研究与发展管理,2007,19(2):101-107.

[117] 余以胜.基于知识联盟的产业集群企业知识转移机制研究.图书情报工作,2010,54(24):112-119.

[118] 袁春晓.新服务开发(NSD)理论框架和金融行业实证.复旦大学博士后出站报告,2004.

[119] 袁静.基于知识转移的管理咨询服务创新研究.信息管理与信息学,2009(6):26-29.

[120] 易法敏.核心能力导向的企业知识转移与创新研究.北京:中国人民大学硕士学位论文,2004..

[121] 张吉光.城市商业银行未来发展方向问题研究.内蒙古金融研究,2010

（8）：12—16.

[122] 张莉,和金生.知识距离与组织内知识转移效率.现代管理科学,2009(3)：43—44.

[123] 张玲玲,郑秀榆,马俊,等.团队知识转移与共享"搭便车"行为的激励机制研究.科学学研究,2009,27(10)：1543—1550.

[124] 张天嵩,钟文昭,张素,等.Stata 在 Meta 分析时异质性评价中的应用.循环医学,2008,8(4)：231—234.

[125] 张光磊,刘善仕,申红艳.组织结构、知识转移渠道与研发团队创新绩效——基于高新技术企业的实证研究.科学学研究,2011,29(8)：1198—1206.

[126] 张睿,于渤.技术联盟知识转移影响因素实证研究.科学学研究,2008,26(5)：1024—1030.

[127] 章爱主.基于伙伴型外包关系的饭店管理研究.杭州：浙江工商大学硕士学位论文,2008.

[128] 赵伯兴.产品创新模糊前端用户的信息需求与服务研究.情报探索,2007(11)：7—9.

[129] 赵慧军.员工的信任结构与知识共享.经济管理,2006(24)：35—40.

[130] 周和荣,张鹏程,张金隆.组织内非正式隐性知识转移机理研究.科研管理,2008,29(5)：70—77.

[131] 周寄中,许治,侯亮.创新系统工程中的研发与服务.北京：经济科学出版社,2009.

[132] 周建,周蕊.论战略联盟中的知识转移.科学学与科学技术管理,2006,27(5)：84—90.

[133] 周军杰,李新功,李超.不同合作创新模式与隐性知识转移的关系研究.科学学研究,2009,27(12)：1914—1919.

[134] 周密,司训练,赵文红.团队内社会网络质量、工作竞争对团队成员知识转移的影响研究.南开管理评论,2009(6)：34—41.

[135] 周密,张桂霞.我国商业银行加速产品开发的影响因素及相关建议.金融论坛,2006(9)：59—63.

[136] 周晓东,项保华.企业内部知识转移：模式、影响因素与机制分析.南开管理评论,2003(5)：7—11.

[137] 周长辉.二手数据在组织管理学研究中的使用//陈晓萍,徐淑英,樊景立.组织与管理研究的实证方法.北京：北京大学出版社,2008.

[138] 朱亚丽,徐青,吴旭辉.网络密度对企业间知识转移效果的影响——以转移双方企业转移意愿为中介变量的实证研究.科学学研究,2008,29(3)：

427—431.

[139] 朱亚丽.基于社会网络视角的企业间知识转移影响因素实证研究.杭州：浙江大学博士学位论文,2009.

[140] 朱亚丽.网络中心性对企业间知识转移影响的实证研究.技术经济,2008,27(12):1—6.

[141] 朱姗.社会资本对知识团队内部知识转移的影响路径研究.上海：华东师范大学硕士学位论文,2010.

[142] 竹内宏高,野中郁次郎.知识创造的螺旋：知识管理理论与案例研究.北京：知识产权出版社,2006.

[143] Adler P S, Kwon S. Social capital: Prospects for a new concept. *Academy of Management Review*, 2002,27(1): 17-40.

[144] Allard-Poesi F. Representations and influences process in groups: Toward a social-cognitive on cognition in organizations. *Scandinavian Journal of Management*, 1998,14(12): 395-420

[145] Akerblom M. R&D and innovation surveys in service sectors: Current experience, conceptual and practical problems and future prospects. Voorburg Group on Services Statistics 17th Meetings, 2002.

[146] Alam I, Perry C. A customer-oriented new service development process. *Journal of Service Marketing*, 2002,16(6): 515-534.

[147] Amable B, Palombarini S. Technical change and incorporated R&D in the services sector. *Research Policy*, 1998,27(7): 655-675

[148] Argote L, Ingram P. Knowledge transfer: A basis for competitive advantage in firms. *Organizational Behavior and Human Decision-Processes*, 2000,82(1): 150-169.

[149] Argote L, Mcevily B, Reagans R. Managing knowledge in organizations: An integrative framework and review of emerging themes. *Management Science*, 2003,49(4): 571-582.

[150] Athanassiou N, Nigh D. Internationalization, tacit knowledge and the top management teams of MNCs. *Journal of International Business Studies*, 2000,31(3): 471-487.

[151] Bakker R M, Cambr B, Korlaar L, *et al*. Managing the project learning paradox: A set-theoretic approach toward project knowledge transfer. *International Journal of Project Management*, 2011,29(5): 494-503.

[152] Bian, Yanjie. Bringing strong ties back in: Indirect ties, network

bridges, and job searches in China. *American Sociological Review*, 1997,62(3):366-385.

[153] Barcet A, Bonamy J, Mayère A. Modernisation et innovation dans les services aux enterprises. Report for Commissariat Général du Plan, Paris, 1987.

[154] Barczak G, Wilemon D. Team member experiences in new product development: views from the trenches. *R&D Management*, 2003, 33 (5): 463-479.

[155] Belleflamme C, Houard J, Michaux B, *et al*. Innovation and research and development process analysis in service activities. EC, FAST Occasional papers no. 116, September, Brussels, 1986.

[156] Benders J, Vermeulen P A M. Too many tools? On problem solving in NPD projects. *International Journal of Innovation Management*, 2002, 6(2): 163-185.

[157] Berman S, Heilweg S. Perceived supervisor communication competence and supervisor satisfaction as a function of quality circle participation. *Journal of Business Communication*, 1989,26(1): 103-122.

[158] Beverland M B. Managing the design innovation-brand marketing interface: Resolving the tension between artistic creation and commercial imperatives. *Journal of Product Innovation Management*, 2005,22(2): 193-207.

[159] Bilderbeek R, den Hertog P, Marklund G, *et al*. Services in innovation: Knowledge intensive business services (KIBS) as co producers of innovation. SI4S Project Synthesis Report of the Results of Workpackages 5&6, STEP Group,1998.

[160] Blau P M. *Inequality and Heterogeneity*. New York: Free Press, 1977.

[161] Block Z, Macmillan I C. *Corporate Venturing: Creating New Businesses Within the Firm*. Cambridge, MA: Harvard Business School Press, 1995.

[162] bo Edvardsson. Quality in new service development: Key concepts and a frame of reference. *International Journal of Production Economics*, 1997,52(1): 31-46.

[163] bo Edvardsson, Olsson J. Key concepts for new service development.

Service Industries Journal, 1996,16(2): 140-164.

[164] Bonner J M, Walker O C. Selecting influential business-business customers in new product development: Relational embeddedness and knowledge heterogeneity considerations. *Journal of Product Innovation Management*, 2004, 21(3): 155-169.

[165] Bowers M R. Developing new services: Improving the process makes it better. *Journal of Service Maketing*, 1989, 3(1): 15-20.

[166] Boynton A, Zmud R. An assessment of critical success factors. *MIT Sloan Management Review*, 1984, 25(4): 17-27.

[167] Bresman H, Birkinshaw J. Knowledge transfer in international acquisitions. *Journal of International Business Studies*, 1999, 30(3): 439-462.

[168] Brockhoff K. Customers' perspectives of involvement in new product development. *International Journal of Technology Management*, 2003, 26(5/6): 464-481.

[169] Broekhuis M, de Blok C, Jboom M B. Improving client-centred care and services: The role of front/back-office configurations. *Journal of Advanced Nursing*, 2009, 65(5): 971-981.

[170] Brotherton B, Shaw J. Towards an identification and classification of critical success factors in UK hotels plc . *International Journal of Hospitality Management*, 1996, 15(2): 113-135.

[171] Bullinger H J, Ganz W. Fit for Service: Benchmarking in the Service Economy. Fraunhofer IAO and IAT, Universitat Stuttgart, Stuttgart, 2001.

[172] Burt R S. *Structural Holes: The Social Structure of Competition*. Cambridge, MA: Harvard University Press, 1992.

[173] Cavusgil S T, Calantone R J, Zhao Yushan. Tacit knowledge transfer and firm innovation capability. *Journal of Business & Industrial Marketing*, 2003, 18(1): 6-21.

[174] Chase R B. Where does the customer fit in a service operation? *Harvard Business Review*, 1978, 56(6): 137-42.

[175] Chase R B. The customer contact approach to services: Theoretical bases and practical extensions. *Operations Research*, 1981, 29(4): 698-705.

[176] Chase R B, Hayes R H. Beefing up operations in service firms. *MIT*

Sloan Management Review, 1991, 33(1): 17-28.

[177] Chen Chien-Wei, Shen Chung-Chi, Chiu Wan-Yu. Marketing communication strategies in support of product launch: An empirical study of Taiwanese high-tech firms. *Industrial Marketing Management*, 2007, 36(8): 1046-1056.

[178] Chung S, Kim G M. Performance effects of partnership between manufactures and suppliers for new product development: The supplier's standpoint. *Research Policy*, 2003, 32(4): 587-603.

[179] Cohen W M, Levinthal D A. Absorptive capacity: A new perspective on learning and innovation. *Administrative Science Quarterly*, 1990, 35(1): 128-152.

[180] Coleman J S. *Foundation of Social Theory*. Cambridge: Cambridge University Press, 1990.

[181] Cooper R G, Easingwood C J, Edgett S, *et al*. What distinguishes the top performing new products in financial services. *Journal of Product Innovation Management*, 1994, 11(4): 281-299.

[182] Cooper R G, Kleinschmidt E J. Winning business in product development: The critical success factors. *Research Technology Management*, 2007, 50(3): 52-66.

[183] Cooper V A. A review of the critical success factor method using insights from an interpretive case study. *Journal of Information Technology Case and Application Research*, 2009, 11(3): 9-42.

[184] Croom R C. The dyadic capabilities concept: Examining the processes of key supplier involvement in collaborative product development. *European Journal of Purchasing & Supply Management*, 2001, 7(1): 29-37.

[185] Cummings J L, Teng B S. Transferring R&D knowledge: The key factors affecting knowledge transfer success. *Journal of Engineering and Technology Management*, 2003, 20(1): 39-68.

[186] Davenport T H, Prusak L. *Working Knowledge: How Organizations Manage What They Know*. Boston: Harvard Business School Press, 1998.

[187] de Brentani U. Success factors in developing new business services. *European Journal of Marketing*, 1991, 25(2): 33-59.

[188] de Brentani U. Innovative versus incremental new business services: Different keys for achieving success. *Journal of Product Innovation Management*, 2001,18(3): 169-187.

[189] de Jong J P J, Vermeulen P A M. Determinants of product innovation in small firms: A comparison across industries. *International Small Business Journal*, 2006, 24(6): 587-609.

[190] de Jong J P J, Vermeulen P A M. Organizing successful new service development: A literature review. *Management Decision*, 2003, 41(9): 844-858.

[191] de Long D, Fahey L. Diagnosing cultural barriers to knowledge management. *Academy of Management Executive*, 2000, 14 (4): 113-127.

[192] de Vasconcellos J A S, Hambrick D C. Key success factors: Test of a general theory in the mature industrial-product sector. *Strategic Management Journal*, 1989, 10(4): 367-382.

[193] den Hertog P. Research and Development Needs of Business Related Service Firms. Dialogic Innovation & Interaction Engineering Science and Technology, 2004.

[194] den Hertog P. Bilderbeek B. Conceptualizing Service Innovation and Service Innovation Patterns. SI4S Synthesis Paper, s. 3, 1999.

[195] DiMaggio P, Powell W W. The iron cage revised: Institutional isomorphism and collective rationality in organizational fields. *American Sociology Review*, 1983,48(2): 147-160.

[196] DiMaggio P, Powell W W. Introduction. In: Powell W W, DiMaggio P (eds.). *The New Institutionalism in Organizational Study*. Chicago: University of Chicago Press, 1991:1-38. 中文版:姚伟译. 上海:上海人民出版社,2008.

[197] Dixon N M. *Common Knowledge: How Companies Thrive by Sharing What They Know*. Cambridge, MA:Harvard College Press, 2000.

[198] Djellal F, Francoz D, Gallouj C, *et al*. Revising the definition of research and development in the light of the specificities of services. *Science and Public Policy*, 2003, 30(6): 415-430.

[199] Dong-Gil K, Kirsch L J. Antecedents of knowledge transfer from consultants to clients in enterprise system implementation. *MIS*

Quarterly，2005，29(1)：59-85.

[200] Easingwood C J，Storey C. Success factors for new consumer financial services. *International Journal of Bank Marketing*，1991，9(1)：3-10.

[201] Edgett S J，Parkinson S，The development of new financial services，identifying determinants of success and failure. *International Journal of Service Industry Management*，1994，5(4)：24-38.

[202] Edgett S J. The traits of successful new service development. *Journal of Services Marketing*，1994，8(3)：40-49.

[203] Eisenhardt K M. Building theories from case study research. *Academy of Management Review*，1989，14(4)：532-550.

[204] Ettlie J E. 创新管理. 上海：上海财经大学出版社，2008.

[205] European Commission. EU R&D investment scoreboard technical report. eur 22348 en. Luxembourg：office for official publications of the European communities available at：http://iri. jrc. es/research/scoreboard_2006. htm.

[206] Fagerberg J，Mowery D C，Nelson R R. 牛津创新手册. 北京：知识产权出版社，2009.

[207] Fahnrich K P，Meiren T. Service engineering：Ergebnisse einer empirischen studie zum Stand der Dienstleistungsentwicklung in Deutschland. IRB：Stuttgart，1999.

[208] Fitzsimmons J A，Fitzsimmons，M J. 服务管理：运作战略与信息、技术（第3版）. 北京：机械工业出版社，2003.

[209] Fleming L，Marx M. Managing innovation in small worlds. *IEEE Engineering Management Review*，2009，37(4)：90-92.

[210] Frost T S，Birkinshaw J M，Ensign P C. Centers of excellence in multinational corporations. *Strategic Management Journal*，2002，23(11)：997-1018.

[211] Gadrey J，Gallouj F，Weinstein O. New modes of innovation：How services benefit industry. *International Journal of Service Industry Management*，1995，6(3)：4-16.

[212] Gallouj F，Weinstein O. Innovation in services. *Research Policy*，1997，26(4)：537-556.

[213] Gilbert M，Cordey H M. Understanding the process of knowledge transfer to achieve successful technological innovation. *Technovation*，

1996, 16(6): 301-312.

[214] Gilsing V A, Duysters G M. Understanding novelty creation in exploration networks: Structural and relational embeddedness jointly considered. Open Access publications from Maastricht University urn: nbn: NL: ui: 27-23366, Maastricht University, 2008.

[215] Glass G V. Primary, secondary and meta-analysis of research. *Education Research*, 1976, 6(5): 3-8.

[216] Granovetter M. The strength of weak ties. *American Journal of Sociology*, 1973, 78(6): 1360-1380.

[217] Granovetter M. Economic action and social structure: The problem of embeddedness. *American Journal of Sociology*, 1985, 91 (3): 481-510.

[218] Gray P H, Meister D B. Knowledge sourcing effectiveness. *Management Science*, 2004,50(6): 821-834.

[219] Guest D. Metaphor and psychological contract: A response to rousseau. *Journal of Organizational Behavior*, 1998, 19 (1): 673-677.

[220] Gupta A K, Govindarajan. Knowledge flow within multinational corporation. *Strategic Management Journal*, 2000, 21(4): 473-496.

[221] Hakanson L, Nobel R. Technology characteristics and reverse technology transfer. Paper presented at the Annual Meeting of the academy of International business, Vienna, Austria, 1998.

[222] Hammami H, Amara N, Landry R. Organizational climate and its influence on brokers' knowledge transfer activities: A structural equation modeling. *International Journal of Information Management*, 2013, 33(1):105-118.

[223] Hansen M. The search-transfer problem: The role of weak ties in sharing knowledge across organization subunits. *Administrative Science Quarterly*, 1999, 44(1): 82-111.

[224] Harem T, Krogh G V, Roos J. *Managing Knowledge: Perspectives on Cooperation and Competition*. London: SAGE Publications, 1996.

[225] Hedlund G. A model of knowledge management and the N-form corporation. *Strategic Management Journal*, 1994,15(1): 73-90.

[226] Helmsing A H J. Externalities, learning and governance: New

perspectives on local economic development. *Development and Change*, 2001, 32(2): 277-308.

[227] Homans G C. *Social Behavior: Its Elementary Forms*. New York: Taylor & Francis, 1974.

[228] Hsieh M H, Tsai K H. Technological capability, social capital and the launch strategy for innovative products. *Industrial Marketing Management*, 2007, 36(4): 493-502.

[229] Hsieh M H, Tsai K H, Wang J R. The moderating effects of market orientation and launch proficiency on the product advantage-performance relationship. *Industrial Marketing Management*, 2008, 37(5): 580-592.

[230] Hultink E J, Griffin A, Robben H S J, *et al*. In search of generic launch strategies for new products. *International Journal of Research in Marketing*, 1998, 15(3): 269-285.

[231] Iansiti M. Real-world R&D: Jumping the product generation gap. *Harvard Business Review*, 1993, 71(3): 138-148.

[232] Inkpen A C, Dinur A. Knowledge management processes and international joint ventures. *Organization Science*, 1998, 9(4): 454-468.

[233] Jankowski J E. Measurement and growth of R&D within the service economy. Journal of Technology Transfer, 2001, 26(4): 323-336.

[234] Jasimuddin S M. A holisitic view of knowledge management strategy. *Journal of Knowledge Management*, 2008, 12(1): 57-66.

[235] Johne A, Storey C. New service development: A review of the literature and annotated bibliography. *European Journal of Marketing*, 1998, 32(3/4): 184-251.

[236] Joshi K D, Sarker S. Knowledge transfer within information systems development teams: Examining the role of knowledge source attributes. *Decision Support Systems*, 2007, 43(2): 322-335.

[237] Karlsen J T, Gottschalk P. Factors affecting knowledge transfer in IT projects. *Engineering Management Journal*, 2004, 16(1): 3-10.

[238] Kern T, Willcocks L P. Service provision and the net: Risky application sourcing. In: Hirschheim R, Heinzl A, Dibbern J(eds.). *Information Systems Outsourcing: Enduring Themes, Emergent*

Patterns, *and Future Directions*. Heidelberg: Springer, 2002.

[239] Kim S J, Suh E, Jun Y. Building a knowledge brokering system using social network analysis: A case study of the Korean financial industry. *Expert Systems with Applications*, 2011, 38(12): 14633-14649.

[240] Knudsen M P. Organisation of knowledge flows in new product development. In: Caloghirou Y, Constantelou A, Vonortas N S(eds.). *Knowledge Flows in European Industry: Mechanisms and Policy Implications*. London: Routledge, 2005: 101-114.

[241] Koka B R, Prescott J E. Strategic alliance as social capital: A multidimensional view. *Strategic Management Journal*, 2002, 23(9): 795-816.

[242] Kossler M E, Prestridge S. Going the distance: The challenges of leading a dispersed team. *Leadership in Action*, 2003, 23(5): 3-6.

[243] Kramer R M, Brewer M B, Hanna B. Collective trust and collective action in organizations: The decision to trust as a social decision. In: Kramer R M, Tyler T R(eds.). *Trust in Organizations: Frontiers of Theory and Research*. Thousand Oaks, CA: Sage Publications, 1996: 357-389.

[244] Kridan A B, Goulding J S. A case study on knowledge management implementation in the banking sector. *Journal of Information and Knowledge Management Systems*, 2006, 36(2): 211-222.

[245] Ku H H, Huang C C, Kuo C C. Signaling new product introduction delays: Determinants of clarity of delay-duration announcements. *Industrial Marketing Management*, 2011, 40(5): 754-762.

[246] Kuusisto J. R&D in Services: Review and Case Studies. European Touch, European Commission, 2008.

[247] Lane P J, Salk J E, Lyles M A. Absorptive capacity, learning, and performance in international joint ventures. *Strategic Management Journal*, 2001, 22(12): 1139-1161.

[248] Lane P J, Lubatkin M. Relative absorptive capacity and interiorganizational learning. *Strategic Management Journal*, 1998, 19(5): 461-477.

[249] Larson E W, Gobeli D H. Organizing for product development projects. *Journal of Product Innovation Management*, 1988, 5(3):

180-190.

[250] Laursen K，Salter A. Open for innovation：The role of openness in explaining innovation performance among UK manufacturing firms. *Strategic Management Journal*，2006，27(2)：131-150.

[251] Lee J N. The impact of knowledge sharing，organizational capability and partnership quality on IS outsourcing Success. *Information & Management*，2001，38(5)：323-335.

[252] Lee Y，O'Connor G C. New product launch strategy for network effects products. *Journal of the Academy of Marketing Science*，2003，31(3)：241-251.

[253] Leeders T J，Gabbay S M. *Corporate Social Capital and Liability*. Boston：Kluwer Inc，1999，

[254] Leedy P D，Ormrod J E. *Practical Research*：*Planning and Design* (7th Edition). N. J. ：Pearson Education，2001. 中文版：顾宝炎等译. 北京：清华大学出版社，2005.

[255] Leonard D，Sensiper S. The role of tacit knowledge in group innovation. *California Management Review*，1998，41(3)：112-132.

[256] Lettice F，Roth N，Forstenlechner I. Measuring knowledge in the new product development process. *International Journal of Productivity and Performance Management*，2006，55(3/4)：217-241.

[257] Levitt T. Production-lone approach to service. *Harvard Business Review*，1972，50(5)：40-52.

[258] Levitt T. The industrialization of service. *Harvard Business Review*，1976，54(5)：63-74.

[259] Lewicki R J，Bunker B B. Developing and maintaining trust in work relationships. In：Kramer R M，Tyler T R (eds.). *Trust in Organizations*：*Frontiers of Theory and Research*. Thousand Oaks，CA：Sage Publications，1996，114-139

[260] Leana C R，van Buren H J. Organizational social capital and employment practices. *Academy of Management Review*，1999，24(3)：538-555.

[261] Li J H，Xu L，Wu X L. New service development using GAP-based QFD：A mobile telecommunication case. *International Journal of Services Technology and Management*，2009，12(2)：146-174.

[262] Lincoln Y S, Guba E G. *Naturalistic Inquiry*. Beverly Hills, CA: Sage, 1985.

[263] Linzalone R. Leveraging knowledge assets to improve new product development performances. *Measuring Business Excellence*, 2008, 12 (2): 38-50.

[264] Lochner K A, Kawachi I, Kennedy B P. Social capital: A guide to its measurement. *Health & Place*, 1999(5): 259-270.

[265] Makino S, Delios A. Local knowledge transfer and performance: Implications for alliance formation in Asia. *Journal of International Business Studies*, 1996,27(5): 905-927.

[266] March J G, Simon H A. *Organizations*. New York: Wiley, 1958.

[267] Markovits G, Markovits D C, Teter J P. Bridging small worlds to accelerate innovation. *Defense AT&L*, 2005, 34(1): 7-9.

[268] Metters R, Vargas V. A typology of de-coupling strategies in mixed services. *Journal of Operations Management*, 2000, 18(6): 663-682.

[269] Meyer J W, Rowan B. Institutionalized organizations: Formal structure as myth and ceremony. *American Journal of Sociology*, 1977,83(2): 55-77.

[270] Miles I. Services and R&D: Measurement and more. ECIS Conference on the Measurement and Analysis of Innovation and Productivity Growth, 2005.

[271] Miles I. Research and development beyond manufacturing: the strange case of services R&D. *R&D management*, 2007, 37(3): 249-268.

[272] Miles M B, Huberman A M. *Qualitative Data Analysis: An Expanded Sourcebook*. Thousand Oaks, CA: SAGE, 1994.

[273] Milliken F J, Martins L L. Searching for common threads: Understanding the multiple effects of diversity in organizational groups. *Academy of Management Review*, 1996, 21(2): 402-434.

[274] Mills P K, Hall J L, Leidecker J K, *et al.* Flexiform: A model for professional service organizations. *Academy of Management Review*, 1983, 8(1): 118-131.

[275] Misztal. Social capital: Between harmony and dissonance. Families & Social Capital ESRC Research Group, 1996.

[276] Montoya M M, Massey A P, Hung Y T, *et al.* Can you hear me now?

Communication in virtual product development teams. *Journal of Product Innovation Management*, 2009, 26(2): 139-155.

[277] Mosoni-Fried J, Orisek A, Tolnai M. Empirical survey on R&D in the service industries in Hungary. Hungarian Academy of Sciences, 2003.

[278] Nahapiet J S, Ghoshal. Social capital, intellectual capital, and the organizational advantage. *Academy of Management Review*, 1998, 22 (2): 242-266.

[279] Narda R. A multilevel investigation of the motivational mechanisms underlying knowledge sharing and performance. *Organization Science*, 2007, 18(1): 71-88.

[280] National Science Foundation (NSF). Research and Development in Industry: 1998 Detailed Statistical Tables. Arlington, http://www.nsf.gov/sbe/srs/nsf01305/pdfstart.htm.

[281] Nelson K M, Cooprider J G. The contribution of shared knowledge to IS group performances. *MIS Quarterly*, 1996, 20(4): 409-429.

[282] Nelson R. *National Innovation Systems: A Comparative Analysis*. New York: Oxford University Press, 1993.

[283] Nijssen E J, Hillebrand B, Vermeulen P A M, *et al*. Exploring product and service innovation similarities and differences. *International Journal of Research in Marketing*, 2006, 23(3): 241-251.

[284] Nonaka I, Takeuchi H. The new product development game. *Harvard Business Review*, 1986, 64(1): 137-146.

[285] Nonaka I, Takeuchi H. *The Knowledge-creating Company: How Japanese Companies Foster Creativity and Innovation for Competitive Advantage*. New York: Oxford University Press, 1995.

[286] Nooteboom B, Haverbeke W V, Duysters G, *et al*. Optimal cognitive distance and absorptive capacity. *Research Policy*, 2007, 36 (7): 1016-1034.

[287] OECD. Frascati Manual: Proposed Standard Practice for Surveys on Research and Experimental Development. European Commission, 2002.

[288] OECD. Oslo Manual: Proposed Guidelines for Collecting and Interpreting Technological Innovation Data (3rd Version). European Commission, 2005.

[289] Osterloh M, Frey B. Motivation, knowledge transfer, and organization form. *Organization Science*, 2000, 11(5): 538-550.

[290] Parry M E, Song X M. Determinants of R&D-marketing integration in high-tech Japanese firms. *Journal of Product Innovation Management*, 1993, 10(1): 4-22.

[291] Park B I. Knowledge transfer capacity of multinational enterprises and technology acquisition in international joint ventures. *International Business Review*, 2011, 20(1): 75-87.

[292] Pavel S, Andre M E. Knowledge transfer within Japanese multinationals: Building a theory. *Journal of Knowledge Management*, 2006, 10(1): 55-68.

[293] Pinto J K, Mantel S J. The causes of project failure. *IEEE Transactions on Engineering Management*, 1990, 37(4): 269-276.

[294] Pinto M B, Pinto J K. Project team communication and cross-functional cooperation in new program development. *Journal of Product Innovation Management*, 1990, 7(3): 200-212.

[295] Pitt M B, MacVaugh J. Knowledge management for new product development. *Journal of Knowledge Management*, 2008, 12 (4): 101-116.

[296] Reagans R, McEvily B. Network structure and knowledge transfer: The effects of cohesion and range. *Administrative Science Quarterly*, 2003,48(2): 240-267.

[297] Reed R, DeFillippi R J. Causal ambiguity, barriers to imitation, and sustainable competitive advantage. *Academy of Management Review*, 1990,15(1): 88-102.

[298] Rockart J F. Chief executives define their own data needs. *Harvard Business Review*, 1979,57(1): 81-93.

[299] Rosa J M, Gault F D. Research and development in Canada's service sector. Service Industries Division, Statistics Canada, 2003.

[300] Safizadeh M H, Field J M, Ritzman L P. An empirical analysis of financial services processes with a front-office or back-office orientation. *Journal of Operations Management*, 2003, 21 (5): 557-576.

[301] Sakakibara M. Knowledge sharing in cooperative research and

development. *Managerial and Decision Economics*, 2003, 24(2-3):117-132.

[302] Schatzel K, Calantone R. Creating market anticipation: An exploratory examination of the effect of preannouncement behavior on a new product's launch. *Journal of the Academy of Marketing Science*, 2006, 34(3): 357-366.

[303] Schein E H. Coming to a new awareness of organization culture. *Sloan Management Review*, 1984, 25(2): 3-16.

[304] Scheuing E E, Johnson E M. A proposed model for new service development. *Journal of Services Marketing*, 1989, 3(2): 25-35.

[305] Schlegelmilch B B, Chini T C. Knowledge transfer between marketing functions in multinational companies: A conceptual model. *International Business Review*, 2003, 12(2): 215-232.

[306] Scott J, Edgett. The new product development process for commercial financial services. *Industrial Marketing Management*, 1996, 25(6): 507-515.

[307] Simonin B L. Ambiguity and the process of knowledge transfer in strategic alliance. *Strategic Management Journal*, 1999, 20(7): 595-623.

[308] Singley M K, Anderson J R. *The Transfer of Cognitive Skill*. Cambridge, MA: Harvard University Press, 1989.

[309] Smith A M, Fischbacher M. New service development: A stakeholder perspective. *European Journal of Marketing*, 2005, 39(9/10): 1025-1048.

[310] Song X, Parry M. How the Japanese manage the R&D-marketing interface. *Research Technology Management*, 1993, 36(1): 32-38.

[311] Spender J C, Grant R M. Knowledge and the firm: Overview. *Strategic Management Journal*, 1996, 17(1): 5-9.

[312] Storey C, Kelly D. Measuring the performance of new service development activities. *The Service Industries Journal*, 2001, 21(2): 71-90.

[313] Strauss A, Corbin J. *Basics of Qualitative Research*. Thousand Oaks CA: Sage Publications, 1998.

[314] Sundbo J. Management of innovation in services. *Service Industries*

Journal, 1997, 17(3): 432-455.

[315] Sundbo J, Gallouj F. Innovation in Services. SI4S Synthesis Papers S2, STEP, Oslo, 1998.

[316] Szulanski G. Exploring internal stickiness: Impediments to the transfer of best practice within the firm. *Strategic Management Journal*, 1996, 17(1): 27-43.

[317] Szulanski G. The process of knowledge transfer: A diachronic analysis of stickiness. *Organizational Behavior and Human Decision Processes*, 2000, 82(1): 9-27.

[318] Szulanskig G, Capetta R, Jensen R J. When and how trustworthiness matters: Knowledge transfer and the moderating effect of causal ambiguity. *Organization Science*, 2004,15(5): 600-613.

[319] Tang F C, Mu J F, Douglas L MacLachlan. Implication of network size and structure on organizations' knowledge transfer. *Expert Systems with Applications*, 2008, 34(3): 1109-1114.

[320] Teece. Technology transfer by multinational firms: The resource cost of transferring technology know-how. The Economic Journal, 1977, 87 (6): 242-261.

[321] Thieme J, Song M, Geon-Cheol S. Project management characteristics and new product survival. *Journal of Product Innovation Management*, 2003, 20(2): 104-119.

[322] Thomke S. R&D comes to services: Bank of America's pathbreaking experiments. *Harvard Business Review*, 2003,8(4): 71-79.

[323] Tidd J, Hull F M. 服务创新:对技术机会和市场需求的组织响应. 北京: 知识产权出版社, 2010.

[324] Tidd J, Bessant J. Managing Innovation: Integrating Technological, Market and Organizational Change (Fourth edition). Wiley, 2009.

[325] Tsai M, Tsai L. An empirical study of the knowledge transfer methods used by clinical instructors. *International Journal of Management*, 2005, 22(2): 273-284.

[326] Tsai W. Knowledge transfer in intraorganizational networks: Effects of network position and absorptive capacity on business unit innovation and performance. *Academy of Management Journal*, 2001, 44(5): 996-1004.

［327］Tsai W，Ghoshal S. Social capital and value creation：The role of intrafirm networks. *Academy of Management Journal*，1998，41(4)：464-476.

［328］Tsai-Lung，L.，2007，Knowledge transfer：Past research and future directions. *The Business Review*，7(1)：273-281.

［329］Urban G L，Hauser J R. *Design and Marketing of New Products*. N J：Prentice-Hall，Englewood Cliffs,1993.

［330］Uzzi B. Social structure and competition in interfirm networks：The paradox of embeddedness. *Administrative Science Quarterly*，1997，42(1)：35-67.

［331］Vermeulen P A M. *Organizing Product Innovation in the Financial Services Sector：How Banks and Insurance Companies Organize their Product Innovation Processes*. Nijmegen：Nijmegen University Press，2001. 中译本:金融新服务开发:荷兰银行和保险公司实证研究.李靖华等译.杭州:浙江大学出版社,2013.

［332］Vermeulen P A M. Managing product innovation in financial services firms. *European Management Journal*，2004，22(1)：43-50.

［333］Vermeulen P A M. Uncovering barriers to complex incremental product innovation in small and medium-sized financial services firms. *Journal of Small Business Management*，2005，43(4)：432-452.

［334］Vermeulen P A M，Dankbaar B. The organisation of product innovation in the financial sector：An exploration in the Netherlands. *Service Industries Journal*，2002，22(3)：77-98.

［335］Vermeulen P A M，de Jong J P J，O'Schaughnessy K C. Identifying key determinants for new product introductions and firm performance in service SMEs. *Service Industries Journal*，2005，25(5)：625-640.

［336］Vermeulen P A M，Raab J. *Innovation and Institutions：An Institutional Perspective on the Innovative Efforts of Banks and Insurance Companies*. U K：Taylor & Francis (Routledge)，2007.

［337］Vermeulen P A M，van den Bosch F A J，Volberda H W. Complex incremental product innovation in established service firms：A micro institutional perspective. *Organization Studies*，2007，28(10)：1523-1546.

［338］Wang C L，Pervaiz K. Structure and structural dimensions for knowledge based organizations. *Measuring Business Excellence* ，2003，7(1)：51-62.

[339] Westney D E. Cross-Pacific internationalization of R&D by U. S. and Japanese films. *R&D Management*，1993，23(2)：171-181.

[340] Winter S，Sundqvist S. IMC strategies in new product launches. *Marketing Intelligence & Planning*，2009，27(2)：191-215.

[341] Wijk R V，Jansen J P，Lyles M.组织间和组织内知识转移：对其前因后果的元分析及评估.管理世界，2012(4)：159-168.

[342] Wynstra F，Pierick E T. Managing supplier involvement in new product development：A portfolio approach. *European Journal of Purchasing & Supply Management*，2000，6(1)：49-57.

[343] Yin R K. *Case Study Research：Design and Methods*. Thousands Oaks：Sage Publication. 中文版：周海涛等译.重庆：重庆大学出版社，1994.

[344] Yin R K. Applications of Case Study Research. Second Edition. Thousand Oaks：Sage. 中文版：周海涛等译.重庆：重庆大学出版社，2002.

[345] Zeithaml V A，Bitner M J. *Services Marketing：Integrating Customer Focus across the Firm*. New York：McGraw-Hill Companies，2000.

[346] Zhao Z J，Anand J. A multilevel perspective on knowledge transfer：Evidence from Chinese automotive industry. *Strategic Management Journal*，2009，30(9)：959-983.

[347] Zomerdijk L G，de Vries J. Structuring front office and back office work in service delivery systems：An empirical study of three design decisions. *International Journal of Operations and Production Management*，2007，27(1)：108-131.

索　引

后　记

　　本书是我主持的国家自然科学基金项目"新服务开发的前后台知识转移机制及其管理策略研究：知识密集型服务业案例"（70972136，2010—2012）的部分研究成果，主要收录了我们所做多项跨案例研究中的五项及相关的三篇综述论文。这些成果大多已经发表在《科学学研究》、《科研管理》、《研究与发展管理》、《创 新 与 创 业 管 理 》、*International Journal of Services Technology and Management* 等期刊，这次整理成书时进行了扩充和修改。

　　鉴于本书研究的主题是"新服务开发的知识转移：前后台视角"，我们在新服务开发、知识转移、服务前后台三个主题词间进行了组合，重点是突出副标题"前后台视角"。故依次对前后台视角下服务企业的知识转移、新服务开发的前后台管理，以及新服务开发的前后台知识转移展开研究。全书共分八章，分别是绪论、理论综述、企业背景、组织内前后台知识转移（呼叫中心）、组织间前后台知识转移、新服务开发的前后台管理、新服务开发引入阶段的前后台知识转移、新服务开发全过程的前后台知识转移。

　　本书主要采用跨案例研究方法，通过复制原则不断修正分析模型，最终获得一系列的命题。事实上，多年来我们研究团队深受人大案例论坛、《管理世界》、《科学学研究》等国内案例研究大力"鼓吹者"的影响，也深深得益于对"Yan Aimin，Gray Barbara. Bargaining power，management control，and performance in United States-China joint ventures：A comparative case study. *Academy of Management Journal*，1994，37（6）：1478-1517"一

文的反复研读甚至模仿。

案例研究的对象主要集中在浙江地区的知识密集型服务业，特别是商业银行业，包括 5 家城市商业银行、2 家农村商业银行、1 家证券公司、2 家全国性电信运营商的浙江分公司、印度某公司的杭州服务外包公司、某国际大型快递公司，以及钢材贸易、房产销售公司各 1 家。在此对多位帮助我们联系调研的朋友表示衷心的感谢！对各位接受我们访谈的企业管理者表示衷心的感谢！

本书撰写的具体分工是：李靖华、徐海燕完成 2.1 节，李靖华、马鑫完成 2.2 节、2.3 节，李靖华、常晓然完成 2.4 节，李靖华、李倩岚完成第 3 章，李靖华、毛丽娜完成第 4 章，李靖华、沈夏燕完成第 5 章，李靖华、黄秋波完成第 6 章，李靖华、马鑫完成第 7 章，李靖华、黄秋波完成第 8 章，其他章节均由李靖华完成。此外，研究生宿慧芳、李倩岚帮助进行了参考文献整理等工作。

感谢浙江工商大学工商管理学院盛亚教授及其领导下的创新管理研究团队。盛老师学识渊博、虚怀若谷，给予研究极大的支持和帮助。他对科学研究的执著深深感染着团队的每一位成员，也正是通过团队例会不断的讨论，研究的思路才得以不断理清和推进。团队成员还有范钧、韦影、胡永铨等。对我来讲，十年来每个学期里风雨无阻的每周例会，督促我在服务创新研究的道路上不断前行。

感谢浙江省重点学科——浙江工商大学企业管理学学科、浙江省重点人文社科基地——浙江工商大学企业管理学、浙江工商大学重点学科和重点研究基地资助——技术经济及管理提供的出版资助。也要感谢浙江大学出版社朱玲编辑，她的敬业精神是本书顺利出版的重要保证！

最后，仍然要感谢我的妻子沈瑛，她为我们的家庭和女儿付出了很多。很难想象如果没有她的支持，我能够主持完成这部书稿。

李靖华

浙江工商大学技术与服务管理研究中心

2014 年 5 月

"创新创业管理丛书"简介

《复杂产品系统创新的利益相关者管理》

复杂产品系统（Complex Products and Systems, CoPS）日益成为现代经济的"技术资产骨架"，体现了技术创新活动的综合化、复杂化和协同化，是"利益相关者世界"中重要创新活动形式。全书共十章，主要内容包括七个方面。（1）根据技术创新利益相关者的概念界定和理论分析，实证分析 ERP 项目涉及的利益相关者"利益和权力"及其对称性。（2）对罗纳德·伯特的结构洞理论进行了拓展，提出了结构洞分类理论。通过 CoPS 案例分析，研究自益性结构洞和共益性结构洞在创新网络中的作用。（3）分析利益和权力冲突产生的本质与原因，运用扎根理论进行案例分析，抽取 CoPS 创新过程中冲突类型和协调方式。（4）构建数理模型模拟，尝试解决两个基本问题——CoPS 创新用户招投标选择系统集成商阶段的逆向选择和 CoPS 创新过程的道德风险。（5）以利益相关者关系状态为中介变量和环境动态性为调节变量，大样本验证集成商控制与 CoPS 创新绩效的关系。（6）研究 CoPS 创新项目开发和集成阶段主要利益相关者的权利表现和通过权利的行使影响系统集成商对界面、信息和知识的集成管理。（7）CoPS 创新利益相关者管理模式的现实性：嵌入利益相关者审计的 CoPS 项目管理模式和 CoPS 创新利益相关者管理的智力资本测量。

《制度与企业家才能配置：中国经验》

基于国外"稳定"、"发展"市场环境下产生的鲍莫尔企业家理论能否运用于中国"动荡"、"转型"市场环境，是本书研究的目的。主要分析中国改革开放 30 年来制度的变迁如何有效配置了企业家创新资源及其才能。全书共七章：第 1 章根据鲍莫尔企业家和创新理论，提出应当引起创新研究者关注的五个问题。第 2 章介绍了企业家研究的起源、新古典经济学的企业家才能研究和鲍莫尔的思想，详细回顾了鲍莫尔的主要研究成果。第 3 章将中国改革开放 30 年分为三个阶段：第一阶段主要的制度变革包括农村改革、国有企业改革、价格体系改革和建立改革开发实验区；第二阶段的制度变革是国有企业股份制改造、鼓励私有企业发展和劳动力市场及金融市场的改革；第三阶段的制度变革主要是加入 WTO、企业所有权的完善、其他要素市场的开放和公共管理制度改革。运用鲍莫尔理论对中国改革开放制度变迁、企业家精神释放和经济增长的关系进行解析。第 4、5 和第 6 章则是通过发生在中国这 30 年三个不同阶段的具体事例进一步解析制度对中国企业家精神的释放和才能的配置，分析了制度和游戏规则设计与企业家生产性、非生产性和破坏性创新行为之间复杂的关系。第 7 章结论与展望。通过研究得到四个主要结论和未来研究的四个方向。

《医疗服务接触与创新：浙江实证》

本书主要根据医疗服务接触的"顾客、与顾客接触的员工、服务组织"三元组合，对医疗服务机构、医护人员、患者之间的关系及其服务创新管理展开研究。主要包括：体检中心和住院部的医疗服务接触，患者消费情感，自助服务科技影响，护士的情感性劳动策略，以及公私立医院服务创新调查、英国医院服务创新实践等内容。研究发现，第一，一次性医疗服务接触中，服务场景因素比服务提供者具有更高的质量影响力；连续性服务接触中，护理人员因素比医生和场景具有更高的质量影响力。第二，医护人员的情感性劳动是服务接触的供给面，接触场景、情感冲突与情感性劳动策略（深层表演、表面表演和情感分离策略）三者之间有内在关系。第三，自助服务科技是医疗服务接触的新兴环境影响因素。从自助服务科技系统中的资源到服务生产率，再从服务生产率到医疗服务企业整体绩效是一个完整的影响模型。本书采用了企业调查、内容分析、统计检验、单案例研究、跨案例研究等多种研究方法，总结了浙江省医疗机构的服务接触和服务创新实践，可供相关学者、研究生、医疗工作从业者学习参考。

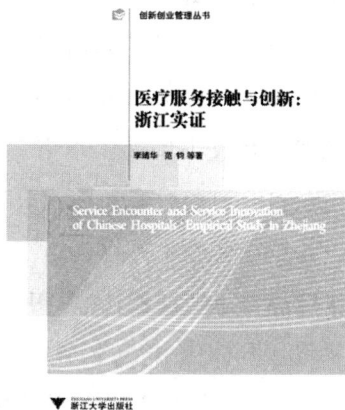

《金融新服务开发：荷兰银行和保险公司案例》

本书英文版原名为《金融服务业产品创新：银行和保险公司是如何组织产品创新过程的》，是作者 Vermeulen P. A. M. 在其博士学位论文基础上修改出版的。本书总结了 20 世纪 90 年代左右欧洲金融服务规制放松背景下，荷兰金融企业进行新服务开发在组织管理上的经验教训。作者调研了荷兰的 14 家银行和 25 家保险公司，并将其中 3 家作为本书的重点案例研究企业。主要基于"关键成功因素"研究范式，从新服务开发过程出发探究其独特性，得到金融新服务开发在组织结构、组织文化、信息技术三大方面存在障碍的结论。本书对新服务开发关键成功因素的研究，深刻地刻画了服务企业轻型项目小组开发模式情境，鉴于对此领域研究长期被忽视的现实，该研究具有里程碑意义。本书描述的情形也与我国目前的情况十分相似，中国目前正处于一个金融业应用的广度和深度获得极大提高、金融业高速发展的阶段。但产品开发能力仍处于较低的水平，金融企业微观的新服务开发管理活动严重地受制于宏观的市场监管环境等因素。因此，本书的翻译出版对我国相关学者、研究生、金融从业者，应该都具有一定的启发和借鉴意义。